戸邉優美◉著

女講中の民俗誌

牡鹿半島における女性同士のつながり

岩田書院

目次

図表等一覧

凡例

・事例の多くは聞取り調査に基づくものであり、話者及び情報提供者から公開の許諾を得ている。しかし、個人の情報とプライバシーを保護する観点から、本文中に登場する個人の氏名は原則として仮名あるいはアルファベット表記とした。ただし、当事者の許可を得た場合は本名を記載した。

・「参考文献」は巻末に一括して掲げ、本文中には〔苗字　発行年　参照頁〕と表記した。

序章　問題の所在と研究方法

第一節　民俗学はどのように女性を見つめてきたか

本書は、多様化する女性の生き方を、同性間の結びつきの観点から民俗学的に研究するものである。

女性が織りなすつきあいや社会関係をめぐっては、民俗学では主に、家における女性の役割という視点から研究が行われてきた。女性の生き方が多様化する現代社会において、それが有効な研究視角であり続けているのか、友情や親和性といった心意の所在はどこにあるのか、先行研究を批判的に検討するとともに、女性同士の結びつきにおける可能性と課題の提示を試みる。

まず、女性研究をめぐる問題点を取り出すところから始めたい。日本における女性観及び女性自身の労働観・人生観は、近現代にかけて大きく変化してきた。それまで男性の領域だったところに女性が入り込んでいくことによって、性別役割規範が縮小、あるいは失われつつあるように見える場合もある。他方で、長きに渡って蓄積されてきた印象や実態によって、女医・女優のように「女」をつけないと女性を連想しにくい職業、過去に看護婦・スチュワーデスなど女性の職業として呼び名が浸透していた職種など、職業と性別は関係を持っている(1)。そして、医者と看護師、機長とキャビンアテンダントのように、職場が同じであっても女性の多い職種はケアやサービスの側面が強く、男性の多い職種に対して補佐的・従属的傾向がある。職に対する感覚や就職実態は変化し続けているが、性が実社会における個人の属性としてきわめて重要であり、〝男性〟に対する〝女性〟の周縁的位置付けが現代も通用していることを示している。

男性論理の社会・思考・文脈において、〝女性〟は異質な存在として、対象化するまなざしに取り込まれてきた。文化人類学者の山口昌男は、トロブリアント諸島の民族に関する研究を踏まえ、「女性は、日常生活では圧迫されているように見えるが、やはり最終的には本当の全体的な意味を与える役割を演じている」が、それに対し「女性が男のコントロールできない力をもっているという恐怖感を抱いている」ために女性の排除が起こると説明している〔山口 一九八二 一三六〕。「男のコントロールできない力」とは、月経や出産など身体的特徴、そこから連想される霊力である。恐怖のために男性から排除される女性を、小松和彦は潜在的「異人」、現象学的かつ存在論的「他者」とした〔小松 一九八五 一一八～一一九〕。「他者」として表現されてきた「女性」には、語り手のまなざしが反映されている。その語り手とは研究者自身も含まれるものであり、研究者がいかなる目的で〝女性〟を捉えようとしているか、あるいは捉えてきたかは、重要な命題であった。

民俗学では草創期から女性研究に取組んできた。その土台を作ったのは、民俗学の創始者でもある柳田國男である。柳田は、日々の暮らしにおいて、男性の領域と女性の領域が明確に分かれており、特に家の運営において、女性が欠くことのできない重要な役割を負っていると考えた。それが「主婦」及び「主婦権」をめぐる柳田の主張である。柳田のいう主婦とは、食料の分配や祖先祭祀の責任者である女性のことで、家長に対応する権限を持つ存在であると位置付けた。先代よりその役割を譲られた唯一の存在であり、同じ家の中にいる既婚女性でも嫁や隠居者はこれに該当しない。主婦は家を代々繋いでいく上で重要な存在であるとし、柳田は家における女性の役割を高く評価した。そして、主婦論としての女性研究の推進を推奨した。

主婦の研究は日常生活に即して資料を収集する必要があることから、柳田は男性研究者だけでは主婦研究に限界があると考え、女性研究者の育成に力を注いだ。そこで、男性に遠慮せずのびのびと研究活動できる場として柳田が発足させたのが、昭和一二(一九三七)年の日本民俗学講座婦人座談会、通称「女の会」(現在の女性民俗学研究会)だった。この会を通じて議論を深めたのが、瀬川清子・能田多代子・江馬三枝子・鎌田久子などの女性研究者たちである。

柳田國男は、単に女性に女性の研究をさせようとしたのではなく、昭和七年に刊行された『女性と民間伝承』で女性の特性を「人の心を最も上手に読むことの出来る」、「感覚の鋭敏で又暖かい同情を持ちうる」と述べており〔柳田一九六二　三一八、三二〇〕、民俗学に向いていると考えていた。女性の弟子たちに共通するのは、女性の日常を主体とした豊かで細やかな生活描写によって、研究成果を挙げてきた点である。例えば瀬川清子は、日本全国を調査し、女性主体の生業や衣食住など、力強い多様な女性の働きをえがいた。中でも、能登半島舳倉島への旅における海女との出会いは、瀬川にとって民俗学に足を踏み入れるきっかけになっており、『海女記』(昭和一七年)、『海女』(昭和四五年)を綴っている。また、飛騨白川をメインフィールドとした江馬三枝子は、養蚕を営み、家を支える女性たちの姿を『飛騨のおんなたち』(昭和一七年)、『白川村の大家族』(昭和一八年)にえがいた。その他、能田多代子の『村の女性』(昭和一八年)など、戦時中の民俗学は女性の弟子たちによって研究が進められた。柳田が序文を寄せていることからも、研究の視座や方法には、柳田の意向が大いに反映されていると思われる。抒情的な文体、民俗誌的な体裁などは柳田の期待に応えるものであったことが窺える。これらのことから、民俗学における女性研究の特徴として、女性研究者の育成も挙げることができる。

柳田は何ゆえ、女性が感受性や共感能力に優れると感じていたのだろうか。産育習俗や衣食の心配り、海女や養蚕などの生業に対し、女性研究者が詳細な民俗誌を書くことができたのは、それが女性として経験しうることとして共感し、話者とのインタラクティブな調査を可能にできたためといえる。共感ができるからこそ豊かな感受性を発揮することができるとすれば、それは男性研究者と男性話者の間にも同じことがいえるわけだが、男性が圧倒的多勢である当時、その点が取り立てて議論されることはなかったと思われる。

このように、柳田國男が女性研究者に対し期待したのは、女性特有の経験や共感を生かした研究だったといえる。弟子の瀬川清子は「当初の私は、被害者としての女性のありかたを憤慨することは知っていても、日常の家事のようなことが、学問の対象になるとは思わなかった」と、柳田が示した「女性の分野」との出会いを鮮烈に回想している〔瀬川　一九七二b　一〇一〜一〇二〕。「女性の分野」が女性研究者に向く分野のことなのか、〃女性〃を対象とした研究を指しているのかは明確に示されてはいない。研究する側と対象という別の次元でありながら、融和したところに「女性の分野」が見出されたのである。「女性の分野」の発見と定着は、草創期民俗学の大きな成果でありながら、研究者の性と研究内容についてそれ以上問われることはなかった。衣類や産育など、女性のかかわりが多い領域は、女性研究者が研究対象として選び取る（あるいは担当を振り分けられる）ことも多く、研究の性別役割分業が暗黙のうちに行われていた。女性が〃女性〃を研究することについて、無批判にそれが受け入れられ定着していたのである。もちろん、瀬川清子の若者仲間研究や松岡利夫の産育研究のように、昭和二〇〜三〇年代においても、研究者が自分の性とは異なる領域（とされる事象）の研究をした例はある。ただし、前者は娘仲間や婚礼とのかかわりが強く意識され、後者は出産そのものより儀礼が焦点となった研究である。研究者自身の性と研究対象の関係が問われるようになるのは、昭和六〇年頃からである。

その先鞭となったのが、『日本民俗文化大系（一〇）　家と女性』の月報における、坪井洋文・宮田登・小島美子の卑談である〔坪井　一九八五〕。坪井と宮田は民俗学を専門とする男性研究者であるのに対し、小島は音楽学を専門とする女性研究者という立場の違いがある。「家と女性」というテーマから、主婦の歴史的・社会的位置付けを議論しようとする坪井・宮田に対し、小島は、家との関係に限定した女性の取り上げ方、現在・今後において主婦権を問うことの希薄さを挙げて、テーマの設定自体に疑問を投げかけた。これに、宮田は「日本女性史というものが成り立つというのは、マイノリティー、あるいは被差別の対象であるから、はじめて社会史の対象になる」と認識を示した上で、「主婦権というものは、母親であり、子育てをし、子供をしつけるという役割を持っていて、それは決して抹消できない」と、家における女性の役割や権限を問うことの意味を説明する。しかし、小島は「逆からいえば、女にとって経験できない部分が男の中にたくさんあるわけです。それは女にとってはやはり神秘的な部分もあるわけですが、それはおたがいさまですから特別取り立てていうほどのことではない」と反論している。両者のずれは、男性と女性の違いだけではなく、民俗学との距離感の差にもよるだろう。民俗学による女性研究は、歴史の中で看過されてきた女性の力や役割をすくい上げ、特に家とのかかわりにおいて実態を明らかにしてきた意義は大きいものの、一方ではそれが女性の一面にすぎないことを見過ごしてきてしまったといえる。

この月報の本誌に収録されている論文中で、坪井洋文は「これまでの民俗学は、女性の研究についてはどちらかというと、部分に関する問題にこだわりすぎたのではなかろうか。それは炉の座や主婦の名称にもあらわれているように、女性と家とは切り離すことのできぬ関係にあったとしても、生活様式の全体像をとおして把握する必要があった」と問題を提起している〔坪井　一九八五　二四〜二五〕。具体的には、女性の生殖機能、婚姻、宗教的役割、女性独自の仕事について、個別の研究は進んだが、相互の関連性や全体像を問われなかったことが挙げられている。

更に坪井は、「明治民法下における女性思想家たちの社会運動とのかかわり」、「人類全体にかかわって、女性の位置付けや理解を求めようとする営み」が民俗学には欠けており、女性の全体像を捉える上で必要と説いている。この点について坪井が更に言及することはなかったが、(2)昭和五〇～六〇年代は、生活の変容により、民俗学の目的や方法論が問い直された時期でもあった。女性については、女性差別撤廃条約批准、男女雇用機会均等法施行を受け、女性の労働に対する意識が高まり、「子連れ出勤」の是非をめぐる論争が起きるなど、既婚女性の所在が家の外にも定着しつつあった。(3)柳田國男が理想とした主婦像、女性の霊力や家における役割という個別のテーマを掘り下げるだけでは、女性研究の行き詰まりは明らかであり、研究する側の実感としても表れていたと思われる。

こうした民俗学内の葛藤は、平成五（一九九三）年の日本民俗学会年会においてシンポジウム「民俗社会における「女性像」」として取り上げられた。その基調講演をおこなった倉石あつ子は、高度経済成長期を経て女性の生活が変化・多様化したにもかかわらず、「結婚したら子供を生んでイエを継承していくことが女性の務めと考えられ、それができる（できた）女性こそが一人前の女性であるという考え方が相変わらず行われてきた」、「そうした尺度に会《ママ》わない女性は一人前ではないと考えられていたので、民俗学の調査対象にもならないことが多く、民俗誌に描かれることも少なかった」と批判し、固定化されたパターンをなぞるしかできなくなった原因を三点述べた（倉石　二〇〇九　二三～三〇）(4)。一つは男性研究者と女性研究者の視点の違い、二つ目は柳田の女性観・思想に対する検証不足、三つ目には研究者の側の活動分野の固定観念化（性別役割分業）である。そして、この三つが解決されていないために、女性の部分的な研究から抜け出て、全体像を相対化することができていないと主張した。ここで倉石が指摘する「相対化」とは、男性との相対化ではなく、「民俗社会」「日本文化全体の枠組み」への位置付け方であり、女性の在り方が多様化する現在や将来を射程としたものとなっている。(5)

こうした問題提起に対し、「学問研究の上で男性と女性の視点の違いなどあるのか」という疑問も呈された。(6)この議論を受けて、倉石は、瀬川清子と岩田準一の比較、能田多代子・向山雅重らの民俗誌の分析を通し、研究者の性と研究内容の関連性を裏付けている〔倉石　二〇〇九〕。学術的関心の方向について、研究者自身の経験や志向は無関係ではない。年齢や出身・学歴・職歴など、研究者自身の来歴や背景は研究内容に影響を与えており、性もその一つである。男女の視点の違いを主張する倉石自身も「差があるのか、近年の若手研究者のあり方を見ているときに、その指摘が正しかったのかという疑問がわかないでもない」と躊躇しているが、研究者側の無意識的な性別役割分業すら、その時代の価値観によって変化するのではないだろうか。

このように、民俗学は柳田國男以降の女性研究を問い直し、研究者が持つ視点の客観性について認識を改めることとなった。この動きは、概して女性研究者から男性研究者への働きかけだったといえる。

他方で、女性研究者の問題意識についても、「女の会」以降の女性研究の蓄積を踏まえ、主に女性研究者自身から問いが投げかけられた。それは、無批判に女性が女性を研究する状況、そして、民俗学による女性研究のジェンダー論における有効性・影響力への疑問だった。

先述のとおり、民俗学における女性研究者の草分けは「女の会」であり、柳田國男が女性による女性研究の有効性を期待して後押ししたものである。女性には男性の入り込めない領域があり、それに気付き、理解することができるのは女性しかいないと考えられた。この思想的背景には、柳田國男が共感に基づく郷土研究の充実に重きを置いていたことも関係していよう(7)。

他文化より自文化に照準を合わせてきた民俗学は、話者が研究者に共感することで、話者をより理解し、調査成果を上げようとしてきたといえる。そのために、女性研究者による女性研究の方法論は、他者、あるいは客体化という視点を欠いたまま進められてきた。平成五年の日本民俗学会年会シンポジウムで議論となった「女の視点」について、加賀谷真梨は「女性と男性では社会の中で異なる役割や規範を課されてきたゆえに、体得した「まなざし」も互いに異なる、といったジェンダー的概念」であるとして、民俗学における研究者の立場の客体化を評価している。その一方で、女性研究者が女性を研究することの安易さについて、「既存の女性研究者を「名誉男性(8)」として批判的に捉えうることも可能であり、「女の視点」の有効性については、女性研究者もまた意識的になる必要がある」と、警鐘を鳴らした〔加賀谷　二〇一〇　一八〇〕。女性研究者による女性研究もまた、男性研究者によるそれと同様に、見る側・見られる側の権力関係を有している。階層性・多様性の観点から一元的な女性観が批判されてきたように、民俗学における女性研究もまた、潜む「まなざし」「他者」「階層」「権力」と無関係ではなかった。こうした点に敏感だったのは、民俗学プロパーの研究者より、文化人類学やジェンダー論の思考を持つ研究者たちだった(9)。民俗学が進めてきた女性研究は、主婦研究の蓄積を抱えながら、多様化する性の在り方をいかに問うてゆくか、岐路に立たされている。

第二節　民俗誌にえがかれた女性たち

民俗学における女性研究は、柳田國男が築いた土台を乗り越えようと取り組んできた。そのうちの一つが、対象化された〝女性〟へのまなざしをめぐって、研究者の性、すなわち対象を眺める側の客体化という試みだった。こうした議論を踏まえ、民俗学が何を目的としてどのように女性研究を進めてきたかを見直してみたい。

歴史や社会に埋没していた女性の役割や位置付けを明らかにするために、家、人生儀礼やライフイベント、職業、慣習などが切り口とされてきた。中でも、女性研究の方法の一つとして定着しているものとして、女性の一生というテーマ設定が挙げられる。例えば、和歌森太郎『女の一生』はその最初期のものである〔和歌森　一九六四〕。この中で和歌森は、日本各地の事例を集積することにより、「女児」「娘」「嫁」「主婦」の女性像を構成し、他方で、テーマから離れて巫女や遊女、仏教とのかかわり、女子教育と婦人運動について言及している。ここで示されているのは、日常に裏付けられる女性の霊性、中世から現在までの歴史における庶民の女性像である。娘から嫁、そして主婦に変化していく女性の一生は、民俗学における女性研究の一つの到達点であり、研究手法や執筆上の構成として定着していくこととなった[10]。その一方で、男性の一生を冠する研究は少ない[11]。地域差はあれ、娘から嫁・主婦への変化は普遍性のあるライフコースであり、男性より女性の方が対象化しやすい特徴があるといえる。したがって、こうした手法で提示された女性像は、実態のあるものではなく理念型であり、民俗誌やライフコースの記述に援用されてきた。

前出の『日本民俗文化大系（一〇）家と女性』も、娘・嫁・主婦を個別に、あるいは連続的に分析し、家や村落社会における女性の役割や位置付けを論じている。また、男性研究者による研究が目立つ中で、女性研究者による論文集として『女の目で見る民俗学』が挙げられる〔中村ほか　一九九九〕。男性研究者が〝他者〟として女性の一生を捉え、しばしば霊性に結び付けて解釈してきたのに対し、『女の目で見る民俗学』は、女性のライフステージに即した役割や労働をえがき出している〔中村ほか　一九九九〕。ただし、倉石あつ子による「主婦」の章を含め、全体として家とのかかわり、農業を営む女性像を前提としている。普遍的あるいは理念的な〝女性〟を提示してきたこれらの研究は、一方で、女性のイメージを固定化し、再生産してきた。平成二〇（二〇〇八）年頃より、固定された〝女性〟から抜け出し、女性の社会的位置付けや主体性、多様性を捉え直そうとする試みが見られる。関沢まゆみは、従来の女性研究が論じてきた月経・婚姻・出産・主婦などの要素を、メディアや国策、技術革新など「近代の対照」から問い直しており、例えば戦争未亡人については、戦争という時代が生み出した境遇を「家の成立」という観点から民俗学的に解釈している〔関沢　二〇〇八〕。性別役割が明確だった民俗社会の記述にすぎないという批判もあるが〔加賀谷　二〇一〇〕、関沢によって提示された女性の一生は、民俗学による女性研究の蓄積を踏まえた新たな方法論といえる。

他方で、女性像の抽出とは異なる角度から女性研究で用いられてきた手法として、民俗誌による研究を挙げることができる。民俗誌は特定のフィールドや社会に取材し、地域の特質や暮らしの全体像について記述する。えがき出されるのは先述の理念的な女性像ではなく、そこに暮らす女性の実態である。女性の民俗誌としては、既出の瀬川清子『海女記』や江馬三枝子『飛騨の女たち』などがあり、当時の女性の生活文化がありありとえがかれている。そして民俗誌においてもやはり、家における役割や女性の共同作業、月経や出産にまつわる項目などが女性の民俗として記される。しかしえがかれる社会において、それが本当に女性たちの共有する体験であるのか、それらの事項に限定して女性を捉えることが果たして十分なのか、記述する側の視点の設定が問われている。固定化した〝女性〟から離れ、対象化されてきた女性の側が何を問題としているのかに迫ることが、その地域における女性の全体像をつかみ、さらにその社会の全体像を見ることになるのではないか。結婚や産育といった枠組みの設定から離れることで、明らかにできる実態もあると考えられる。

その手掛かりとして、話者の言説に重きを置いた民俗誌的記述を参照したい。昭和三五(一九六〇)年に初版が発行された『忘れられた日本人』は、宮本常一が旅の中で出会った「伝承者としての老人」の語りに着目し、「いま老人になっている人々が、その若い時代にどのような環境の中をどのように生きてきたか」という関心から書き、まとめた著作集である〔宮本　一九八四　三〇五〕。この中には女性を取材した記述もあり、産む性や主婦像とは異なる角度で対象化されている。

「村の寄りあい」という章がある。宮本常一はその中で、寄合を最上級の「村の公」としている。他方で、女性の素朴な立ち話や井戸端会議も「女だけの寄りあい」と呼んでいる。そこでも女性だけの共同作業等に関する決め事をしたり、様々な情報交換が行われたりするからである。そして、宮本は「村の公」である寄合を事務的・機械的な作業としても捉えていない。寄合では、時間がかかるのを厭わず、全員の落としどころを模索する。その材料となるのが、世間話や言い伝え、とりとめのない会話、態度などであり、村落社会における合意形成としては、不合理に見えて合理性をもって機能することになる。「女だけの寄りあい」もこれに通じるものとして書かれており、ことに情報交換の側面については「半分はふざけたような笑い話であるが、その間に村の色々な情報交換がおこなわれる。そしてそれで十分それぞれの家の性格をのみこむこともできる」と、交際するために重要な意義があることを指摘している〔宮本　一九八四　四九〜五〇〕。また、ものを知らず、察しの悪い人は軽視され、「世間を知らん娘は嫁にもらいてがのうての、あれは竈の前行儀しか知らんちうて、世間をしておらんとどうしても考えが狭まうなりますけにのう」という女性の語りも見える〔宮本　一九八四　一一〇〕。

女性への聞取りは、女性研究と女性研究者育成を進めた柳田國男も奨励していた。柳田の弟子である瀬川清子は、柳田から「おじいさんは、世間を知りすぎて、虚の話もまじるが、おばあさんの話には傾聴するに足るものが多い、と注意された」と回想しており、柳田もまた、話者としての女性の適性を評価していたことが分かる〔瀬川　一九七二b〕。ただしそれは、女性の「世間」の乏しさを前提としており、家の中の役割に終始してきた〝女性〟から距離を置こうとした宮本の視点とは異なるものである。また、男性論理の村落社会の側から、女性同士の結びつきを俯瞰しようとしたのでもない。宮本は、女性同士のつきあいが男性同士のそれとは異なるものであるために、それを注意深く観察し、当時の一般的な論調や既定の研究目的に依らずえがき出したといえる。

女性同士のつながりには、嫁としてのつきあい、母たちのグループのように、家庭内の役割で結び付き形成されているものもある。家における女性の役割は、主婦論にとどまることなく、ますます議論されるべきテーマとなっている。その上で、家の内側から展開するつきあい、あるいは家から離れた場所で形成されるつながりを通して、女性が形成するネットワークやつきあいの全容を捉えるべきではないか。それらは、必ずしも組織的に運用されておらず、協調性や感情の機微、個人的に交わされる情報に基づいて柔軟に行われてきた。だからこそ文書に残ることもなく、日々のつきあいの中に埋没していくのだが、女性同士だけではなく男性を含めた、より広いつきあいや公的な取り決めの中にも影響を与えることになる。民俗誌は、そうした女性同士のつながりを捉えることのできる方法論である。ただし、嫁や主婦などのカテゴリーが民俗誌の目的に沿ったものであるか、必要であるか、書き手の問題意識が問われている。

第三節　女性同士の結び付きをめぐる視点と諸問題

第一項　交際研究における女性の位置付け

つきあいは、生活に欠かせないものとして、民俗学の草創期から着目されてきた。昭和九(一九三四)年より柳田國男の主導で行われた「郷党生活の統一調査」いわゆる山村調査では、「村づきあいの義理」等の調査項目が設定されていた。調査を担当した守随一は、『山村生活の研究』において、「親類縁者間のもの」と「村一般に対するもの」に区別し報告している〔守随　一九三八〕[12]。また、「交際に関する座談会」で、柳田は「親類の間には知り合ひになるための定った儀式が行はれる。それ等は婚姻その他で採集されてゐるから、他人との交際の始まりから見やう」と、非親族間の交際に着目することを提案している〔柳田ほか　一九三七〕。このように初期の交際研究は、柳田の意向に沿って行為者同士の関係に区分され、村落社会における非親族とのつきあいとその生成に関心が寄せられていた。

こうして、交際にかかわる資料集積は全国規模で進められたが、交際・つきあいとは何か、という本質的な研究は少なかった。その要因として、つきあいが「常識」「日常」「当たり前」のものであるがゆえに、研究者の側が研究対象として掘り下げてこなかったということが指摘されている〔中込　一九八三〕〔若旅　二〇〇三〕。柳田國男の関心は交際の実態ではなく、神人共食を交際・贈答の原義とする交際贈答論にあった。交際そのものの概念化を柳田が行うことはなかったが、柳田の姿勢を継承した和歌森太郎は、次のように交際の本質を捉えている。それは「ある期間持続的な接触関係で、単なる挨拶以上に仕事を共にしたり、飲み食いしたりしあえる間柄で、互に「私」を抑えそれをこえて交わること」であり、その特徴として、(一)飲食の可能性、(二)長期的かつ頻繁な接触、(三)公的・事務的な接触をこえる私的接触の三点が挙げられた〔和歌森　一九八二　一六〕。

柳田以降の親族・非親族の区分による交際の捉え方に対し、福田アジオは、村落社会におけるつきあいはムラヅトメ(義務)とムラヅキアイ(義理)に分けられるとした〔福田　一九七六〕。福田は、上下関係の「つくす」、帰属関係の「つとめる」、対等な関係の「つきあい」に区分し、「質的に異なるものの間ではつきあいは成立しない」とし、ツキアイの民俗語彙をそのままに捉えてきた従来の研究を批判した〔福田　一九七六〕。他方で中込睦子は、行為者の単位により相互交渉の質が異なることを指摘した福田の主張を評価しながら、「交際を当事者間の相互交渉とみなす立場より、当事者にとっての他者の関係にたつものとの関係は、個人対個人、集団対集団(個対個)、個人対集団(個対全体)のいずれであってもこれに含まれる」とした。そして「個対全体の関係もこういった異質者間での交渉形式との関連で捉えられるのではないだろうか」と指摘している〔中込　一九八三　八〇～八一〕。人と人のつながりは、立場の近しい者同士の間だけではなく、異なる準拠集団や階層との間にも生じ、どのような交際が望ましいのか常に調整される。そして、その相手は個人だけではなく、家・親族・村落集団やネットワークなどの関係にも及ぶ。異質な相手とつながるには、相手に応じて工夫や配慮をし、「互に「私」を抑え」ることも必要となるだろう。つきあいに生じるこうした双方向的あるいは更に複雑なやりとりについて、中込の「交渉形式」という捉え方だけではなく、動態的なつきあいの場からつながりの目的を捉えることが必要である。

つきあいの動態的なやりとりを当事者の主体的な「気持」から分析したのが、若旅淑乃である。若旅は、つきあいの主体を個人と家に大別し、相手と場によって、行動規範と「気持」(つきあいたい、つきあいたくない)が変わり、つきあい方が定まると指摘した〔若旅　二〇〇三〕。行為者の「気持」の重視は、「「私」を抑え」ることを前提とした和歌森の交際論とは異なる見解といえる。若旅以前の交際の本質論は、具体的な事例に基づく検証ではなく理念型の提示のみだったため、つきあいがどのようにして成立するかについては問題とされてこなかった。それらの研究に共通するのは、女性の不在である。若旅はこの点について特に言及していないが、「妻」「母」「姉妹(きょうだい)」「組の女性」など、家同士や組レベルのつきあいにおいても女性がつきあいの結節点として登場している。そこには、彼女たちの「気持」がつきあい方に影響を与えている実態が明示されている。

吉田佳世は、父系血縁原理による門中において研究史上も周縁的存在として位置付けられてきた嫁が、シジタダシ(系図の調整)の担い手として役割を果たす実態を指摘している〔吉田　二〇一一〕。ユタの託宣や長老の助言を事務的にあおいで回る立場の嫁は、「シジタダシの運用にかかわる実質的な位置にあることを利用して、最終的には、これを自己の望む方向にたわめることもできる」存在であり、門中におけるつきあいの結節点となっている。ここには、ほかならぬ女性の判断によって、門中というつながりが、継続・変異・廃止される可能性が窺える。思惑が必ずしも成就するとは限らず、相手や周囲との意見を調整する機転も求められる。つきあいの主体者としての〝女性〟は、男性が中心となるつながりにこそ浮かび上がってくる。

非親族との間でも、女性のつきあいが重要な役割を果たすことは、前節の宮本常一の指摘からも明らかである。また、それは宮本の「女たちの寄りあい」のみならず、村落社会全体としての決定にも影響していることがあり、和田健は次のような事例を提示している。出漁のため男性が寄合に参加できないとき、女性が代わりに出席するが、決して女性が寄合の総代になることはない。女性同士で雑談をしながら、総代にふさわしい男性候補者をしぼりこんでいく。しかし、代理で出席した寄合でそれを決定せず、帰宅して夫に「次の候補は〇〇さんである」と伝える。夫は、妻の方が「つきあいの状況などをよく理解している」と信頼しているため、改めて寄合が開かれたときに、妻の言うとおりに投票するというものである。和田はこれを「女性が演出する寄り合い」と呼んでいる〔和田　二〇〇八　二四三～二四五〕。

表舞台に登場しない女性が決して世間を知らないというわけではなく、むしろ、裏方に徹するからこそ、コーディネーターとしてつきあい方を決定する能力と権限を持ち得るといえる。そして、その動機はきわめて個人的な事情であることも少なくない。若旅は、「男女のつきあい」に見える恋愛感情や、「酒のつきあい」に見える「できれば接近したくない相手との飲酒だが行わざるを得ない」という「マイナス」の感情を引き合いに出し、つきあいたい、つきあいたくないという「気持」にそれを求めた。ただし、つきあいたいという「気持」も、常に無償の愛情や好意と置き換えられるものではない。特に嫁という立場であれば、戦略的につきあいを行うことが予想される。子供のためのママ友であったり、夫のための社宅づきあいだったり、家のための円滑な嫁姑関係であったりと、何らかの目的を伴って他者との結びつきを求め、そのためのつきあいの中で精神の充足だけではない利益を得るといえる。

第二項　合意形成とつきあいの機微

相手が集団である場合や自分が集団の一員である場合など、一度に大勢とかかわらなければならないときには、よりシンプルにわかりやすく意思疎通を図る必要がある。村落社会の寄合では、全会一致制や多数決制などの方法で合意形成が行われてきた。全会一致制についても、八割以上の賛成で全会一致と見なす地域や多数決制と共存する地域など、意思決定の水準は多様である〔宇田　一九九七〕。他方で、全員が順守するものとして定められた規則を機械的に執行するより、状況に即して弾力的に運用する方が、かえって合理的と見なされる場合もあった。宮本常一『忘れられた日本人』には、次のような寄合の場面が登場する。

村の証文類を見せてほしいという要求が外部からあり、寄合でそのことが取り上げられた。ある人が「これまで貸した前例がないから、しっかり話し合おう」というと別の話題に移った。しばらくして、古老が「本家の御判物を親戚に貸したばかりに、その親戚がまるで村一番の旧家のようにふるまうようになった」という世間話を出し、また話題が変わった。再度証文類の話に戻り、また別の人が「要求の証文類を、村では読んだことも活用したこともない。よその人に見せて役に立つなら、見せていいのではないか」と言った。

一つの話題を一定の時間の中で徹底的に話し合うのではなく、様々な話が交わされる中で、ぽつりぽつりと関連しそうな意見が挟み込まれるわけである。宮本自身が証文類の交渉をした例もある。古老が「見ればこの人はわるい人でもなさそうだし」というと、皆が注目したので、宮本は古文書の内容について説明した。その内容から話が脱線し、一時間ほど話をしていたが、おもむろに案内の老人が「せっかくだから貸してあげては」と切り出し、「あんたがそういわれるなら」と決着がついた。文書を貸出すことの有益さだけではなく、宮本の人となり、それを保証する人を併せて初めて、寄合の承諾がとれたことが分かる。宮本は寄合における合意形成の方法について、次のように述べている。

そういう場での話しあいは今日のように論理づくめでは収拾のつかぬことになっていく場合が多かったと想像される。そういうところではたとえ話、すなわち自分たちのあるいて来、体験したことに事よせて話すのが、他人にも理解してもらいやすかったし、話す方もはなしやすかったに違いない。そして話の中にも冷却の時間をおいて、反対の意見が出れば出たで、しばらくそのままにしておき、そのうち賛成意見が出ると、また出たままにしておき、それについてみんなが考えあい、最後に最高責任者に決をとらせるのである。これならせまい村の中で毎日顔をつきあわせていても気まずい思いをすることはすくないであろう。と同時に寄りあいというものに権威のあったことがよくわかる。

〔宮本　一九八四　二一〇～二一一、傍点は原文〕

宮本が示唆する寄合には、解決を目指して口論を交わすのではなく、内面に訴えかけ、考える時間をとりながら、ゆるやかに合意を形成していく方法が見える。柏木亨介は宮本の寄合論を踏まえ、寄合を「出席者全員が納得するような結論に調整していく総意形成の場」と位置付け、「集団内部の人間関係に配慮した言動や行動」あるいは「人間関係を維持する機微」によって成り立っているとする〔柏木　二〇〇八　二八〕。柏木によれば、人間関係の機微とは単に「個々の心情」と置き換えられるものではなく、和歌森太郎が指摘した「倫理的規範性」を加味する必要がある。「倫理的規範性」とは「伝承的なしきたりに背くと、あの人間は変人だとか、つきあいにくいとかいわれて、暗黙の反感を買ったり制裁を蒙ったりする」類の社会規範のことである〔和歌森　一九八一　一三～一四〕。寄合では、必ずしも法律的な正当性に至ることを目的とはせず、こうした規範を背景に参加者の全員の落としどころが探られるといえる。

他方で、こうしたある種理想的ともいえる合意形成については、疑問も投げかけられている。杉本仁は、『忘れられた日本人』に見える「寄合民主主義」は、宮本自身が明らかにした村落内の階層制や新戸・旧戸の差異が無視されていると批判する〔杉本　二〇〇〇〕。強い序列や力関係が存在する社会において、対等な議論が交わされるとはいいがたい。ただし、ここで注目したいのは、互いの関係の距離や力に、落としどころを柔軟に調整するバランス感覚であり、寄合の場ではない日々のつきあいにおいても発揮される。

和歌森太郎が交際の本質を「「私」を多少犠牲にせねばならないもの」〔和歌森　一九八二　五〕と述べたように、交際・つきあいが関係形成や維持に必要である以上、つきあいたくない相手であってもつきあわなければならない。好意を持ってつきあいたいと思っていても、良好な関係であるためには、本音を控えて距離を保つ必要が生じることもある。和歌森の交際論は、「倫理的規範性」により標準化され、合意形成が可能な関係が想定されている。しかし、寄合のような公的な場ではなく、日々のつきあいにおいては、必ずしも合意形成を目的とせず、相手に強要することなく自分の思いや行動を許容してもらう必要がある。裏側でつきあいの調整に回ることの多かった女性たちは、「倫理的規範性」と人間関係の機微を読み取りながら、つきあいの形成・維持・中止を判断し、実践してきた。つきあいを続けるためには、意見の相違があってもあえてそれを表面化させない工夫も求められる。

ただし、これまで民俗学が明らかにしてきた女性のつきあいにおける力とは、主婦や嫁という立場で身につき、発揮されるものが多かった。結婚しなかった女性、子供を産まなかった女性など、標準的・理想的とされるライフコースとは異なる生き方をする女性については検討されておらず、限定的である。女性と女性の結びつきに着目することで、性別役割との関連を明らかにし、多様化する現代も対象化できるようになる。

第三項　友人の民俗と友人関係の所在

女性同士の結びつきとしては、母と娘、姉と妹、姑と嫁、近所づきあいなどが挙げられる。より関係が対等で、つきあいたいという動機付けの強いつながりに「友人」が挙げられるが、家族・親族・地縁に基づくつながりと比べると、形式は多様でファジーである。

辞書で「友」を引くと、「親しく交わる人」「志を同じくする人」、「友達」は「勤務、学校あるいは志などを共にしていて、同等の相手として交わっている人」と説明されている。[13]単に親しいだけではなく、「同じ」「共に」「同等の相手」などが、友人関係のキーワードといえる。

民俗学では、同族関係や親分子分関係、年齢階層制などの上下関係やタテ社会とは異なる、ヨコの仲間意識という観点から友人というテーマに接近してきた。ヨコの関係にも、近世の五人組制度以来の連帯関係や、年齢や未既婚の別で編成される若者組など多様な結びつきがある。とりわけ若者組については、泊り宿やヨナベ宿のように寝食をともにするケースや、若連・若い衆・若いもんなど名称の多様さも相まって、婚姻との関係、機能など様々な角度から分析が行われた。中でも、瀬川清子は組織性の観点から青年集団を分けて捉えた。それは「加入・脱退の儀礼を厳粛にし、参加人員の間の年齢階層的な秩序に従って任務を分担し、いろいろな規約による整備された」集団である「若者組」と、「いろいろな生活技術を学び、処世の心得を身につけ、婚姻の誘導をうけるが、配偶者を得た者は自然に来なくなるような、若い衆仲間・宿仲間の親しみによってつながる程度」の「若者仲間」という分け方である〔瀬川一九七二a　一三六～一三七〕。瀬川の関心は、組織化された「若者組」と婚姻における役割を果たす「若者仲間」を区別して考察することにあり、「若者仲間」をつなげている「親しみ」については深く追究されてはいない。しかし、親和性に依拠する結びつきとして「仲間」が抽出され、組織的な関係と区別されたのは、友人の概念化における一つのきっかけになったといえる。

友人の語を用いて民俗事象を分析し、類型化を試みたのが、竹田旦による友人及び兄弟分の研究だった。竹田は、ツレ・チング・ドゥシなど地方によって異なる友人グループをそれぞれ分析し、また、擬制的親分を同じくする子方系兄弟分とは異なる友人系兄弟分の実態を説明した〔竹田　一九八九〕。竹田は友人同士が引き合う動機付けとして、同じ年齢の者同士にかかる「同齢感覚」を手掛かりとしている。同齢感覚とは、未婚の若者が亡くなったときに同年者が率先して葬式の当夜から初七日まで冥福を祈る「ナナハカ」や、同じく死者と同年の者が耳に餅などを詰める「ミミフサギ」などに見られる、感覚的結び付きの伝承の総称である。そして竹田は、一〜二歳の年齢差がある友人グループも、同齢感覚と同じように「村の暮らしに何らかの役割を果たす慣行」があることから、区別して「同輩集団」と名付けた。この同輩集団は、瀬川が抽出した若者仲間と実態的にほとんど同じものとして説明されている。竹田が明らかにした友人関係とは、年齢の近しい者同士の結合が社会的に何らかの役割を果たし、またその結合・維持が慣習に基づいているという切り口によるものである。男性同士だけではなく、女性同士のケヤキキョウダイやドゥシィにも若干の言及があり、個人的な相談から儀礼における役割、折々の贈答を通じて一生にわたるつきあいが行われるとされている。

竹田が提示した友人の民俗は、村落社会における友人関係の機能的意義を明らかにし、親和的・情緒的結びつきも村落社会研究の対象となりうることを示した。しかし、若旅淑乃が指摘した「気持」のように、結びつきの親和性・情緒性そのものや友人関係の動態については言及されなかった。竹田の友人研究は、地域社会の慣習的な友人形態への着目であり、友人関係そのものを民俗学的に問うものではなかったといえる。また、事例の多くは男性についてであり、女性についいては十分に検討されていない。村内婚であればともかく、村外に嫁ぐことが想定される女性たちにとって、娘時代に結んだ友人関係が生涯維持できるとはかぎらない。嫁ぎ先集落でも新たに友人ができるだろうし、友人関係の創出・維持と縮小は、竹田が研究をおこなった当時にこそ、多くの女性に共通する経験だったのではないだろうか。現在は地域を問わず、電話やＳＮＳなど様々なメディアによって友人関係の継続は当事者の主体性に委ねられている。民俗学もまた、慣行的な友人関係の形成に加え、移動や変化を伴う動態を捉えていくことが必要である。

友人関係は、行動を起こす際の原動力になりうる。表面的に表れない私的な人脈が、例えば事業や政治活動に与える影響は無視できるものではないし、異性との出会いも「友人の紹介」によって得られるケースは少なくない。同窓会や「同期の桜」のように、直接のつきあいはなくても、出自や経験の共有によって友人関係に代えられることもある。一九八〇年代以降のジェンダー論は、「男同士の友情」とは、親密性やコミュニケーションより経験の共有が重視されるところに特徴があると論じてきた(14)。デボラ・チェンバースはこうした男性の友人関係を「インフォーマルな公的権力」と述べ、「権力に接近可能な資源」であると位置付けている(15)。そして女性の友人関係については、男女の非対称性により「公的権力」でも「資源」でもなく、社会的影響力は男性より小さいとする。しかし、コミュニケーションに基づいた「社会関係資本」(social capital)すなわち信頼関係や社会的ネットワークが充実していると指摘する〔チェンバース　二〇一五　一一九〕。日本社会ではどうだろうか。例えば、戦後の高度経済成長期において「三ちゃん農業」化が進み、女性が農家の主力となっていく中、農業経営に対する女性の発言力や実行力は増していった。女性同士で情報交換を行い、主婦としての経験を活かしながら、商品開発などの事業展開が共同で行われている。靍理恵子はこうした女性たちを、受け身の「農家の嫁」ではなく主体的な「農家女性」として位置付け、女性目線から地域社会に根差した活動を展開していくエンパワーメントを指摘する〔靍　二〇〇七〕。女性同士の結びつきが日々の暮らしの中で消化され埋没していくのではなく、既述の「女性が演出する寄り合い」のように、「インフォーマルな公的権力」とは異なるところから社会とかかわっていくことができるといえよう。

つきあいたいという「気持」を持ち、友人として親しくつきあう関係もまた、情や親密さでのみ量れるものではない。利己的側面や戦略性の要素も含めて結び付きの実態を捉えることが、女性の在り方の多様性や、妻や母としての顔、学校・職場等における女性の多元的なつきあいを明らかにする上で必要といえる。

第四節　課題と方法

第一項　課題―「つながり」はどこにあるのか―

女性同士の結び付きが持つ意義と、それを研究することの重要性について、第三節では次の三点を課題として抽出した。

①つきあいを形作る女性の力
家同士の交際や村落社会におけるつきあいにおいて、女性はそれを演出できる立場と力を持っている。発揮される女性の力に着目することで、交際が形成される細部を捉えることができる。
②倫理的規範性・人間関係の機微を読んだつきあいと結びつき
つきあいは他者との合意を目指すわけではない。倫理的規範性と人間関係の機微を読みながら、自分にとって心地よい、あるいは都合の良い関係の形成を明らかにすることが必要である。
③多元的なつながり

つきあいたいという「気持」を持ち、親和的なコミュニケーションを重ねる友人関係も、ライフステージや準拠集団に基づく結びつきである。関係を形成・維持する「気持」以外の要素を抽出し、つながりを複合的に捉えなければならない。

これらの課題に取り組む上で、女性研究は、家における役割という従来の民俗学が重視してきた視座だけでは既に不十分であり、他方で、女性が展開する社会関係を欠いて日々の暮らしを捉えることはできない。第三節で指摘したように、「つきあいたい」という思いには様々な意図が込められる。そしてそれは、標準的とされるライフコースから逸脱した人びとを含む、多様な女性の在り方によって、きわめて複雑な様相を見せる。

結婚し子供を産み育てることは、女性の幸せとされてきた。更にいえば、結婚適齢期までに嫁ぎ、嫁として婚家に仕え、その跡継ぎを産み育てることは、女性としての義務でもあった。子供のできない女性は、石女と呼ばれ離婚されることもあった。また、夫に先立たれた場合も、独り身のまま婚家で子供を一人前に育て上げることを求められもした。こうした固定した女性像による評価は、男性からだけではなく、女性からも与えられた。期待された役割を全うできない嫁に対して、姑は、同じ女性同士擁護することもあれば、辛辣に接することもあった。緊張する嫁姑関係は、家族問題の普遍的なテーマとして文学作品などにも取り入れられている[16]。在るべき〝女性〟をめぐる女性同士の対立は、戦後より「主婦論争」として、様々な層を巻き込んで展開されてきた。

主婦論争とは、婦人解放論における主婦の位置付けをめぐって交わされた論争のことで、その後も、女性の労働や子育てまで拡大し、議論が行われてきた。基本的には専業主婦を主題とする議論が主婦論争と位置付けられており、専業主婦の是非をめぐる第一次主婦論争（昭和三〇〜三二年）、家事労働の価値をめぐる第二次主婦論争（昭和三五〜三六年)、主婦の正当性をめぐる第三次主婦論争(昭和四七年)がそれに当たる[17]。第三次以降、女性の在り方をめぐる論争は、専業主婦の問題から育児や主婦役割に移行していった。更に、社会学の妙木忍は、専業主婦が焦点ではなくても主婦を「準拠対象[18]」として議論しているとして、子連れ出勤論争(アグネス論争、昭和六二~六三年)、主婦役割の是非をめぐる論争(平成一〇~一四年)、「負け犬」論争(平成一五~一七年)をそれぞれ、第四次・第五次・第六次の主婦論争として規定している〔妙木 二〇〇九〕。妙木によれば、第六次はそれまでの主婦論争とは異なり、論説が交わされたのではなく、「勝ち犬」(既婚、子持ち女性)と「負け犬」(三〇代以上、未婚、子なし女性)の間に生じた葛藤であるという。「勝ち犬」は主婦や標準的とされる女性のライフコースに重なる存在であり、主婦が準拠対象として健在であることを示している。しかし、経済的・精神的に充足していない場合、「勝ち犬」もまた「負け犬」に対し劣等感を抱くことになる。このように、主婦をめぐる女性の意識は現代において更に複雑さを増しているが、結婚・出産のライフイベントが「女性を長い間分断してきた性別役割規範」として、女性同士を隔てる価値観として作用し続けていることが指摘されている。

女性同士の関係における性別役割規範は、主婦論争とそれに連なる世論に見られるだけではなく、民俗社会においても作用してきた。中野紀和は都市祭礼の場と周辺から、「女性もまた一枚岩ではなく、女性同士を隔てる階層意識に貫かれていた」と指摘する〔中野 二〇〇七 二九三〕。中野は、小倉祇園太鼓の担い手をめぐるライフヒストリーの分析において、話者たち(女性)による女性の祭り参加に関する言説に注目した。彼女たちによれば、元来女性は小倉祇園太鼓に参加できないものであり、それは相撲や神輿、京都の祭りと同様に、女性が「穢れ」ているからだという。そして、現在のように女性が堂々と参加できるようになったのは、「よそ者」「水商売の人たち」「特殊な人たち」と評される一部の女性たちが太鼓を叩き始め、女性の参加が受け入れられるようになっていったからであるとしている。こうした言説を、中野は「男性側の視点」を話者たちが「暗黙のうちに受け入れ」、「その遵守をめぐって日常生活における階層差」を「水商売の人たち」に当てはめたと考察する。話者たちが抱く「階層」意識は、祭りとの距離感や職業の差異だけではなく、地理的な周縁性によっても生じている。よって、女性参加の一般化や都市部の再開発によって「このような階層をめぐる言説は聞かれなくなって」おり、そこに暮らす人びとのジェンダー意識が固定的ではないことが分かる。

女性同士の関係は〝女性〟として一枚岩を為しているのではなく、標準的とされる生き方と比較して階層を形作っている。他者を肯定することは自分自身の生き方を否定することにつながりかねず、準拠集団を超えて結びつくことは難しい。坪井洋文が指摘し、倉石あつ子が問題提起した、女性の全体像を捉える女性研究では、こうした異なる女性との関係については触れられていない。他者との関係を諦めるのか、それとも、妥協点を探りつながろうとするのか、差異との向き合いは現在の女性研究に不可欠な視点である。

主婦論争は有識者や活動家によってメディアを舞台に行われ、中野紀和が指摘した女性の「階層」は小倉という都市における事例から引き出された。様々な背景を持つ人びとが集まる場においては、差異は分断され、衝突の要因になりうると同時に、多様性として受け入れられやすくもある。他方で、凝集性の高い社会では、そこで暮らしていくために社会規範に従い、規範から外れるような行いは慎まれる。村落社会の女性を対象とする研究が抽出してきたのも、社会規範の中の女性像だった。しかし、結婚しても出産しない女性が石女と呼ばれたように、規範を外れた生き方をする女性も少なくなかったはずである。戦後から現代にかけて、女性をめぐる価値観は変容し続けてきた。それは地方村落も例外ではなく、各種メディアによって、地理的・地域的な区別はもはや意味を為さなくなっているともいえる。村落社会における女性同士の結びつきに着目することは、部分的な女性研究から抜け出し、現在的な研究につなげていくために重要な課題である。そして本書は同時に、民俗学が〝女性〟だけを対象とする女性研究から脱却し、複合領域としてのジェンダー論に参画していくための試みでもある。

第二項　研究方法

本書では既婚女性を主な研究対象とする。女性の一生において最も大きな分かれ目は、結婚と考えられるからである。(19) 娘から嫁となり、更に住む場所も異なるとなれば、新しい人間関係の中で暮らしていかなければならない。生まれ育った家から出ることのない跡取り娘にしても、友人たちが嫁に行き、よそから見知らぬ女性が嫁いでくれば同じように一から関係を作り出す必要がある。女性のこうした外来者としての側面は、新たな人間関係を作り続けるとともに、移動によってネットワークを拡げていく。現代では、実家と嫁ぎ先の地縁・血縁だけではなく、仕事や同窓会、趣味にまでその域は及ぶ。村落社会における生活を起点に展開される女性同士のつながりについて、設定した三つの課題を解決し、目的に至るために、女性同士のつながりを次の二つの枠組みで捉えていきたい。

一つは、女性の講集団である。信仰のための集まりである講は、寺社による指導とはかかわりなく村落社会に根付き、村落組織や寄合と一体化していることもある。女性の講集団もまた、村落の女性たちが集まる場として、憩いの場となったり、女性の協働作業の起点となったりしてきた。女性の準拠集団として、村落社会において位置付けられてきたといえる。講集団が村落構造に強く内部化されている場合、女性の講集団も秩序としての役割を負うことになる。そこに現れてくる共同と排除を通して、集団をめぐる女性同士の関係を考察する。

もう一つは、講集団のような村落組織とは関係なく展開される、個人同士のつきあいについてである。女性同士のかかわりは、近所づきあいや親戚づきあいのように、講集団による統制とは無関係に行われるものもあり、中には友人関係のように親和性を基調とする結びつきもある。また、講集団に参加しなかった人びとがどのように社会参画を果たしたのか、という点についても、村落組織以外の切り口から見ることは重要である。

以上を明らかにするために、宮城県牡鹿《おしか》半島の女性たちに着目する。牡鹿半島における村落組織の特徴として、女性にも強固な講集団が存在したことが挙げられる。その講集団は近世より「女講中《じょこうちゅう》」と呼ばれ、平成一〇年代中頃まで活動していた(20)。女講中は、先行研究の多い利根川流域の女人講に比べ、信仰や娯楽の側面だけではなく組織的な活動の実態や経済的基盤が強く、集落における女性同士の結合・共同体そのものとして機能してきた。他方で、女講中に依らない結びつきも豊かであった。牡鹿半島はそのほとんどが山間地であり、農業に適した平野部が少ないため、三陸沖のすぐれた漁場を活かした漁業経営が発達した。女性は船に乗ることがなく、主に陸での作業を担当し、性別役割分業が明確だった。このため、同じ作業を女性同士で助け合うことが必要不可欠となり、生業を通じた紐帯が強まった。時代が下がり、多様な職種や出身地の人の混住が進むと、地縁や生業による結びつきに変化が生じるようになり、女講中の役割も変わっていった。

第五節　調査地概要

第一項　牡鹿半島と牡鹿地区

牡鹿半島は、三陸海岸の最南端にあり、石巻市と牡鹿郡女川町《おながわちょう》が位置している。本書で主に調査を実施したのは、半島の南半分・石巻市牡鹿地区である(図1)。石巻市牡鹿地区、女川町、そして石巻市荻浜《おぎはま》地区から成る三つの地域区分は、藩政期の牡鹿郡浜方の組分けを継承したものである。「牡鹿」という地名が半島や郡、町に冠されており、

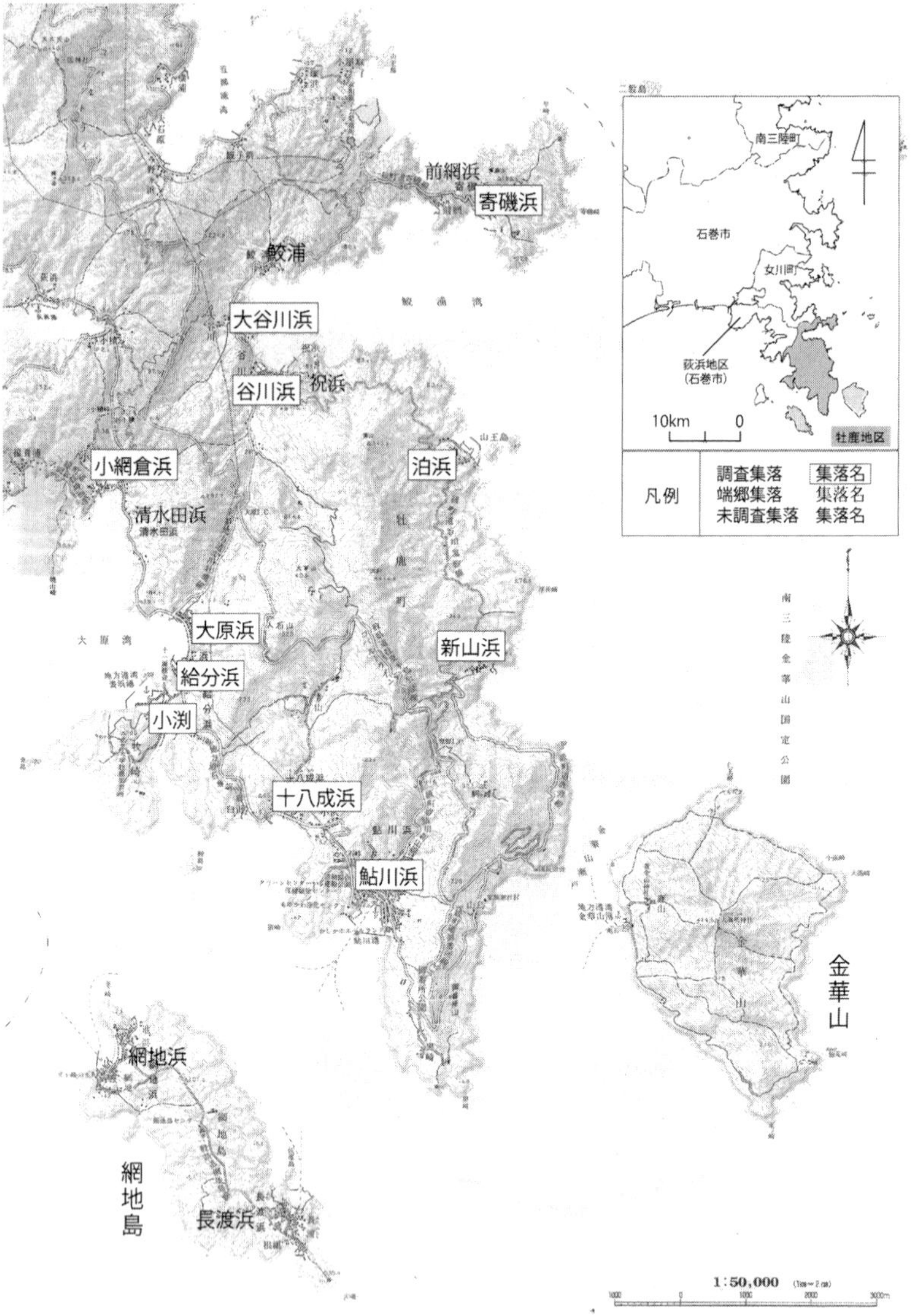

【図１】　石巻市牡鹿地区

（五万分の一地形図を基に作成）

○藩政期

- 牡鹿郡
  - 陸方 ― 石巻村・大瓜村・門脇村・沢田村・高木村・流留村・根岸村・沼津村・蛇田村・真野村・水沼村・湊村・南境村
  - 浜方
    - 狐崎組 ― 狐崎浜・祝田浜・荻浜・折浜・小網倉浜・小竹浜・小積浜・佐須浜・侍浜・清水田浜・竹浜・田代浜・牧浜・月浦・福貴浦・桃浦
    - 十八成組 ― 十八成浜・鮎川浜・網地浜・大原浜・給分浜・泊浜・新山浜・長渡浜・谷川浜・寄磯浜・鮫浦
    - 女川組 ― 女川浜・飯子浜・石浜・浦宿浜・大石原浜・御前浜・小乗浜・指ヶ浜・高白浜・塚浜・野々浜・針浜・竹浦・鷲神浜・尾浦・横浦・桐ヶ崎・宮ヶ崎・出島・江島

○昭和30年～平成17年３月

- 牡鹿郡
  - 牡鹿町
    - （旧鮎川町）― 鮎川浜・十八成浜・網地浜・長渡浜・新山浜
    - （旧大原村）― 大原浜・小網倉浜（清水田浜含む）給分浜（小渕含む）泊浜・新山浜・谷川浜（大谷川浜・祝浜含む）寄磯浜（前網浜含む）・鮫浦
  - 女川町（女川組と同じ）

【図２】　藩政期と平成の大合併前の牡鹿郡集落比較

本文における混乱を避けるためにも、調査地の具体的な説明を行う前に牡鹿半島の地域区分と経緯について整理しておきたい。

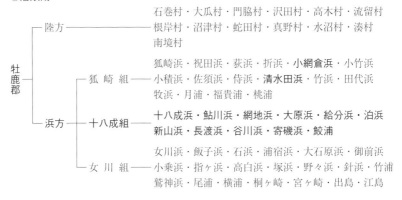

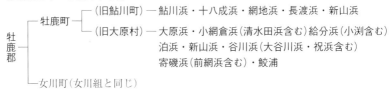

「牡鹿」をめぐる行政区分の変化は、藩政期（仙台藩支配）、明治二二（一八八九）年の宮城県市制町村制施行、昭和三〇（一九五〇）年の牡鹿町体制に大きく分けることができる。藩政期の「牡鹿郡」は、現在の石巻市（牡鹿地区含む）・牡鹿郡女川町などから成るきわめて広い範囲だった。このうち、牡鹿半島部と女川町に当たる地域が浜方(21)、それ以外は陸方に分かれていた。牡鹿郡浜方は、狐崎組・十八成《くぐなり》組・女川組に区分され、それぞれに大肝入が置かれた。現在の牡鹿地区は概ねこの十八成組に当たる地域である。

十八成組は、図2のように一一の本郷集落から成る。牡鹿地区の人びとは、地理的な区分として太平洋側の集落群を「裏浜」、石巻湾側を「表浜」と呼んでいる。牡鹿半島の沖合ではカツオ・ハモ

（アナゴ）・メロード（イカナゴ）・イカなど、沿岸ではワカメ・ウニ・ホヤ・アワビ・カキなどが漁獲される。リアス式の海岸段丘に集落が形成されている裏浜は磯漁に適し、同族集団による比較的小規模な漁業経営をおこなってきた。表浜は穏やかな湾を擁するため定置網が発達し、大謀網漁《だいぼうあみ》と呼ばれる大規模定置網漁では気仙地方から網子を雇い入れるなど広域的な人の移動も行われた。最も大謀網漁が盛んに行われた大原浜《おおはらはま》は、十八成組大肝入を多く輩出し、近世から近代まで行政及び流通の拠点だった。また、牡鹿半島の最南端に位置する鮎川浜《あゆかわはま》は、江戸時代末期に網取式捕鯨が伝わり、近代捕鯨の拠点の一つとして発展した。

明治二二年の宮城県市制町村制施行に伴い、牡鹿郡の六〇の村々は八つの町村に編成された(22)。十八成組は鮎川浜と大原浜にそれぞれ役場を設置して、鮎川村（昭和一五年に鮎川町）と大原村になった。更に、牡鹿郡の中心だった石巻町が昭和八年に石巻市となり、「牡鹿郡」から離脱すると、周辺町村は次々に石巻市と合併し、「牡鹿郡」の範囲は縮小していった。昭和三〇年に牡鹿郡四町村のうち荻浜村が石巻市に合併、大原村と鮎川町が合併し牡鹿町となったことで、牡鹿郡は牡鹿町と女川町の二町体制になった。

平成一七（二〇〇五）年三月、牡鹿町は石巻市に合併した。石巻市では、旧牡鹿町に該当する地域を行政区分上、牡鹿地区としている。本書では、調査・執筆時点における当該地域を、石巻市の呼称に従い牡鹿地区と呼ぶ。つまり牡鹿地区とは藩政期の十八成組や旧牡鹿町とほぼ同じ範囲を指す地域区分であり、本文中では時代背景を伴わない限り、牡鹿地区と表記する。以上のように、「牡鹿」という地域区分あるいは行政区分は時代や文脈によって異なる意味を持つため、本書では「牡鹿半島」「牡鹿郡」「牡鹿町」「牡鹿地区」のように対象を明確にして用いる。

第二項　集落と村落組織

大原浜や鮎川浜など十八成組本郷・端郷は、多くが仙台藩政期以前からの集落である。「ムラ」「村」「村落」と形容することもできるが、大原村や鮎川村など明治二二年以降の行政村との混同を避けるため、「村」は行政村を指して用いることにする。対して、大原浜など自然村については、地理的景観も加味し基本的には「集落」と表記する。ただし、集落内の自律組織については用語の一般性を考慮し「村落集団」「村落組織」などとしたい。

前項で述べたとおり、藩政期の十八成浜と昭和三〇年以降の牡鹿町はほぼ同じ地域である。しかし、狐崎組の小網《こあみ》倉浜《くらはま》・清水田浜《しみずだはま》が明治期に大原村に編入したため、図2を見ると、藩政期の十八成浜と昭和三〇年以降の牡鹿町では含む集落に若干の違いがある。

また、大区小区制を経て、明治一一年の郡町村制より、行政は各集落を「行政区」として規定している。ただし、一部の端郷集落が本郷並みの人口と経済規模を備え、実質的に独立した集落として運営されていることから、住民の集落認識と行政区の規定が完全に重なるわけではない。大きくなった端郷の中には、小渕《こぶち》など明治期に独立の申し立てをした集落もあるが、認められた例はない。現在でも大谷川浜《おおやがわはま》や小渕などの集落は大字本郷（それぞれ谷川浜《やがわはま》・給《きゅう》分浜《ぶんはま》）における小字の一つのままである。独立できなかった端郷集落は、明治二〇年代までは本郷と一体的に扱われたものの、次第に公的文書や統計上区別され、行政区化していった。したがって行政区は、近世以降の集落認識とほぼ重なるといえる。そして行政区は自治組織を伴うため、小網倉浜と清水田浜のように複数の大字で一つの行政区を形成していることがあり、大字に比べるとより集落の実態に近いといえる。ただし、昭和六一年に行政区を本郷である寄磯浜《よりいそはま》と統合した前網浜《まえあみはま》、平成二三年の東日本大震災を機に「解散」を決めた大谷川浜・祝浜のように(23)、比較的最近になっても行政区に変化があるため、本郷・端郷間の関係やコミュニティ形成に留意する必要がある。

本研究は、牡鹿地区集落のうち、半島部を中心とした一一の集落で調査をおこなった。本郷・端郷関係のある集落は、給分浜と小渕、小網倉浜と清水田浜、谷川浜と大谷川浜・祝浜、寄磯浜と前網浜である。清水田浜は近世より小網倉浜と合同して自治や共同作業が行われており、前網浜は前述のとおり寄磯浜と同一の行政区となっている。他方で、小渕や大谷川浜は村落集団を独立して組織し、網場争いなどの争議が本郷集落との間に起きていたことから、実質的には本郷とは別の集落として自立していたといえる。

集落としての実質的な自立は、集落自体の自治能力によるところが大きい。その要となる村落組織が、自治体の地域区分及び連絡組織である「行政区」、そして「契約講（実業団）」である。

行政区は、年に一度開かれる「区の総会」を主催し、代表の役職は「区長」と呼ばれる。石巻市の広域行政地区（牡鹿地区など）とは異なり、旧牡鹿町以降の行政上の地域区分である。住民が自集落や他集落を指して「区」と呼ぶ

【表１】 調査集落の人口

（石巻市住民基本台帳による）

	男	女	計
鮎川浜	483	500	983
新山浜	41	31	72
十八成浜	85	90	175
小渕	201	190	391
給分浜	113	94	207
大原浜	57	64	121
小網倉浜（清水田浜含む）	79	60	139
谷川浜	22	16	38
大谷川浜	20	24	44
泊浜	76	61	137
寄磯浜（前網浜含む）	182	168	350

（単位は人）

・平成27年３月末時点。
・調査地ではない祝浜（谷川浜端郷）と鮫浦を除く。

ことはほとんどなく、会話における呼称としては「ブラク」が多い。

契約講は行政区以前からの集落の主要な組織である。一つの家から一人が必ず参加する行政区とは異なり、戸主や跡取りの男性が加入する。契約講は祭礼を主導するほか、他集落との争議、共有林や網株の管理、救難活動や警護等の役割を担ってきた。大正期より実業団に名を変え現在に至っているものの、契約講なしには集落は成り立たなかった。

契約講は、「講」を冠してはいるものの、その主な目的は信仰そのものではなく、集落の自治・運営を役割とする。この点で、女講中をはじめとする集落の信仰的講集団とは質的に異なる組織といえる。他方で、男性の契約講、女性の女講中というように、男女がそれぞれ加入するべき組織として位置付けられており、対組織的な女講中との関連性が見受けられる。

本書では、契約講を集落における主要組織であると同時に女講中に対応する集団として位置付け、女講中の集落組織としての側面を捉えるための手掛かりとする。牡鹿半島における契約講の先行研究を再検討し、問題点を抽出する。そして、女講中と契約講の関係性から、牡鹿地区や集落における女講中の役割と位置を明らかにしたい。

第三項　家々の結合―ホンケブンケ・シンルイ・オヤコ―

近世から近代にかけての水産の発達は、各集落の社会構造とも密接な関連がある。一般に、大謀網漁が行われた表浜では、網元や瀬主が経済的・社会的な影響力を持ち、階層分化が進んだ。逆に裏浜では、船の乗組員は親戚で組織するなど、同族関係や血縁を基本として協力しあっていた。このように、牡鹿半島内でも集落によって異なる構造を持っている。他方で、本分家関係やシンルイなどの結び付きは、半島全体で一般的な家同士の結合関係である。

牡鹿半島は長子相続であり、相続者はカトクと呼ばれ、次子以下は基本的に集落より他出するものとされていた[24]。親が集落内に家を与え独立させたとしても、集落によっては分家の創出に消極的な態度をとってきたところもあり、すぐさま他の家と公平な扱いを受けられるわけではなかった。こうした家は、本家から庇護を受けることによって、徐々に集落社会に受容されていった。

牡鹿地区の本分家関係は、本家と分家（ブンケ）・別家（ベッカ）から構成される。分家とは次子以下の家の創出であり、別家は血縁のない者を子供と同様に家を持たせて自立させることとして、明確に区別されている。同じ一族、ホンケブンケとして、分家・別家とも独立時に本家より同じ姓と家紋を与えられた。ホンケブンケは親戚関係とは異なるものとして認識されている。寄磯浜や給分浜ではこうした家同士の結合をマキと呼んでおり、特に給分浜のマキは氏神祭祀を主な目的としている。給分浜のマキは、羽黒マキ・神明マキ・観音マキの三系統で、観音マキは異なる三つの家筋が合同した集団である。このような祭祀集団として固定化したマキを除き、世代が交代するとともにホンケブンケの交流は少なくなっていく。新たに創出した分家が本家の庇護を得るのは初代から次代の間までであり、親戚づきあいとほとんど変わらない。集落の寄合や祭礼を担う契約講も、分家が二世代目になる頃には加入を許す傾向があることから、超世代的な本分家関係あるいは本家と分家の区別意識は、氏神祭祀や土地所有を除いてはあまり強くないといえる。

他方で、序列に基づくホンケブンケやマキに比べ、対等性が強いのがシンルイである。シンルイは、基本的に系図上かかわりのない家と家の結合で、正月行事や冠婚葬祭で共同あるいは手伝いをする。基本的には一対一の関係だが、新たに創出した分家や別家からシンルイになることを頼まれる場合がある。これをタノマレシンルイといい、三軒以上で一つのグループを形成することもあるが、頼まれた家が第二シンルイ・第三シンルイというように優先順位を設けてつきあうことが多い(25)。

シンルイもホンケブンケと同様に超世代的につきあいを続ける。竹田旦は、「マケ」が同族関係として展開する東北地方において、南三陸地方ではマケよりシンルイが機能していること、シンルイが同族を、マケが親戚仲間を指すという語彙の逆転現象が見られることから、シンルイを同族結合として位置付けている〔竹田　一九六九〕。竹田は、寄磯浜・給分浜・新山浜の例を示して、シンルイあるいはマケ（マキ）の語は本家分家関係を根幹とした同族結合を意味していると説明している。筆者の調査ではこうした事実を確認することができなかったが、ホンケブンケの希薄さに対し、超世代的な家同士のつきあいをシンルイが担っている実態は確かにあるといえる。ただし、シンルイはホンケブンケやマケと異なり、一つの家を中心として系譜を形成していくものではなく、一対の家同士の結びつきを意味するものである。行事や儀礼だけではなく、親戚には話せない相談、困ったときの助け合い、子供の養育など、プライベートな領域に踏み込める関係であり、当事者からホンケブンケや親戚とは異なる非血縁の気楽さが語られることも少なくない。牡鹿半島のシンルイは、親戚やホンケブンケとは質的に異なる家同士の結合といえよう。

以上により、牡鹿半島における家と家の結合は、ホンケブンケ（マキ）、シンルイ、そして血縁や姻族から成る親戚に大きく分けることができる。また、古いことばとしてエンルイの語が用いられることがある。エンルイは、縁類と当てて親戚と同義に用いられたり、遠類として親戚の中でもつきあいの薄い遠縁を指したりする。更に、網元と大網子、船主と乗組員、地主と小作人のように、生産的側面を重ね合わせると、家同士の関係は複雑に絡み合うことになる。

なお、家と家の結びつきという形式ではないが、エビスオヤ（エボシオヤ）やナモレエオヤ（ナカケオヤ）も集落における生活上、きわめて重要な存在である。男性の場合、一五歳になるとエビスオヤを頼んで、オヤコの関係を結んだ。

一五歳は元々契約講の加入年齢でもあり、エビスゴとなることが成人の機会として見なされていたといえる。女性の場合は、結婚時にオヤに新しく名前を付けてもらうという習俗で、エビスオヤあるいはナモライオヤといった(26)。男女とも、コは生業の繁忙期や冠婚葬祭の際に手伝いに行き、オヤは何かにつけコの世話を焼いた。小渕では、エビスオヤは日頃尽くしてくれるエビスゴたちの労をねぎらうため、正月に宴会を開き、米や反物などの土産を持たせた。男性のエビスゴの宴会より、女性の方が豪華だったという(女性、昭和九年生、小渕出身)。

エビスオヤ・ナモレエオヤには経済的に裕福さが求められることから、コの実親がイチシンルイや本家・網元などに頼むことが多かった。この制度は現在では行われておらず、昭和三〇年代後半~四〇年代後半の先行研究に、過去の風習として伝聞の内容が報告されている。他方で筆者の調査でも、夫がしばしばエボシオヤを引き受け、亡くなった後は息子が夫の代理としてエボシコと付き合いを続けているという話を、大谷川浜の女性(昭和五年生)から聞くことができた。平成二三年の東日本大震災の際には、流された夫の位牌をエボシコが見つけ出してくれたといい、この例から、オヤとのつきあいは当事者が亡くなってすぐに終わるものではなく、妻や子の範囲に拡大し、家ぐるみのつきあいとして、しばらくの間維持されることが分かる。

牡鹿地区の家々は、庇護する・尽くす上下の結びつきや、互いに助け合う対等なつながりをいくつも持つことによって、日常生活や人生儀礼、緊急時に支え合ってきた。これらのつながりは、家筋や経済力に依るため集落内の社会関係に偏りを生み出し、特に階層性の強い集落では権力の集中を招いてきた。その一方で、序列を伴う家々の関係とは別に、牡鹿地区では契約講による水平な互助関係が併存してきた。契約講は一軒から一人の男性が参加する仕組みであり、規約の下で、資本家も新参者も同等の権利を持つ。牡鹿地区の人びとは、契約講や行政区などの村落組織について、「公的」な集団であるという。契約講の総会や祭礼は「公的」な行事であり、契約講が管理する共有林は

「公的」な土地である。これに対し、「私的」と位置付けられるのは、家々やオヤコの関係である。同族集団による氏神祭祀や正月準備は「私的」な行事であり、婚礼や葬式もまた「私的」な儀礼といわれる。これらの「公的」「私的」な関係は対立するものではなく、相補的なものである。同族関係の立場から集落の祭礼に意見が差し込まれることはないし、葬式があっても、契約講や行政区として列席・手伝いが行われることはないと説明される。集落の人びとは、「公的」あるいは「私的」どちらかの立場で参画し、立場に即した態度を要求されることになる。

牡鹿地区集落における「公的」「私的」の構造は、農村社会学の福武直による村落構造の二類型を想起させる〔福武　一九七六〕。すなわち、「私的」とされる家々や擬制的親子分の関係は、主従的な「縦の結合」、契約講や行政区の「公的」な関係は、対等な互助関係が営まれる「横の連繫」といえよう。ただし、こうした関係の対比は、あくまで男性を主体としたものである。例えば女講中は契約講と同じく一戸から一人ずつ加入する女性の組織だが、「横の連繫」であっても村落の自治にかかわるような「公的」役割は持たず、また「私的」な家同士のつながりと相補的であるわけでもない。すなわち、契約講と同族関係の構造だけでは理解は不十分であり、女講中の位置取りを明らかにするには異なる角度から分析する必要がある。

第一部では、女講中による婚礼への関与について考察する。婚礼は牡鹿半島においては「私的」なできごとであり、「公的」な集団である契約講はかかわりを持たないが、女講中は様々な角度から関与していた。女講中にとって、また集落にとって婚礼への関与がどのような意味を持っていたのかを明らかにする。第二部では、牡鹿半島社会における女講中の位置付けを検討する。契約講を含む年序集団体系、また、女性のライフコースとそれに対応する講集団の中に女講中を位置付けることで、女講中が負う役割や他集団との関係を明らかにする。そして第三部では、女講中に依らないつながりを模索する。高度経済成長期における女性たちの変化、平成に展開する多様な関係やネットワークから、現代における女性同士のつながりを提示する。以上のように、女講中を中心に牡鹿半島の女性を描き出すことで、本書の課題の解決を図りたい。

註

（1）看護師を例に挙げてみたい。『平成二七年看護関係統計資料集』によれば、平成一六（二〇〇四）年末時点で三万一五九四人だった男性看護師は、一〇年後の平成二六年末には七万三九六八人となり、倍以上に増加した。それでも、男性の割合は全体のわずか六・四八パーセントに過ぎず、依然として圧倒的女性多数の職業であることが分かる。

（2）坪井洋文は昭和六三（一九八八）年に逝去し、女性に言及した論考は昭和六〇年が最後となった。

（3）「子連れ出勤」をめぐる論争は、歌手であるアグネス・チャンが子供を楽屋に連れてきたことに対し、ベテラン歌手の淡谷のり子が批判したことに端を発したものであり、「アグネス論争」として知られる。妙木忍はこれを「第四次主婦論争（一九九八〜一九八八）」と位置付け、「もはや「家庭のみ」は対象とならず、「仕事と家庭」の二重役割を担う女性を論争の舞台として、仕事と子育ての両立問題が論じられた」と説明している〔妙木　二〇〇九　八二〜八三〕。論争にまで及んだ女性の在り方の多様化について、民俗学もまた「フィールドワークを積み重ねながら、多様性を多様性として汲み上げていくことが必要」であると指摘されている〔安井　一九九九　一六五〕。しかし、それまでの民俗学が対象化していた〝女性〟との隔たりは大きく、関沢まゆみによる高度経済成長期の研究〔関沢　二〇〇八〕や靍理恵子の農家女性研究〔靍　二〇〇七〕まで、民俗学が現代的課題としての女性の二重役割に接近することはなかった。

（4）倉石あつ子『女性民俗誌論』所収の「女性研究の成果と課題」による。本文は、中込睦子の趣旨説明を受けて、既述の基調報告を加筆修正したものと説明されている。

（5）ただし、倉石がこのように主張した『女性民俗誌論』の構成は、「民俗学における女性研究の視点」「民俗社会における女性たち」「女性の役割の象徴性」の三部構成となっており、第二部や第三部は自治体誌等への寄稿論文をまとめた内容である。このため、フィールドの選定やテーマが従来の女性研究を踏襲した内容となっており、主張の実践が成功したとはいいがたい。

（6）倉石は「発表者が女性、コメンテーターが男性という性的役割分業のようになってしまったため、発表者は概して「ある」という立場のものが多く、コメンテーター側は「ある」というのなら、それを立証しなくてはならないという主張がなされた」と振り返っている〔倉石　二〇〇九　三二〕。

（7）柳田國男は、民俗の理解は「目に映ずる資料」、「耳に聞こえる言語資料」、「心意感覚に訴えてはじめて理解できる資料」の三つの段階があるとし、三つ目のいわゆる「心意現象」が最も重要であると考えていた〔柳田　一九六四〕。心意現象は、「同郷人の学」として、共感による自文化への深い理解によって得られるとされた。桑山敬己は、「一国民俗学」として成熟したのちに「世界民俗学」として他国・他民族と比較研究を目指した柳田の構想は、現代の文化人類学に通用するものとして評価しつつ、ネイティヴによる理解を前提とする点を批判している〔桑山　二〇〇〇〕。

（8）「名誉男性」とは、生物的及び当人の性自認上女性であっても、男性として性別役割を負う人類学用語である。加賀谷真梨は「男性社会で教育を受け、男性の価値観を内面化し、男性社会に認められる業績を残すような女性のことを示すフェミニズムの用語」と定義している〔加賀谷　二〇一〇　一九〇〕。

（9）既述の加賀谷真梨のほか、中谷文美・神田より子の研究が挙げられる〔中谷　二〇〇三〕〔神田　二〇〇八〕。これらの研究は、国際的・学際的なジェンダー論やフェミニズムの議論を踏まえて、民俗学による女性研究の視座を批判している。

(10) 女性の一生や慣習を通して女性像の構成を試みる研究として、高取正男『女の歳時記』(一九八二、法蔵館)、武田正『おんなのフォークロア』(一九九九、岩田書院)、野本寛一『民俗誌・女の一生―母性の力―』(二〇〇六、文芸春秋)などが挙げられる。

(11) 民俗学では、宮座や年齢階梯制など男性の村落秩序、漁民やマタギなど男性のみで構成される生業、女人禁制の信仰観など、男性を主とした調査研究の蓄積は豊富であるものの、その中で〝男性〟を対象化し論じたものは少ない。こうした状況を批判し、八木透は家族論的観点から「男の民俗誌」を提示した(八木 二〇〇八b)。ただし今後は、民俗学の固定的な女性観の批判を踏まえて、性別役割規範だけではなく性そのものの社会的位置付けを論じていくことが必要といえる。

(12) 「村一般に対するもの」として、(イ)ある家を中心とした葬式、婚礼、家普請、(ロ)労力交換と共同作業、(ハ)講、祭礼、村人の交際観から交際の社会的意義について述べられている(守随 一九三八)。守随の報告について、中込睦子は「ここに述べられた内容は、他の関連項目の内容とあわせ、後に民俗学研究所編『民俗学辞典』の「附き合い」の項で、つきあいの意義、範囲、種類(挨拶、訪問、贈答、饗応)、態度として再整理されており、この後も交際についての記述、報告はほぼこれに準拠して行なわれている」と分析し、交際研究初期の指標として位置付けている(中込 一九八三 六七)。

(13) 『スーパー大辞林』(三省堂)による。

(14) イヴ・コソフスキー・セジヴィックは、ホモセクシュアル(同性愛)の排除とミソジニー(女性排除)によって成立する男性の友人関係として、ホモソーシャル(男同士の絆)を指摘した(セジヴィック 二〇一二)。セジヴィックをはじめとするホモソーシャル研究では、男性同士の関係性から女性を排除、あるいは関係を強化するための他者として位置付けており、男女の同性間交友関係は非対称としている。なお、前川直哉は、イギリス文学を素材に論じられたセジヴィクのホモソーシャル論について、明治～戦後の日本メディアを手掛かりに検証し、近代の「男色」がホモソーシャルに置き換えられるとしている〔前川　二〇一一〕。

(15) チェンバースはギデンズの主張を踏まえ、このように表現した一方で、セクシュアリティの多様性や女性の自立により、「インフォーマルな公的権力」は解体されつつあると指摘している〔チェンバース　二〇一五　九二〕。

(16) 嫁姑関係を題材とした作品は、有吉佐和子『華岡青洲の妻』(新潮社、一九六七)など小説や、橋田寿賀子脚本『渡る世間は鬼ばかり』(TBS、一九九〇年放送開始)などテレビドラマのように、時代とメディアを問わず生まれ続けている。民俗学の創始者柳田國男も、『遠野物語』(初出一九一〇、自費出版)に嫁姑問題に起因した「母殺し」という小話を書いており、後年には、回想記「故郷七〇年」(初出一九五八、神戸新聞)にて実母と兄嫁の不和について口述している〔柳田　一九六三a、一九六四b〕。

(17) 神田道子は、昭和四九年『講座家族』(八)において、昭和三〇～三二年を「初期論争」、昭和三五～三六年を「後期論争」と区別した〔神田　一九八二〕。上野千鶴子は、それを「第一次」「第二次」とし、昭和四七年の論争を「第三次主婦論争」として位置付けた〔上野　一九八二〕。

(18) 「準拠対象」は妙木忍による用語で、「ある対象が、自分の状態を評価する際の基準」であり、「比較の参照点」であることを意味する〔妙木　二〇〇九　一二三〕。

(19) 女性の一生において結婚が最も重要である、という発想の普遍性については、疑問がある。対馬における婚礼は、テボ(背負い籠)をカロウ(背負う)ように普段着で嫁に行く「テボカライ嫁」が一般的で、きわめて質素だったという。女性の人生儀礼として盛大に行われるのは、カネツケ(成年式)とカネギトウ(初めての子供を妊娠した七か月目の祝い)

だった。大間知篤三は、対馬における婚姻とは、婚礼それ自体ではなくカネツケ、カネギトウを合わせた三段階によって完了するものであったと説明している〔大間知　一九七五〕。このように、地域によっては「嫁に行く」という出来事にあまり大きな意味はなかったといえるが、本文中でも述べているように、社会的・地理的移動によって女性の帰属や人間関係が一新されるという点を本研究では重視することから、結婚が最も重要であるとした次第である。

(20) 平成一〇年代まで活動していたのは、小渕・寄磯浜・新山浜など。寄磯浜女講中が活動の拠点としていた崇徳寺には、平成一〇年に女講中が使用していた食器類が解散に伴い寄進されており、その旨の書付が食器棚に貼られている。

(21) 浜方地方を意味する語に「遠島《としま》」があり、文政七(一八二四)年の『陸奥郡郷考』に「牡鹿郡六十邑、内四十七を遠島とす」、万延元(一八六〇)年の『新撰陸奥風土記』にも「仙台封内遠島と称する牡鹿郡六十ヶ村の内四十七を遠島とす」と記載されている。

(22) この時点での牡鹿郡は、石巻町・渡波町・稲井村・蛇田村・荻浜村・女川町・大原村・鮎川村から成る。旧牡鹿郡浜方は、女川組から女川町へ、狐崎組から荻浜村へ、十八成組は大原村と鮎川村に分かれた。なお、狐崎組に入っていた小網倉浜・清水田浜は、町村制施行の際に大原村に編入された。

(23) 大谷川浜、祝浜ともに、平成二三年三月一一日の東北地方太平洋沖地震で発生した津波により、住民・家屋・漁船について甚大な被害を受けた。平成二三年六月四日発刊の朝日新聞朝刊(東京版)によれば、大谷川浜では集落としての解散を決定し、共有林を売却し、祭礼等のための積立金を住民に分配したという。ただし、行政区は継続しており、解散後も大谷川浜に居住を続ける住民が区長を務めている。

(24) 第一子が男性であれば、そのままカトクとして認定され、集落の契約講に参加するなど成員として認められた。第一子が女性の場合、弟がいても長女に婿を取らせて家を継がせる例があった(鮎川浜、大原浜など。昭和三〇年頃まで)。

その場合、弟は家を出て、集落の外に職を求めた。いわゆる姉家督相続の習慣が、牡鹿半島でも行われていたと思われる。

(25) 分家A家が既にシンルイのあるB家にシンルイとなってくれるよう頼んだ場合、B家は元のシンルイを第一シンルイ、A家を第二シンルイとして区別する。例えばA家が結婚披露宴を行う場合、B家は最上位の上座に座る。一方でB家の結婚披露宴では、第一シンルイ、A家(第二シンルイ)の順に上座に座る。このように、シンルイは全ての家が対等であるとは限らず、古い家と新しい家のシンルイづきあいには序列が生じる。なお、分家・別家に土地を分けた縁から頼まれたシンルイを、ジワカレシンルイともいう。

(26) オヤより付けられた名は、儀礼的に行う一時的な名付けと、生涯その名で過ごす場合があり、前者は夫婦揃っての名付け、後者は嫁だけの名付けという傾向がある。集落によってはナモライ自体必ず行うものではなく、縁起がよくない場合や、嫁ぎ先の縁者に既に同名がいる場合に付けた。小渕ではエビスゴ(寿子)といい、結婚時にエビスオヤより名前を与えられた。この名前は、例えば「正子」を「真佐子」のように字を変える程度のもので、戸籍上の変更を行うことなく、集落内でのみ通用したという。大原浜ではこうした名付け親をナモライオヤといった。小渕から大原浜に嫁いだ女性(昭和九年生)によれば、自分が嫁になったときナモライオヤ制度は既に廃れていたが、本家の商売を手伝っていた家に嫁が来たとき、本家がオヤとなって嫁に新しい名を付けたという。嫁の本名は「柚子」といったが、婚出した分家の娘(話者の夫の姉)の名から字をとって、「初江」にしたという。

第一部　女講中と婚礼

第一章　長持渡しと経済力

はじめに

女性の講は、信仰を目的とするものが多い。子安講や産泰講など産育祈願に関する講、十九夜講や二十三夜講など月待講、地蔵講や観音講など特定の神仏を冠した講があり、安産祈願する月待講や地蔵を祀る子安講といったように、要素の複合した講も多い。高齢女性による念仏講などは、時代や地域によって男性との混合であることも少なくないが、産育にかかわる講は女性だけで編成されてきた。茨城県龍ヶ崎市のジュウゴヤッコ（十五夜講）では、坪内の長男の嫁たちで構成され、毎月一五日に集まる講のほか、観音様参り・オビトキ・イヌメノヒマチをおこなっている。ジュウゴヤッコのほかに、「おっかさんらやおばあさんらの講」もあり、葬式や子供の行事のたびに「坪内のメンバーで手伝うことが当たり前とされ」、「坪が社会生活のひとつの単位として大きく機能していた」とされる〔佐々木ほか　二〇〇四　一二〕。このような女性の講、いわゆる女人講は、利根川流域のほか、特に東日本を中心に分布している。女性たちは、同世代同士の結合、上位世代の講集団との連続性を持つことで、村落社会における縦と横の結び付きを強めてきた。講は、家や村落の表舞台に現れない女性たちにとって、生活と密接なつきあいの場所だった。

これまでの女性の講に関する研究の傾向は、利根川下流域に分布する年齢集団的な女性の講と産育儀礼に着目した鎌田久子の研究〔鎌田　一九七一〕に端を発し、女人講研究として進められてきた。女人講は、女性の講の名称として全国的に散見されるが、狭義には、関東地方あるいは利根川下流域における、若い既婚女性による産育信仰や産死供養を目的とした講として知られている。その要因となったのは、鎌田のほか、近世の人口動態や政策から女人講の発生や変容との関連を明らかにした、西海賢二による歴史民俗学的研究〔西海　一九七九ほか〕、犬供養や参拝習俗など信仰行事との関連を明らかにした菊池健作・丸谷仁美らの研究〔菊池　一九八〇〕〔丸谷　一九九六〕など豊富な研究の蓄積による。他方で、女人講の用語については十分な検討が行われないまま現在に至っており、女人講研究の対象は狭義の認識で普及している。また、講自体ではなく信仰・習俗の観点からアプローチする研究を含め、信仰的機能に着目した研究が多く、社会的機能については、組織的観点からの分布〔丸谷　一九九七〕や前出の佐々木らによる指摘〔佐々木ほか　二〇〇四〕にとどまっており、講の研究としては大きな偏りがある。これが、近年の女人講研究が停滞傾向にある要因であるならば、本書では、櫻井徳太郎による講の分類、信仰的機能・社会的機能・経済的機能を再び見直してみたい〔櫻井　一九六二〕。すなわち三つの機能の連関から講活動を検討することが女人講研究において必要であると考え、この章では、女性の講が集落社会で果たす役割や集団の内部に着目していきたい。

牡鹿半島の女講中は、地蔵講と山神講を行う既婚女性の講集団である[1]。縁日ごとにヤドに集まり、講の後に飲食をおこなったり、小牛田《こごた》(現美里町)の山神社《やまのかみしゃ》に泊まりで参拝したりと、嫁たちにとっては信仰だけではなく、家を離れ同世代で語らうことのできる貴重な憩いの場だった。

村落社会における女性が集まる場としては、講のように信仰がかかわるもののほか、井戸端会議や茶飲み、宴会などがある。井戸端会議や茶飲みが気の合う者たちで即時的に行われるのに比べ、宴会はそれより規模が大きく、何らかの目的を伴い計画的である。女性の宴会は男性に比べ報告が少ないものの、村落の中で婚礼があったときに女性だけで宴会を行う習慣は全国的に散見される。例えば、熊本県の球磨地方では結婚披露宴を二度行う習慣があり、「チャノミ」と呼ばれる二つ目の披露宴は、元々は近所の女性を中心に行われる宴会だった。チャノミで披露される余興芸は、かつて村の若者たちがおこなっていた地蔵担ぎのいたずらを吸収したものであり、結婚に対する女性たちの関心の高さが窺える〔戸邉　二〇一三、二〇一四〕。このように、女性だけの宴会は婚礼のすぐ後に開かれることが多い。

服部誠は愛知県・岐阜県下の事例を基に、女性が婚姻そのものを取り仕切っていたのが変化し、女性たちが花嫁を承認する場として宴会が開かれるようになったと考え、婚礼における男女別の宴会と村落構造の相関性を指摘している〔服部　一九九三〕。結婚は、家同士や本人同士にとって重要なだけではなく、同じ社会の女性たちにとっては仲間入りの機会ということになる。こうした女性たちの宴会とその意義については、早い段階から指摘があったもの(2)の、婚礼研究における議論の中心は若者たちとの関連、婚姻成立、婚舎などにあったため、村落の女性たちとのかかわりについてはほとんど言及されてこなかった。

婚礼を社会的に承認する、という点では、若者たちによる婚礼関与にも似ている。しかし、若者たちのそれが管理あるいは所有する対象としての娘に向けられているのに対し、女性の場合は自分たちの仲間になる嫁を目的としている。外来者である嫁を集団に迎え入れることで、村落社会における女性同士の結合の安定が図られるといえる。そこで、婚礼に対する村落女性のかかわり方から、新参の花嫁と先輩の女性たちの関係形成を明らかにしたい。

本章では牡鹿半島における婚礼への女性たちのかかわり方を俯瞰する。その中には、親戚や同族関係にあるため、添え嫁など儀礼的役割や裏方の手伝いに回る人びともいるだろう。他方で、家と直接かかわりのない集落の女性集団は、花嫁の仲間入りとなる婚礼にどのようにかかわるのか。女講中による婚礼への関与に着目する。

本章で対象とするのは、昭和三〇年代における牡鹿半島の婚礼である。昭和三〇年代は、自宅での婚礼が主流であり、また、戦後女講中活動が最も盛んな時期だった。高度経済成長期により各家の経済状態が上昇し、概して婚礼を豪勢に行うことができたことも昭和三〇年代の特徴として挙げられる。その時代の婚礼と女講中のかかわりを整理し、更にその後の変化も含めて、牡鹿半島における女性の仲間入りの実態を明らかにする。

注意したいのは、女性同士の結び付きは規定されたものではなく、個人同士の関係の中で生成されていくという点である。婚礼の宴会が終わればただちに仲間として扱われるわけではなく、いくつかの通過儀礼とつきあいを通して、少しずつ外来者から村落社会の成員になっていく。女講中の婚礼関与についても、儀礼的なつながりの形成だけではなく、花嫁と女講中講員の間の内面的な変化に注意したい。

第一節　牡鹿半島の婚礼

まず、本節では牡鹿半島における昭和三〇年代の婚礼の概要について述べる。注記しない限り、嫁入婚を想定し、送り出す側の家を嫁方の家あるいは実家、迎える側の家を婿方の家あるいは婚家とする。

第一項　縁談から婚約まで

牡鹿地区の婚姻は、基本的に親によって決められた。縁談の前段階となる情報交換をナイショギキといい、女性は一〇代後半から、男性は二〇代半ばから話が持ち込まれた。未婚男女の恋愛をスキズキといい、あまり好まれなかったが、相手を決める際に結婚する本人の意思を全く無視するというわけでもなかったようである。ある男性は父親から「どの人がよいか？」と複数人の花嫁候補を伝えられ、自転車で家の近くまで行き、こっそりと物陰から結婚相手の顔を見て決めたという（大正三年生、男性、大原浜）。その一方で、女性の方は相手の顔を知らないまま婚礼当日を迎えたという人も少なくない。花婿は白足袋を履くので、座敷を出入りする男性の足元を必死に目で追ったという話も聞かれた（昭和六年生、女性、大原浜）。親があずかり知らないまま結婚前の男女が二人きりで会うことは、非常に嫌われる行為であった。見合い婚が普及するまで、当事者特に女性にとって結婚相手の決定とは、大きな賭けであったようである。

縁談が具体的になると、婚礼までを取り仕切る仲人を立てた。仲人はナコードサン・ナカウドサンと呼ばれ、迎える側である婿方の縁者から選ばれた。仲人の条件は、夫婦揃っており、信頼が厚く実績も豊富な人物である。シンルイや本家などの家筋や、網元や船主など上位階層に依頼が集中したわけでもないようで、八回の仲人経験を持つ漁師の男性（昭和二年生、小渕）が初めて仲人を引き受けたのは、三三歳のときだったという。父親が仲人経験豊富だったことと、青年団の立ち上げなど集落のために活動していたことで、若い頃から信頼が厚かったのだろうと男性は分析している。仲人は婚礼の終了まで両家を取り持ち、婚礼を終えた後も夫婦の相談を受け、長いつきあいをするものであった。

仲人が決まると、サキダテ（サケタテ）が行われた。先立あるいは酒立の字が当てられるとされる。ユイノウダテの日取りを決める日であり、婿の親・仲人・シンルイ・タルッコモチが嫁方の家に行く。タルッコモチはタルモチともいい、両親の揃った一〇歳ほどの男の子が務めた。タルッコモチは角樽を背負って相手方の家に行き、半分の酒を置いてくるのが作法だった。タルッコモチを連れず、親が酒を持参する場合もあった。

次に行われるユイノウダテは、結納立てと書き、単にユイノウとも呼んだ。婚礼の日取りを決める日で、サキダテの立会人に加え、近い親戚や複数の親類が参加した。先ほどの仲人経験のある男性によれば、婿方が嫁方に結納金・化粧代・反物・勝男節・寿留目・友白髪を目録で贈与するのが基本であり、家によっては現物で贈ったり、内容や品数が変わったりした。嫁方は受領書を仲人に渡し、仲人から婿方に渡した。最後に、仲人あるいは列席者たちでさんさ時雨、遠島甚句を唄い、儀式が締めくくられた。このユイノウダテを以て婚約が完了したと見なされ、婚礼に向けて具体的な準備が進められることとなった。

第二項　婚礼とその後

婚礼は、涼しくなる秋に行われることが多いとされる。大原浜女講中が付けていた会計簿を参照すると、婚礼にかかわる事項は秋から春にかけて見られ、特に新暦一一～二月に集中していた。大原浜など田畑の多い集落では、女性たちにとって農閑期が特に都合がよかったと見える。

婚礼当日、花嫁は叔母などの近親女性や嫁添い（添い嫁とも）に付き添われ、支度を整えた。昼頃に、婿方から仲人らが迎えに来た。この迎えに来た一行をケンザン（見参）といい、集落内や隣集落同士の婚姻の場合は花婿も一緒に来たようである。嫁方の家では世話人であるザモチ（座持ち）によって三々九度の盃を交わし、花婿は先に出立した。これを「婿の食い逃げ」といった。その後花嫁も、仲人やシンルイ、叔母ら近親女性、オクリト（送り人）の男性、嫁添い、タルッコモチらと出立した。嫁添いは、タルッコモチ同様両親が揃っている未婚女性で、花嫁のように振袖を着た。

嫁入道中では、日中でも提灯に灯りをともし、花嫁は笠をさしたり饅頭笠をかぶったりした。昭和二〇年代までは徒歩での嫁入が基本であり、巡航船や漁船を利用する場合もあったが、花嫁が船に乗るのを嫌がる家もあった。しかし、交通の発達に伴い、巡航船や自家用車での嫁入も増えていった。

嫁ぎ先集落に入っても、すぐに婿方の家に向かわず、中宿（ナカヤド）で一休みした。中宿では婚礼衣装を着替えたり、化粧直しをしたりした。同じ集落内の婚姻でも必ず中宿が用意され、休憩だけではなく、婿方が用意した衣装に着替えることで帰属を切り替える意味もあったといえる。巡航船で嫁いできた例では、中宿が船の中に置かれ、港が境界として見なされた。嫁入道具の受け渡しである長持渡しは集落の境界で行うと既述したが、中宿や港で行う場合もあり、空間的に強固な境界意識があるというより、それぞれの婚礼に対応して境界が線引きされる柔軟性があったといえる。

中宿から婚家までは、嫁ぎ先集落の女講中が嫁入道具を運んだ。女講中の油単をかけ、長持唄を唄いながら、行列の後ろについて運んだ。花嫁たちが婚家にたどり着くと、女講中はさんさ時雨を唄い、婿の家から御祝儀と簡単な接待を受けた。嫁入道具は座敷の隣の部屋や縁側に置かれ、客に披露された。

婚礼はシュウゲン（祝言）とも呼ばれ、昭和三〇年代までは三日間行われることが多かった。初日をマエザシキ（前座敷）といい、近親者・シンルイ・仲人のみで行われた。二日目はホンザシキ（本座敷）、三日目はアトザシキ（後座敷）あるいはアトミノゴシュウギ（後見の御祝儀）と呼ばれた。親戚や集落の人への披露であるホンザシキの招待客は男性中心であるのに対し、気軽でくつろいだ雰囲気の宴会であるアトザシキは女性中心だった。牡鹿半島の場合、冠婚葬祭におけるお膳の担当者をメンバンと呼び、料理上手な女性が頼まれることが多い。メンバンなど裏方の手伝いをねぎらう場がアトザシキであり、そのため女性客が中心となったわけである。婚礼を短縮し一日で済ませる場合も、アトザシキは日にちをずらして必ず行われた。このほか、女性中心の宴会としては、小渕で行われていたワネッケブルメが挙げられる。婚礼の後に花嫁の実家が開く宴会であり、近親者や嫁の友人を招いた。

なお花嫁の衣装は、マエザシキでは実家で用意したもの、ホンザシキでは婚家で用意したもの、あるいは、初日は振袖、二日目は訪問着のように、日によって変えられた。これらは、実家から婚家へ、あるいは娘から嫁へと属性の変化を示している。実家の衣装から婚家の衣装に変えるのを、道中の中宿で行う場合もあった。

最後の祝宴が終了あるいはそれを中座し、花婿と花嫁は寝室に下がる。婚礼の締めくくりとして行われるのが、床入れの儀式である。この儀式の立ち会いは仲人や親戚の女性が務めた。花婿と花嫁は髪を解き、寝巻きに着替え、向かい合って座る。そして、婿・嫁の順に盃を交わした後、立会人によってさんさ時雨が唄われた。最後に、立会人は二人を並んで寝かせ、布団をかけ、退室する。ナレアイ（恋人同士）の夫婦や既に子供ができた夫婦も、この儀式をおこなった。床入れを以って婚礼は終了となるが、婿の友人や兄弟親戚が寝所まで押しかけ朝まで宴会をしたり、疲れきって会話もせずに寝込んだりすることが多かったようである。

婚礼の翌朝、身近な親戚を招いて新郎新婦が酌をするアサブルメをおこなった。アサブルメが済むと、嫁は姑に連れられて集落中を挨拶回りした。このときに、女講中への加入を姑や講員から切り出されることもあった。

婚礼から二〜三日すると、嫁は実家に里帰りした。嫁一人の場合もあれば、夫が同伴する場合もあった。この里帰りは泊まらずに日帰りするものであり、宿泊が必要になるほど遠隔地である場合には、里帰り自体がなくなることが多かったようである。

第三項　女性による婚礼への関与

牡鹿地区における昭和三〇年代の婚礼について、女性のかかわり方は大きく二つに分けることができる。一つは、仲人や嫁添い、三々九度時の雌蝶役の子供などで、基本的には親戚や同族関係の中から適当な人物が選ばれる。これらの人は、婚姻儀礼にかかわる役回りであるため、マエザシキに参加する。もう一つのかかわり方は、裏方の手伝いや肉体労働であり、親戚や同族関係である必要はない。親戚等は接待する側になるため、むしろ近所関係に頼むことが多い。これらの人びとは、既に述べたとおり婚礼が概ね済んだ後にアトザシキに招待される。このように、身内であるか否かによって、婚礼への関与の仕方が異なってくるといえる。

アトザシキにこそ呼ばれないものの、嫁入道具を運ぶ女講中も、非親族・非同族による婚礼関与といえる。男性は、ホンザシキに招待されない限り婚礼にかかわることはなく、村落組織の構成員としても手伝いがあるわけではない。この点は、婚礼をめぐる男女の大きな違いといえる。

第二節　女講中の長持渡し

第一項　嫁入道中における長持渡し

嫁入道具の運び入れは花嫁の移動と同時に行われた。嫁入道中の途中に集落の境界や中宿で、嫁方から婿方へ嫁入道具の引き渡しが行われ、これを「長持渡し」といった(3)。徒歩ではなく、巡航船や自動車によって嫁入が行われたときには、船着場や車から降りた場所を境と見なすこともあった。

嫁入道具をチカムカエに引渡す行為は、牡鹿地区以外の県内各地でも行われてきた。三陸沿岸部の南三陸町戸倉地区波田谷では、「行列が嫁ぎ先へと向かう道の中ほどで、嫁方が担いできた長持を婿方に渡す儀礼」のことを「ナガモチワタシ」という〔東北学院大学政岡ゼミナールほか　二〇〇七〕。波田谷のナガモチワタシは、主にシンルイや兄弟、おじ・おばなどの両家に親しい人びとによって行われる。嫁入道具を引き渡すことは、嫁の身柄を引き渡すことと同じであり、婚礼において重要な場面の一つである。牡鹿半島が他所と異なるのは、それを担うのが女性の集まりである女講中という点である。牡鹿地区における長持渡しは、嫁方集落の女講中によるものと、婿方集落の女講中によるものと二回行われ、それぞれ作法に違いがあった。表浜の集落の一つである大原浜を事例に、長持渡しの行われ方を見てみよう。

大原浜では、集落を流れる二筋の川を境界と見なし、橋の前で長持渡しが行われることが多かった。長持渡しに参加する人数はその都度違うが、最低でも六～七名ほど必要だったという。

まず、大原浜によその集落から嫁が来る場合の長持渡しについてである（図3）。女講中は、中宿か嫁入行列がやってくる方向の川で待ちかまえ、嫁入道具を運んできた者から受け取る。そして長持唄を唄いながら婚家まで運び、仲人あるいはシンルイに引き渡した。この際、婿方は礼金として「御祝儀」を女講中の世話人に渡し、酒や刺身を出して労をねぎらった。これに対し、世話人が祝いの言葉を述べ、女講中がさんさ時雨を唄いあげ、長持渡しは完了となった。

次に、大原浜から嫁を送り出す場合の長持渡しである（図4）。女講中は花嫁の実家に向かい、祝辞を述べ、嫁入道具を受け取る。そして長持ち唄を唄いながら、川まで嫁入道具を運んだ。橋のところには、婿方のシンルイや仲人が提灯を灯して出迎えた。これをチカムカエ（近迎え）といい、ここで嫁入道具を引き渡すことで、花嫁は婚家に引き移ったと見なされた。しかし、女講中は橋を渡る手前に嫁荷を地面に置き、引き渡しを拒否する。そのやりとりについて、大原浜で生まれ育ち、仲人経験のある男性（大正一五年生、大原浜）は次のように語る。

お嫁さんの部落から、こんないい娘ただでやってられないと言って、お金をせびる、責めて貰う。そして家に

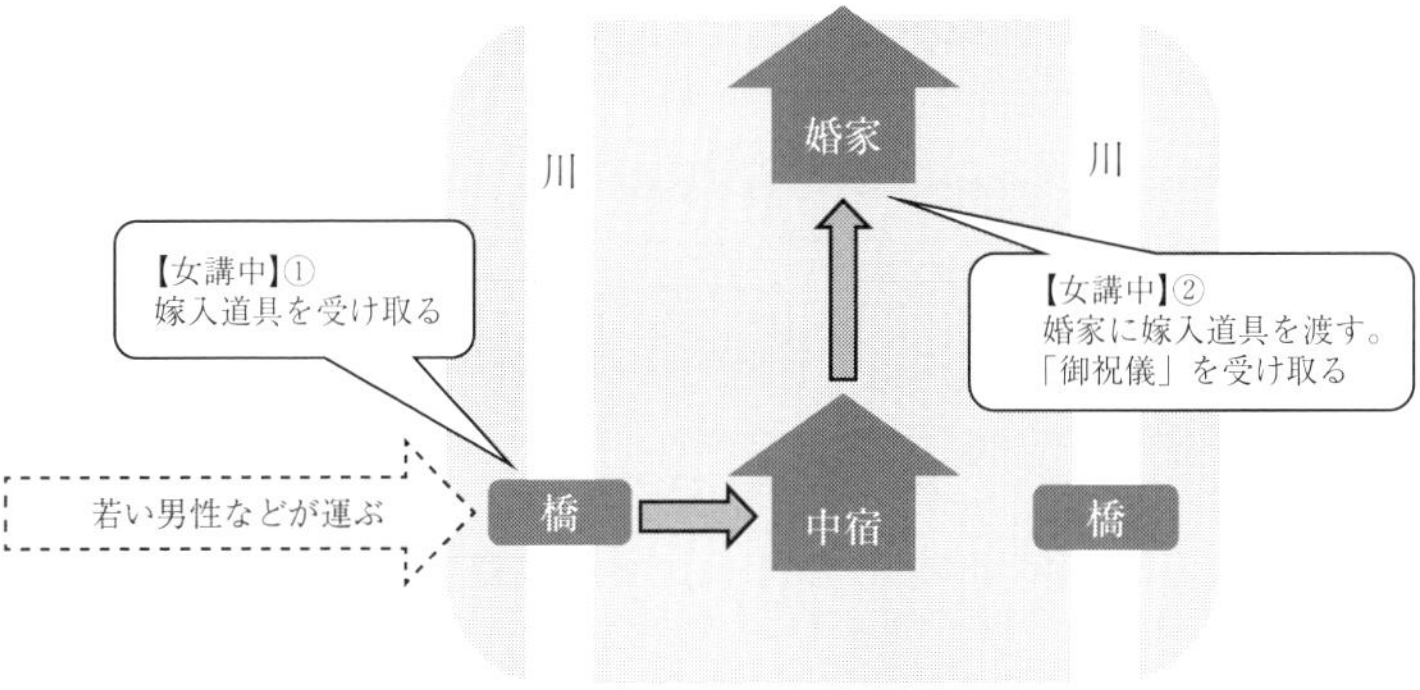

【図3】 嫁を迎える場合の長持渡し（大原浜）

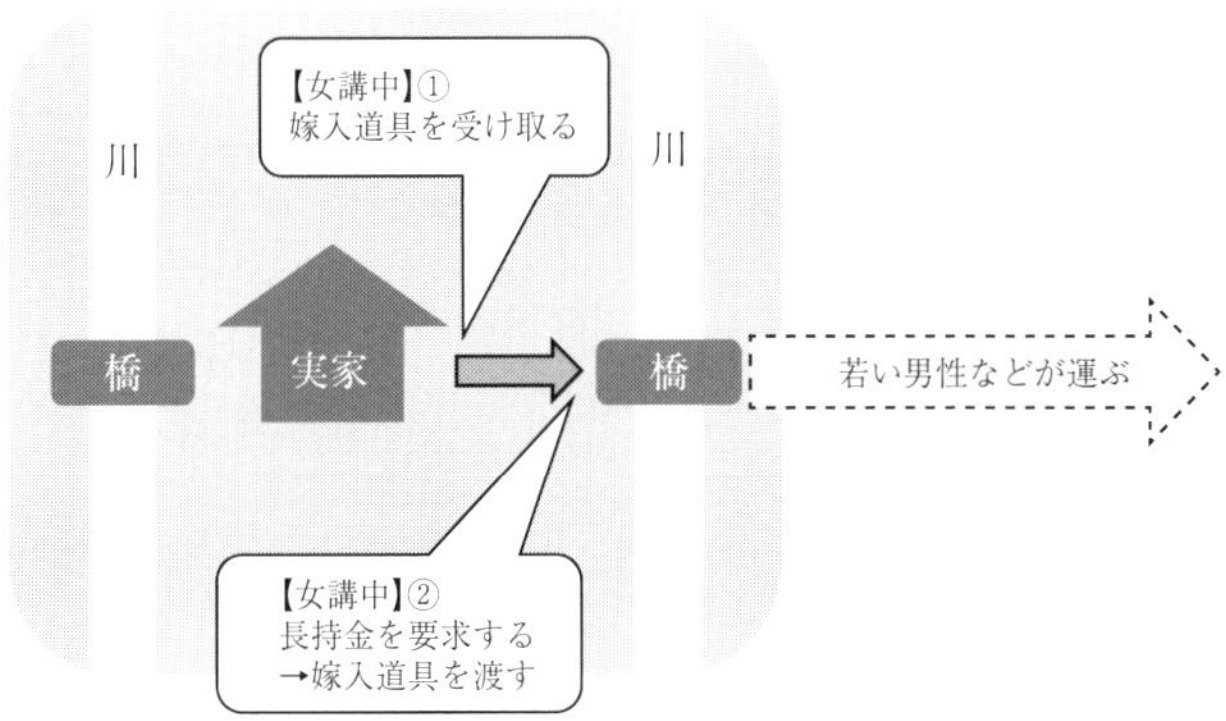

【図4】 嫁を送り出す場合の長持渡し（大原浜）

よって多いとか少ないと言って掛け合いをした。こんないい娘をくれてやるのにこればっかりでは、と。甚だしいのは、箪笥の上に女の人が胡坐をかいていた。箪笥の上に胡坐をかいて、鉢巻をして頑張るもんです。仲人さんが既に御祝儀を用意している。私（仲人）の方から、適当に渡して。責められるから、袋五枚、六枚用意しておく。

（平成一九年一〇月調査による。カッコ内は筆者補足）

このような応酬が行われるのは、嫁を送り出す場合の長持渡しだけである。ここで「御祝儀」「袋五枚、六枚」といわれているのは、婿方から女講中に渡される「長持金」のことで、嫁を迎える場合の長持渡しで得られる御祝儀と区別されている。女講中はたいてい、「これでは足りない。もっとよこせ」などと不満をいって、上乗せを迫るので、仲人の側もあらかじめ複数の祝儀袋に分けておく。[4] 世話人は納得した頃に手を叩き、女講中はさんさ時雨を唄って、ようやく嫁入道具を引き渡した。

長持渡しの長持金と御祝儀は全て女講中の収入となった。牡鹿地区の嫁たちは、行商で現金収入を得たり、センタクガエリなど実家に頼ったりする習慣がなかったため、自由に使える個人的な収入源を持たず、経済的には婚家に依存していた。[5] このため、長持渡しは女講中の経済的基盤でもあった。

御祝儀は婚家から直接受け取るが、長持金は仲人ら近迎えの持ち出しだったため、婚家ではない第三者の懐を痛めていたのは間違いない。[6] それでも仲人の役割を引き受けるのは、それが集落社会においては名誉だったからである。仲人を依頼されるのは、本家やシンルイなど同族関係、タノマレシンルイやエボシオヤなど擬制的親子関係、旧網元など社会的位置が上位の家であり、また、個人としての信頼が厚い人である。配偶者との別離や喪中などの事情がない限り、婚家との関係において断るという選択はなかった。

第二項　長持渡しの分布―渡す・担ぐ・買う―

長持渡し自体は、宮城県の各地で行われてきた婚礼行事である。直接の関係者である親族ではなく女講中がこれを行うということは、女講中による家同士の儀礼への介入を示しており、それを両家や集落社会全体が承認していることになる。

他方で、女性による嫁入道具の運搬は、範囲がきわめて限定的である。昭和二三（一九四八）年に田代島《たしろじま》（石巻市荻浜地区）で聞書きを実施した瀬川清子は、次のように記している。

村の婚礼には、迎えも長持かつぎも三つの山の神講が当番制でする。長持担ぎというのは山の神講のアネコダチが、印半纏・股引き・鉢巻きで嫁の長持をかつぎ、婚家につくまでの間に三度、道の辻などに立ちどまって、「この長持は千両代あるからただではかつがれない、何千円くれ」といって、御祝儀を仲人から貰って唄をうたう。三度そういうことをして届ける嫁を貰う方で出す。近頃はいくらいくらとあらかじめ決めることになっている。今はその長持金を貯えて振袖を買っておいて、結婚する者に貸している。大泊部落の方はその金で膳椀を揃えて賃貸ししている。〔瀬川　一九七二b　三八二〕

田代島は、藩政期の牡鹿郡狐崎組に属した石巻湾内の島で、仁斗田《にとだ》・大泊《おおどまり》の二つの集落がある。「山の神講のアネコダチ」とは女講中のことで、当時の田代島は島内で嫁入を行うのが主だったため、半島部の長持渡しとは違って、女講中が実家から婚家まで全てを運ぶことになっていた。したがって、瀬川の記述では「担ぐ」ことが主軸となっており、金銭のやりとりも嫁惜しみというより賃金交渉のようである。

さらに小さな島である牡鹿郡女川町江ノ島《えのしま》（藩政期の女川組）では、田代島とも異なる長持渡しが行われていたようである。昭和四〇年の陸前北部調査に参加した岡田照子は、江ノ島の講組織について報告する過程で、女講中について次のように触れている。

婚礼の際にナガモチガイといわれる行事があって、式の当日、見参が運んできた嫁の荷物を上所と下所の境に置き、ここに地蔵講員の代表が出迎える。そこで荷物の売り買い（ナガモチカイ）が行なわれ、双方値が折り合えば、手を打っておさめられる。嫁方より祝儀が支払われ、ここからは講員の手によって聟方に荷物が運ばれる。この祝金は講費となり、経済的に恵まれた講であると、姑たちに羨望されている。〔岡田　一九六九　一二〇〕

この事例は、嫁ぎ先集落の女講中の目線から語られた内容になっている。半島部と同じく、嫁入道具を運んでくるのは女講中ではなく「見参」であることから、単なる力仕事の代替ではないことが窺える。ただし、嫁入道具の引渡しは「売り買い」と表現されており、女講中に祝儀を支払うのは「嫁方」となっている。江ノ島の婚礼については詳しい説明がないので、不明な点もあるが、金銭を媒介に嫁入道具をやり取りするという流れとなっている。

田代島・江ノ島ともに、同じ牡鹿郡浜方でありながら、半島部と異なる作法を持っていたことは不自然ではない。「担ぐ」「買う」ことを主眼としたこれらの事例は、労働の対価や売買の成果として、「嫁惜しみ」より率直に、金銭の受け取りと結びついていたと見られる。

このように、女講中が長持渡しを担っていたのは牡鹿半島と周辺島嶼のみ、藩政期の行政区分では牡鹿郡浜方のみとなっている。女性が嫁入道具を運ぶ事例が局所的に表れてくることについて、松岡利夫は、淡路島（兵庫県）や相馬

（福島県）など主に沿岸部で確認されていることに注目した。その上で、牡鹿半島の長持渡しについて「男衆が船乗り稼業として留守がちなところから、かわって女房衆が部落の婚礼に協力奉仕することになり、やがて一種の嫁惜しみが祝儀のねだりというかたちをとってきた」と説明している〔松岡　一九六九　二二七〕。確かに、カツオを追って家を空ける男性の代わりに、女性がそれを補う話も聞くことができる。他方で、浜方以外の牡鹿郡や他の三陸沿岸部の漁村で行われていないことの説明としては不十分であり、牡鹿半島の中でも、大謀網漁の盛んな表浜、磯漁の盛んな裏浜、捕鯨で発展した鮎川浜のように、集落によって主となる漁業が異なることについて考慮されていない。女講中による長持渡しについては、牡鹿郡浜方で共通している社会構造の中で理解することが適当と思われる。

女講中による長持渡しがいつ頃から始まったかについては、確たる資料は残されておらず、早くても江戸時代後期、遅くても明治期後半と見られる。初期の女講中がおこなっていただろう長持渡しは現在とは異なる形式であり、それが十八成組（牡鹿地区）・狐崎組（荻浜地区）・女川組（女川町）の各地域に即して展開していったと考えられる半島部の長持渡しは、「渡す」ことに重きを置いていた。儀礼の内容や金銭の金額が、花嫁を迎える・送り出すという状況の違いと連関していたことは、女講中が花嫁とのつながりをより重視していたと考えることができる。単なる運搬役や収入手段ではなく、同じ集落女性としての仲間入りやその逆の別離のために儀礼化されてきたのが、牡鹿半島の長持渡しだといえる。女講中の行為は、婚礼を家だけのものではなく集落の問題として引き上げるものだった。

第三項　長持渡しの経済的側面―大原浜「女講中会計簿」を手掛かりとして―

さて、長持渡しの作法の違いから、長持金は御祝儀に比べ、高額になりやすい傾向がある。大原浜の女講中は、講としての収入を預金して管理し、収支を会計簿に記録してきた。

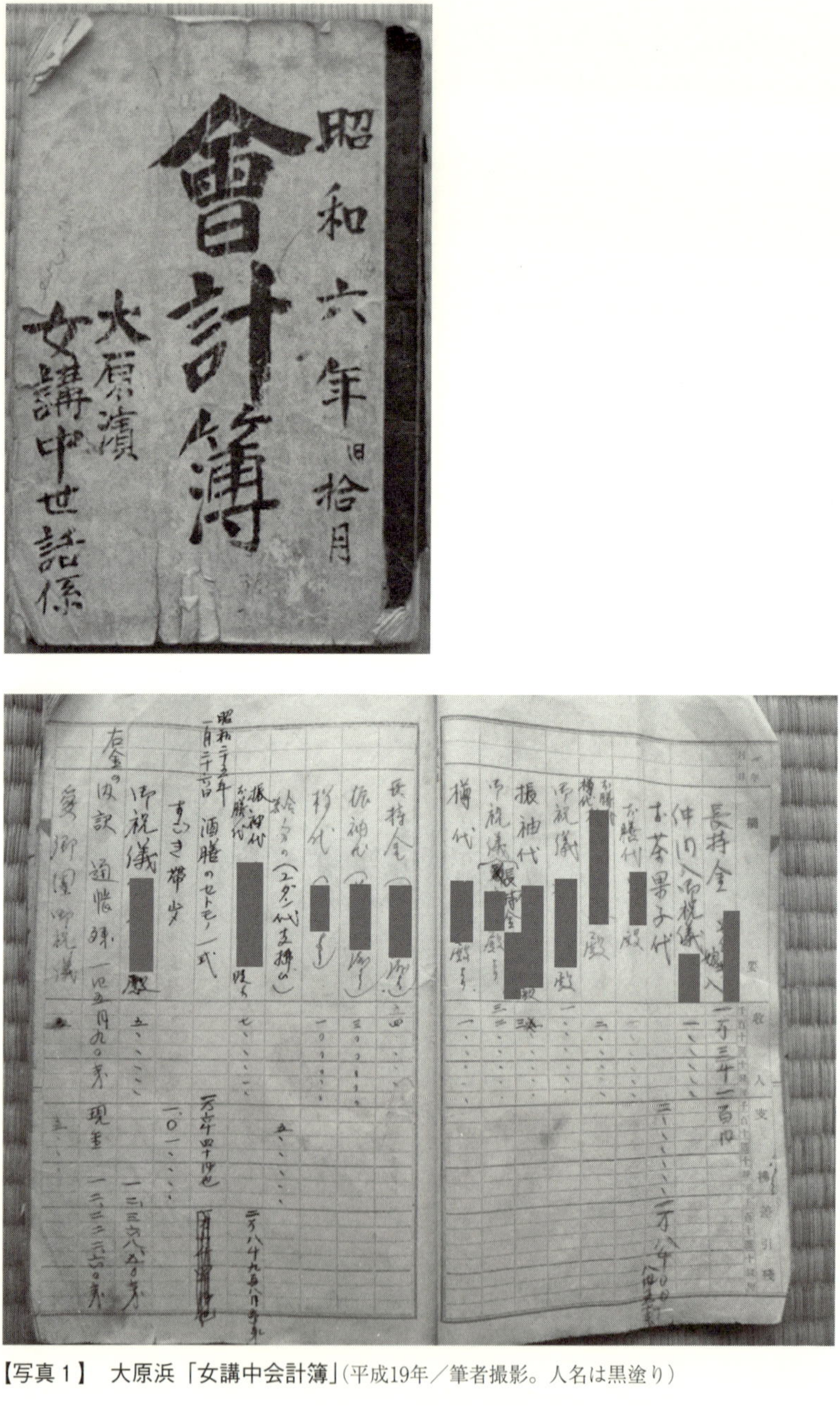

【写真１】　大原浜「女講中会計簿」（平成19年／筆者撮影。人名は黒塗り）

この会計簿(以下、「女講中会計簿」)[7]に、長持金・御祝儀がどのように記録されているのか見てみたい。「女講中会計簿」から昭和一八〜三九(一九四三〜六四)年の長持金・御祝儀の項目を抜出し、平均値を示したのがグラフ1、その年の総額を示したのがグラフ2である。グラフ1を見ると、長持金の平均額は、長持金の記録がない昭和二六年を除き、昭和二二〜三二年の間、御祝儀を上回っている。長持金の場合、女講中は相手の懐具合を想像して金額を要求するため、どの家で婚礼があったかによって金額が大きく異なり、特に大謀網漁により階層制の強かった大原浜では、その差が顕著といえる。例えば、平均額・総額ともに最高だった昭和二四年頃の場合、長持金の最高金額は一万三一〇〇円だった。これは当時の大原村歳入額の一〇〇分の一に当たる金額であり[9]、婚礼にかかった費用の一部にすぎないとなると、当時の婚礼の豪勢さが窺える。この年の長持金最低金額は二〇〇〇円だが、同年の御祝儀の平均額は六七五円だから、最低金額ですら、御祝儀の三倍以上が要求されたことになる。

変動の激しい長持金に比べ、御祝儀が一定金額のまま推移しているのは、御祝儀には相場があるためである。時代により異なるが、二〇〇〜五〇〇円程度で、時折上位層の婚礼で一〇〇〇〜二〇〇〇円となっている。嫁を迎える長持渡しでは、女講中にとってもその婚姻は新しい仲間が増える喜ばしい出来事であり、嫁を引き渡す長持渡しとは動機が異なることが、長持金のやりとりからも明らかといえよう[10]。ただし、このような長持金の差別化は、後から生まれたと考えられる。会計簿の開始は昭和六年だが、「ナガモチ金」の初出は昭和五年の事項として記載されている。少なくとも、この会計簿がつけられる以前から、女講中によって長持渡しが行われていたことが窺える。昭和五〜一二年は、御祝儀の項目はほとんど記載がない上、長持金は一件当たり二〜一〇円程度だった。しかし、昭和一三年後半より長持金に代わって御祝儀の項目が増えており、昭和一四〜一九年にかけては長持金の記載は全く見られない。

この時期、長持渡しをめぐってどのようなやりとりが行われていたかについては分からないものの、会計簿の内容

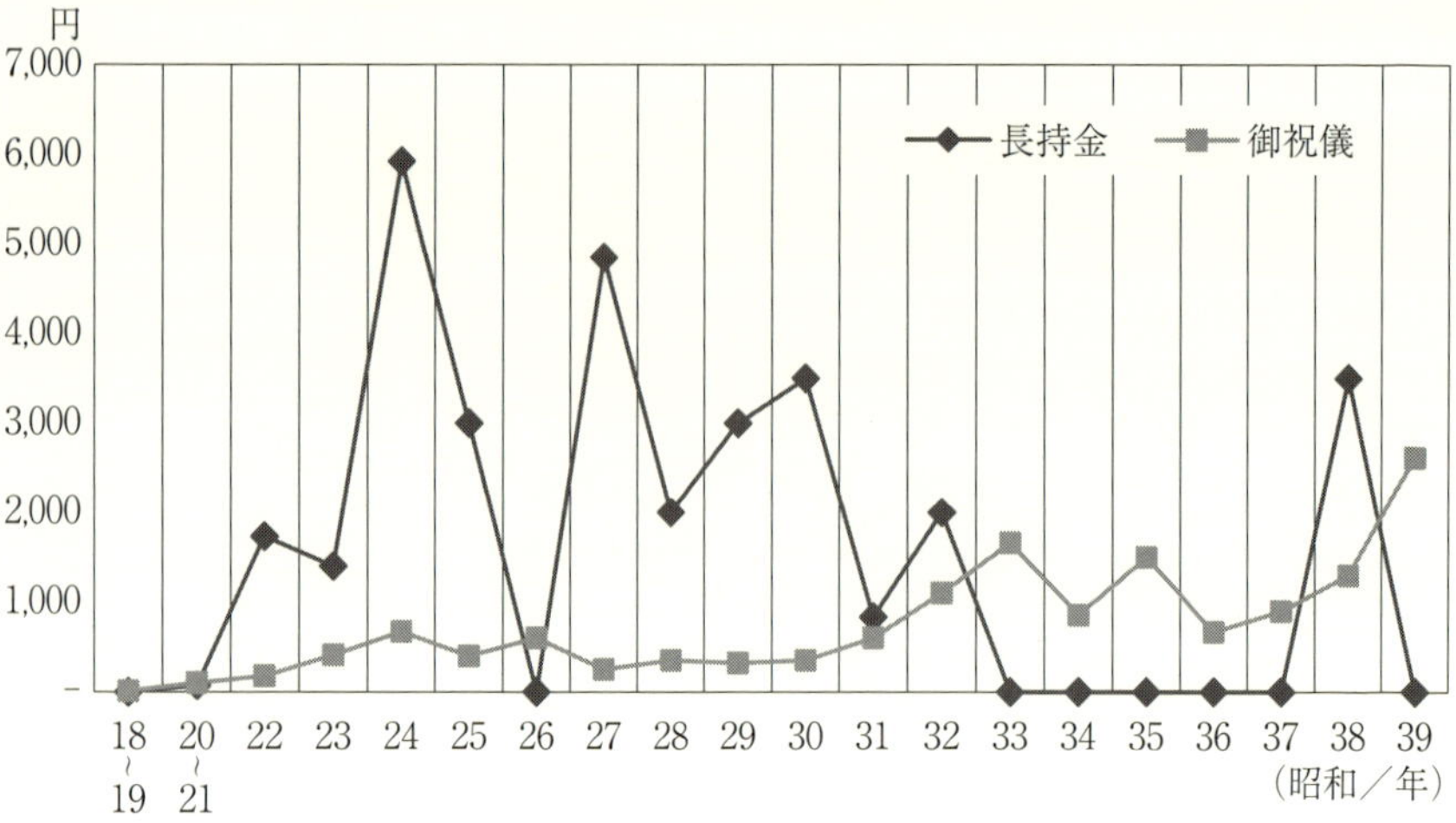

【グラフ１】　長持金・御祝儀の平均額の推移（大原浜「女講中会計簿」を基に作成）

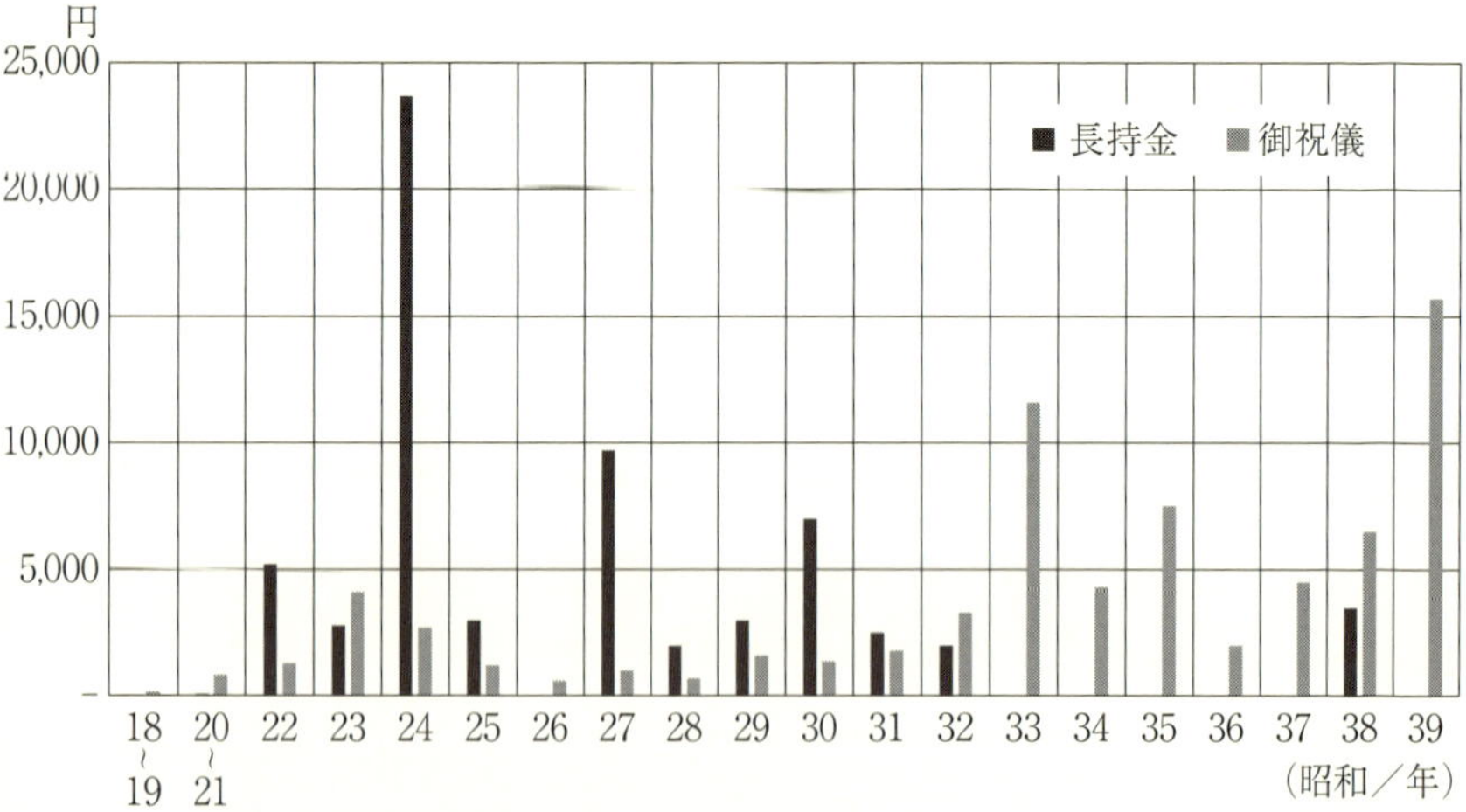

【グラフ２】　長持金・御祝儀の総額（大原浜「女講中会計簿」を基に作成）

については次のように読むことができる。昭和九年より、長持金の収入とともに「手拭代」という支出項目が立てられている。これは長持金の返礼と見られる。長持金の項目が消えた昭和一四〜一九年にも、一部の御祝儀に手拭代が添えられていることから、長持金そのものがなくなったのではなく、御祝儀と混同され記入されていたと考えられる。

以上により、長持渡し、特に長持金が、長いあいだ女講中にとって重要な収入源だったことが明らかとなった。次に、こうした資金を元とする女講中の活動について、支出と運用の観点から見ていきたい。

第三節　婚礼道具の購入と貸出

第一項　牡鹿地区における婚礼道具共有の実態

長持金と御祝儀による収入を、女講中は何に使用していたのか。項目として多いのは、本膳や角樽、油単など婚礼道具の購入と貸出である。

女性集団による婚礼道具の共有といえば、全国的には婦人会の例が多い。村落社会の立直しを目指した官制運動である各種生活改善事業では、倹約のために婚礼改善が謳われてきた(11)。実践された倹約方法の一つに、祝い用の酒樽や本膳・盃などの婚礼道具を自治会や婦人会などが購入し、婚礼を行う家がそれを借り受ける、婚礼道具の共同利用があった。購入・使用・清掃に至るまで自分たちで管理し、婚礼の均質化を図る。婚礼を家だけの問題とせず、村落社会で共有していこうとしたところに、単に婚礼の規模を縮小するのではない合理化の試みが見受けられる。

牡鹿半島にも婦人会は存在したが、宮城県婦人団体連合や行政の末端組織という位置付けで、集落内における女性集団としての活動は女講中が担っていた。女講中自体は行政など外部とのつながりを直接持たなかったため、官制運動の影響を受けていたかは明らかではなく、婚礼道具を揃えるに至った経緯も文書資料としては残されていない。実際の婚礼道具と前出の「女講中会計簿」を手掛かりとして、運用の実態を明らかにし、女講中が婚礼道具を所有した意味を考えることとしたい。

膳椀や婚礼衣装など貸出用の婚礼道具は、調査したほぼ全ての集落で確認できた(12)。女講中は、膳椀や婚礼道具・衣装を収納するために倉庫を持ち、昭和五〇年代に集落ごとに集会所が建てられると、使う機会の多い瀬戸物や椀類のみ集会所に移された。なお、講で使用するお掛図や女講中の規約・会計簿などの文書は、女講中の代表者が自宅で管理していた。女講中の持ち物・財産としても、膳椀等とお掛図等は明確に区別されていたことが、管理方法から窺える。女講中解散後も、婚礼道具は集会所や倉庫に保管されてきたが、平成二三(二〇一一)年の東日本大震災において、その多くが津波の被害を受け、流出あるいは廃棄された。

第二項　膳椀の共有(13)

大原浜の女講中は、婚礼道具をはじめとする所有物を、地蔵尊横の倉庫に保管していた(14)。昭和五一(一九七六)年に、大原浜に生活センター(以下、集会所)が建てられると、椀類や瀬戸物の一部を集会所台所に移した(15)。台所に保管されていたもののうち、最も古い椀類には、「大正拾壱年旧正月十二日求」の箱書があることから、大正期には既に女講中で膳椀の購入が行われていたと考えられる(16)。なお、女講中の膳椀には一つ一つに㊛の印が入っている。

表2は、集会所に移された大原浜女講中の共有膳椀と、「女講中会計簿」の購入履歴を時系列にまとめたものである。集会所の膳椀の年月日は箱書に基づく。会計簿は、稀に記入漏れがあり、例えば昭和二〇年一月~二八年一二月は年月日と差引額がほとんど記入されていない。この期間についてはほかにも記入漏れがあると見られ、集会所に残され

ていた女講中所有の昭和一一年の汁椀と二四年のさしみ皿にも、会計簿には記載がない。

共有膳椀のうち、大正一一（一九二二）年の飯椀・吸椀が最も古く、大正期にはすでに女講中による膳椀の所有が行われていたことが分かる。吸椀は総朱塗りに松や鷹が描かれたものである。大原浜女講中の膳椀はいずれも朱塗り・吉祥文様であることから、婚礼等祝儀用に用意されたといえる。これらが一揃いで購入されているのに対し、会計簿には修繕や様々な食器を少数買い足す様子も窺える。一揃いの一部が欠けても、修繕や類似品によって補完し使用し続ける態度が表れている。

会計簿を見ると、共有膳椀は個人の婚礼のほか、契約講や行政区などが行う寄合、大原小学校、旅館などに貸し出されている。女講中の膳椀は、契約講が管理する網株や共有林のように使用する権利を構成員に限るものではなく、貸出料を支払えば誰でも借りることができた。借りている人物の中には、自前の膳椀を持ち、シンルイや擬制的子分にも貸し出しているはずの富裕な家もある。借りる物によって貸出料は異なり、会計簿の最後の頁には次のように覚書がある。貸出料は時代により若干変化しているが、会計簿の最後の頁に、昭和三八年一〇月一日付で次のような貸出料に関する覚書がある。

・酒膳一揃借《ママ》した時　五百円
・御法事用　三百円
・お膳だけの場合　百円
・茶碗　百五十円
・吸椀　百五十円

【表２】　大原浜女講中の膳椀購入歴

購入年月日	箱書※			会計簿（昭和６～40年）	
	品名	持主	中身	購入物	支出
大正11年旧１月12日	吸物椀	地蔵講中	あり		
大正11年旧１月12日	飯椀	地蔵講中	なし		
大正12年旧１月12日	ちょく椀	地蔵講中	あり		
大正12年	会席膳	女講中	なし		
昭和10年　１月25日				瀬戸物	15円
昭和11年旧８月10日				平椀	13円
昭和11年　10月５日	吸椀（汁椀）	大原女講中	あり		
昭和24年旧12月	さしみ皿 酢千代久	女講中	あり		
昭和24年旧12月	うまに丼	女講中	あり		
昭和25年旧１月26日				瀬戸物	15,000円
昭和29年				徳利・ 三寸皿ほか	1,789円
昭和30年旧１月３日				タンポ修繕	600円
昭和31年旧５月14日				会席膳	9,350円
昭和31年旧11月９日				茶碗、 小皿ほか	2,790円
昭和34年旧12月16日				会席膳箱	700円
昭和36年　12月27日				茶碗	1,275円
昭和36年　12月27日				吸物椀	1,750円
昭和36年　12月27日				生盛皿ほか	410円
昭和37年　１月21日				平椀	1,600円
昭和38年　８月24日				大皿	600円
昭和38年　９月６日				刺身皿・小丼	3,500円
昭和42年　11月20日	御刺身皿	女講中	あり		
昭和42年　11月20日	甘煮丼	女講中	あり		
昭和42年　11月20日	御茶碗	女講中	あり		

※生活センター台所に保管されていた膳椀（平成19年10月筆者調査）。

共有には、それを共有する全員のものであるという公共性と、一定の基準に従えば誰でも使用できるという平等性がある。女講中の共有膳椀も、誰にでも貸し出す、賃料が規定されているなどの点で、公共性と平等性を有しているといえる。更に、女講中の場合は、貸出の対象を講員に限定していない。「女講中会計簿」を見ると、女講中講員が家族にいない家はもちろん、学校や自営業、更には他集落住民にも貸出が行われている。また、女講中は集落の基幹組織や行政との連絡組織ではないため、公共的な性質は契約講や婦人会の方が強い。賃料が支払われれば相手を問わず、破損した場合には直接損料を請求している。共有物というより、女講中が所有するモノとして貸し出してきた実態が見える(17)。

「女講中会計簿」が記載された昭和六年から四〇年は、大原浜では網元が廃業し、高度成長のただなかで激しく経済構造を変化させていた時期である。共有膳椀を借りる者は持たざる者である、という見方が解消されることで、住民は気兼ねなく女講中の道具を借りることができたと考えられる。もっとも、御膳を私有する家も、必ずしも女講中への還元や協力のために共有膳椀の利用に参加していたわけではなかったようである。酔いの回った客に割られることがないよう、価値の高い器は蔵にしまい込み、女講中の膳椀を使おうとする、したたかな思惑も働いていた。

第三項　全国の共有膳との比較

慶弔時に使用する酒器やお膳を村組や講中で共有する事例は、近世以降、全国的に分布している。東京都多摩地域では、「膳椀倉」「膳椀小屋」などと呼ばれる、共有膳椀を収納するための蔵をそれぞれに持っていた。多摩地域の膳椀倉は、製糸業で潤った明治期に特に発達したが、近世から戦後まで断続的に使用してきた地域も少なくない。借りたい人は、料金を支払って自らモノを持ち出し、使用後は洗ってから元の場所に戻した。神かほりは、膳椀を自前で持つことができない人びとの対応策というだけではなく、経済状態が異なる人びとの「平等」化を図っていたと指摘する。貸出金額に幅のある事例から、「各家の経済状態により出費額に差があったのではないか」と推測し、「成員の経済状態に応じて協力し合う形の「互助」であり「平等」であった」というものである〔神　二〇〇一　二一二〕。神の指摘は、婚礼の内容を規定することで水準を設け、豪奢化を防ごうとする取組み等とも重なるものである。目的や結果はどうあれ、家同士のやりとりである婚礼を村組や講中で均質化していたといえる。

宮城県や山形県に分布する戸主会的組織の契約講でも、講の総会のために膳椀を所有していたところが多く、これを冠婚葬祭に貸し出す場合があった。宮城県登米市南方町では、大正企業会六親講（契約講）が「享保四年二年十八日」の墨書がある長持に「結婚式に用いる赤だる（酒だる）二つ、銚子（鉄瓶）二つ、三三九度の大小の盃（木杯）三つ」を保管していたと報告されている〔文化庁　一九七二　四二〕。別の地域では契約講の役割であることが、牡鹿半島では、女講中が担っている点は重要といえよう。

ただし、これらは婚礼に必要な道具だけを共有しているのではない。膳椀の共有が圧倒的に多いのは、婚礼以外にも祝い事や法事・寄合・祭りなど必要となる場面が多かったからであり、婚礼に特化した道具が揃えられたのは、その延長と見られる。南関東の共有膳椀分布のデータベース『南関東の共有膳椀』を見ると、膳椀や酒器のほか、座布団など宴会に必要な道具が一揃い膳椀倉に保管されている例が散見される〔南関東の共有膳椀編集委員会　一九九九〕。しかし、女講中と異なり、婚礼衣装も共有していた例は見当たらない。

共有膳椀が盛んだった一方で、婚礼衣装が共有の対象にならなかった理由はいくつか考えられる。まず、婚礼衣装は、数世代・複数人に着続けられるよう管理し続けることの困難さがある。その上、前述のように、近世期の庶民の婚礼において、婚礼衣装を着用することがどれほど一般的だったか、または共同体の中で共有の需要があったかは考慮する必要がある。また、膳椀等は他の場面でも転用して使うことができるが、婚礼衣装は花嫁しか着ることができない。使用頻度も少なく、共有の主体者である男性が着る当事者にならないモノを、必要性を共有していた可能性は低いし、比較的最近まで衣類の管理が女性に任されていたことを踏まえれば、男性主体の共有集団には着物を保管する知識や技術も甚だ低かったと思われる。

このように、近世からの婚礼道具の共有について、膳椀や酒器の事例が多く見られるのは、モノの残り方や当時の婚礼の在り方のほか、当時の共有が男性主体で行われていたことにかかわると考えられる。この点からも、女講中による婚礼道具の貸出が一般的なモノの共有とは異なる角度から立ち上がってきたことが窺える。

第四節　女講中が婚礼にかかわることの社会的意義

第一項　昭和三〇年代以降の長持渡しの展開―自宅婚の時代から二世代別居の時代まで―

長持渡し、婚礼道具の貸出は、女講中にとって経済的意義を持つものだった。他方で、女講中と婚礼が何故結び付いたかについては、社会的意義の面からも検討する必要がある。それは、男性の不在という消極的理由だけではなく、女性が婚礼にかかわることの利点や価値である。ただし、半島部と周辺島嶼の長持渡しの違いが婚礼の在り方と関連していたように、婚礼の変化に応じて女講中のかかわり方も変わることが予想できる。例えば、自宅での婚礼を前提とする長持渡しについて、ある時期だけを切り取って見るのではなく、その婚礼の在り方が変わったとき女講中や周囲がどのように対応したかについても考える必要がある。牡鹿半島でも、集落によって変化が起きた時期は異なる。この項では、昭和三〇年代に自宅以外での婚礼が普及した大原浜を例に、婚礼に関する女講中の社会的意義を集落がどのように見ていたかについて考察する。

自宅での婚礼では、花嫁の身柄に関して、実家から婚家へ、あるいは実家集落から嫁ぎ先集落への移動に伴い、明確な切り替えが行われる。家、集落の境、中宿など空間的な境界線がはっきりしており、ここで花嫁の帰属を段階的に確認することが婚礼の作法として必要だったといえる。ということは、境界が失われる、曖昧になることで、花嫁の帰属の切り替えにも影響が起きたと推察できる。

こうした最初の変化は、婚礼の場が自宅から料亭・旅館に移ったことである。大原浜や鮎川浜など交通の要所や市が開かれた集落では、戦前から旅館がわずかに営業されていた。これらは元々、漁船の乗組員や行商人、赴任してきた教員などを対象とした宿泊施設であり、冠婚葬祭の対応は用意されていなかったが、宿泊者の傾向が変化するにつれ、料亭としての機能を充実させていった。大原浜の石森旅館もそうした例の一つである。父・兄・弟の三代に渡り、大正期から昭和四〇年代半ばまで営業した旅館で、宿泊客は富山の薬売りや馬喰、猟師など仕事目的の利用が多く、教員宿舎ができる前までは教員の下宿先でもあった。したがって、当初は地元の者が利用することもなかったが、自宅から近い上に広い座敷が確保できる、料理を作るメンバンを頼む手間が省けるなど、昭和三〇（一九五五）年頃から婚礼会場としての利用が増えていった。

昭和三八年に大原浜の男性と結婚したAさん（昭和一六年生、女性、大原浜出身）は、大原浜の氏神である三熊野神社で「盃ごと」（婚礼）を行い、石森旅館で披露宴をおこなった。Aさんの夫は三男だったため、家から独立して分家となり、集落内にある公営住宅が二人の新居となった。戦後は大原浜でも分家が増加しており、そうした家のほとんどが本家に比べ間取りが手狭であったことも、婚礼の場の外部化に関連していると考えられる。

ところで、昭和三〇年代といえば、生活改善事業や新生活運動を通じて全国的に冠婚葬祭費用の節約が意識された時期である[18]。昭和二〇年代より全国各地で提唱されていた新生活運動は、新生活運動協会によって昭和三〇年から具体的な取組みが始まり、宮城県でも昭和三五年に指定地区が設定された。その一つに、「婚礼改善」の指定地区となった牡鹿町長渡浜（網地島）がある。長渡浜は「極良」の評価を得る成果を挙げたが、「婚礼改善」が網地島から海を渡って半島部に影響を与えることはなかったと見られる[19]。牡鹿地区では婚礼の場の外部化が進み、長持金や御祝儀の羽振りが最高潮に達しており、節約とは逆の散財が進んでいた。全国的に奨励された公民館結婚式も、牡鹿地区では話題に上がることすらなかった。婚礼衣装の所有が瞬く間に全ての地区に広まったのに対し、「婚礼改善」は牡鹿地区において培われてきた婚姻の在り方に全く添わないものであったといえよう。これにより、組織として他集落との交流がほとんどない女講中が、牡鹿地区一円で同じような婚礼の取組みをおこなってきたことの特異性が際立って見える。

さて、Aさんは大原浜の石森旅館で婚礼を挙げたが、着付けや整髪は鮎川浜の美容院でおこなった。この頃、大原浜女講中の振袖はほとんど借りられておらず、鮎川浜や石巻で貸衣裳を借りて着付けすることが一般化していた。このため、Aさんの少し後からは着付けを行う場所や結婚相手の実家の所在地を踏まえて、集落以外の場所で婚礼の場を選択することが選択肢の一つになった。牡鹿地区、特に鮎川浜では官民双方向からの観光開発が進み、ホテルや旅館の開業が相次いでいたこともあり、需要と供給がちょうど一致したといえる。

婚礼の場が家から離れていくことは、従来おこなってきたいくつかの儀礼をなくすことにもなるが、利点の方が大きかった。着付けと会場が同じであれば花嫁の負担は少ないし、メンバンや給仕も外注できる。アトザシキが必要であれば、それだけ家で行えばよかった。

婚家やそのシンルイたちにとっては歓迎できても、女講中にとっては死活問題になりうる変化だった。まず、婚家が御膳を用意することがなくなったことで、膳椀の貸出が少なくなった。婚礼の場が集落から離れれば、膳椀だけではなく他の婚礼道具もそちらで用意される。花嫁の向かう場所が婚家ではなくなったことで、嫁入行列にも変化が起きた。花嫁がバスや巡航船で出立する場合は、停留所や港でチカムカエが待ち受け、長持渡しをおこなった。自家用車の場合は花嫁の実家である。それでも、婚礼の場が嫁ぎ先集落内であれば嫁入行列は編成されたが、集落の外となると、嫁入道具の運び入れは婚礼と分けて行われるようになっていった。その結果、女講中の長持渡しは、嫁入道具の運搬と花嫁の受け渡しという二つの役割を、自分たちで再解釈していくことになる。

新山浜では、嫁入道具を運ばなくなっても、昭和四〇年代の初め頃までは長持金の押し問答が行われていた。婚礼の前日、女講中は仲人や婿側のシンルイの家へ行き、その場で袋を祝儀袋を開くと、「足りねえ！　うちの嫁やんのにこれだけか！」と迫ったという。従来の長持渡しと同様に、婿側がこのやりとりを承知していることが前提であるため、婚姻圏の拡がりとともに行われなくなり、嫁が来た時の長持渡しだけが現在まで続けられている。婚礼の当日、女講中は集会所で待機し、花嫁が新山浜に到着すると、長持唄を唄いながら出迎え、花嫁に随行する。[20]行列が婚家に到着すると、さんさ時雨を唄い、婚家から御祝儀を受け取るというものである。漁協のスピーカーからさんさ時雨を流す泊浜など、他の集落でも同様に唄と御祝儀だけが、婚礼の祝いとして慣習化している。

嫁入道具の運搬については、平成に入る頃まで一部儀礼化して続けられていた。昭和六三年に谷川浜の男性と結婚した女性（昭和四三年生、北海道出身）は、夫の仕事の都合により、結婚と同時に仙台で生活した。それから三年後、夫が実家の仕事を継ぐことになり、夫の実家がある谷川浜に引っ越した。このとき、女講中がやって来て、女性の嫁入道具を家に運び入れたという。最後に女講中が唄い、姑が御祝儀を渡した。この例は、婚礼と花嫁の婚家同居に時間差が生じており、長持渡しが婚礼の一部としては行われなくなったことを示すものである。嫁入道具の運搬は、婚礼

【写真２】　昭和50年頃に行われた長持渡し（小網倉浜）　（提供：阿部政代氏）
女講中は揃いのカンバンを着ている。左下には油単が掛けられた長持が置かれ、その上に酒や料理が置かれている。長持の前にいる女性が代表のトメガシラ。

の外部化のほか、遠方からの花嫁、集落外に住まいを構える新婚夫婦が増えてきたことで、昭和四〇年代には引越業者などへの委託が一般化していた。写真２は、小網倉浜の婚家庭先で行われた長持渡しである。女講中が持ってきた長持に婚家が酒や料理を置き、それを囲んで女講中が長持唄とさんさ時雨を唄っている様子である。この場面に入る前に、女講中は到着した嫁入道具を家の中に運び入れているのだが、箪笥の引出や鏡など、小物のみを自分たちで嫁の部屋まで運び、箪笥本体は業者に任せたという。

以上のように、婚礼や婚姻の在り方が変化するに従い、長持渡しの作法は再解釈が繰り返されてきた。婚礼の一部としての位置付けから、花嫁や花嫁を貰った家への祝いとして行われるようになったといえる。自宅婚の時代から親世代との別居が当たり前になった今日まで、長持渡しは様々な要素を削ぎ落してきた。現在では、近所の若い女性が嫁入道具を担ぎ、婿方の家に祝儀をねだるといった慣習があったことすら中年層より下の世代には知られていないが、女性が婚礼で唄う、嫁入道具の運び入れを祝う、という行為は感覚的に行われている。長持どころか簞笥さえ「渡す」場面がなくなっても、嫁入道具の運び入れや唄いは「長持渡し」と呼ばれ、めでたいことであるとして、婚家から求められてきたといえる。

第二項　女性の唄

長持渡しにおいて、唄は「渡す」ことと同じくらい重視されてきたといえる。遠島甚句・大漁節など祝い唄のほか、長持渡しにおいてどの集落でもよく唄われてきたのが、長持唄とさんさ時雨だった。長持唄は道中唄として、さんさ時雨は婚礼の祝い唄として唄われてきた。これらは男性によっても唄われたが、牡鹿半島の場合、女性が唄う場面が多い。嫁入道具の引渡しがなくなっても、花嫁が集落に到着したら、あるいは婚礼の朝には家の前で唄ってもらう。それも難しければ、結婚披露宴の余興で出席者の女性の誰かに唄ってもらう。女性に唄ってもらうと縁起が良いといわれているのである。

長持唄とさんさ時雨は、牡鹿半島だけではなく宮城県内で広く親しまれている結婚の祝い唄である。石巻の結婚披露宴では、新郎新婦の入場の際に新郎の友人や親戚が長持を担いで入場する演出が定番のように行われてきた(21)。石巻周辺すなわち旧牡鹿郡陸方では、若い男性が嫁入道具を運ぶ習慣があったため、余興芸として定着したと思われる。これに関連してか、石巻周辺ではさんさ時雨や長持唄は男性によって唄われることが多い。同じ旧牡鹿郡内でありながら、唄や芸の担い手のイメージは逆の性別で定着していることになる。

牡鹿地区において女性による唄のイメージが強いのは、もちろん、女講中の婚礼に対する積極的な態度のためである。集落によっては、女講中が唄う場面は婚礼以外の祝いのシーンにもあった。これについては次の章で詳述するが、大漁時や不漁時に女性が宴会を開き漁師に演芸を披露する習慣は、三陸沿岸部でも広く行われている。川島秀一は、三陸沿岸部で女性の芸能が多く見られることに注目し、その要因はこうした文化的背景にあると指摘している〔川島二〇〇一〕。牡鹿半島の固有性に対する説明ではないが、長持渡しが婚礼の場からなくなってもなお女性の唄を求める、牡鹿半島の人びとの気持ちを示唆するものといえる。

おわりに

女講中による婚礼への関与には、花嫁と集落の女性たちの関係が表れている。長持渡しを通して受容や別れを示し、婚礼道具を通して花嫁の帰属集落を明示する。その対象は全ての花嫁であり、婚礼を通過儀礼として、女講中が嫁ぎ先集落への仲間入りを承認したといえる。ここに、家から家への帰属の異動ではなく、集落から集落への異動という女講中による婚礼の論理が働いている。

婚礼の時点では、花嫁が女講中に入るか入らないかは重要ではない。女講中への仲間入りは、嫁入後初めての講で改めて行われるものであり、次章で詳述するが、そもそも嫁の一存で決められるものでもなかったからである。婚礼に表れる女講中の仲間意識は、女講中という組織としてではなく、集落女性の中心的組織・象徴的立場として示される女性同士のつながりの形といえる。

こうしたつながりは、女性同士のつきあいが深められるにつれ、内実のあるものになっていく。婚礼も、舞台裏における多くの女性のはたらきが不可欠である。ナイショギキといわれる縁談の下地作りは日常的なつきあいを通して成り立つものであるし、メンバンや着付けの手伝いなどの裏方も、その技術力に加え、互いの信頼において頼んだり頼まれたりするものである。女講中も、講員個人のつきあいや人間関係と無関係ではない。大原浜女講中が婚礼道具を揃え貸し出すようになった経緯は、集落組織としての役割によるものではなく、女性集団としての同情からきているることは明らかである。女講中の婚礼衣装は、それをまとう者の帰属を明らかにするものであると同時に、共有の婚礼衣装をまとうという共通の経験を通して、嫁入した女性全てを結び付けるものであった。着る・着させられる、見る・見られる経験が繰り返され、重なり合っていくことで一体感が作り上げられていった。実家方の婚礼衣装と嫁ぎ先の婚礼衣装の双方を身に着けることで、経験の共有は双方の集落の女性たちにも及ぶ。組織のように形ある有限な関係とは異なり、多元的な帰属によってつながることができる。

女講中による婚礼の関与は、花嫁に仲間入りの機会を提供し、新たな関係とネットワークを作ろうとする一方で、非講員を必ずしも排除するものではなかった。女講中という組織が排他的な仲間意識ではなく、拡がる女性同士の結びつきのために運用されてきたことは、集落自治のための結社である契約講との大きな違いであり、民俗社会における女性同士・男性同士の関係の質的な差といえるのではないだろうか。

註

（1）女講中という名称の使用は、享和二（一八〇二）年の山神塔（鮎川浜北）が最も古いと見られ、近世から女性の結社があったことが分かる。先行研究や報告では「地蔵講」「ヨメ講」と記載されていることが多いが、地蔵講だけではなく山神講も行う集団であり、牡鹿地区で使われる呼称も「地蔵講」か「女講中」であることから、本書では「女講中」を使用する。

（2）昭和一二年発刊の『山村生活の研究』に、鈴木棠三が担当した「入村者と定住の手続」の項目がある。ここで鈴木は次の事例を挙げ、「外来者」に「嫁」を含め既述した。「大阪府西葛城村では戸主の為の披露としてオヤヂ入りを、主婦のためにカカイリ（カネツケ）を催す。前者は費用最高二十円、以下二種の別を設け、近隣を招いて飲ます。後者は定住後いつでもよいから（三日後でも一年後でも）垣内の各家の女房を招き振舞ふ。飯は招かれる者の持参故、汁と菜を負担すればよい。但、嫁が来た場合のカカイリは更に多くの費用を要するが、最近節約のため廃止された」〔鈴木　一九八〇〕。外来者移住の儀式として、結婚時に行われる同性ごとの宴会に着目されていたことが分かる。しかし、その後の民俗学の関心は、婚姻研究については若者組や寝宿との関係について、外来者の需要については村落成員である家の成立の方向に向けられた。

（3）　長持渡しといいつつ、昭和三〇年代の嫁入道具の中心は箪笥だった。ただし、各集落の女講中は長持を持っており、実際の嫁入道具ではなく儀礼的に長持渡しを行うときには、女講中の長持が使用された。なお、昭和三〇年代の嫁入道具は、箪笥二棹・鏡台・下駄箱・張り板二枚・洗い桶・起ち板などだった（昭和三三年に蛇田町（石巻市）の農家から大原浜の個人商店に嫁入した人の例）。

（4）　「長持金」は基本的に近迎えの持ち出しになる。仲人はあらかじめいくつもの祝儀袋を用意しておき、少しずつ出すようにした。ただし、この応酬は打ち合わせて行われるものではないので、仲人以外の同行者にも「オンチャンも出して～」と次々に迫ることがあったという（昭和一七年生、女性、小網倉浜）。矛先は男性だけではなく、夫とともに仲人を務めた女性は、夫に長持金を持たせていたが、自分にも「ちょうだい」と言われたため、用意がなく慌てたという（昭和四三年結婚、女性、泊浜）。

（5）　嫁の帰省は、正月・盆が一般的だった。ただし、婚姻圏の広い大原浜のような集落では、遠方からの嫁も少なくなかったため、帰省して実家から小遣いをもらうことを生活の当てにはしていなかったようである（婚姻圏については、

第三章で説明する）。講のある日は姑から小遣いをもらえたという元講員も多く、嫁にかかる費用が婚家から切り離されていたわけではなかったと見られる。他方で、嫁自身の生活道具は、結婚時に嫁入道具として持たされたものを大切に使い続けた。特に衣類については、女講中で正装することを見越して、多くの着物が用意された。

（6）会計簿において、同じ日付・氏名で御祝儀と長持金の両方を女講中に払っている例が複数見受けられる。同じ集落の場合、御祝儀と長持金はどちらも集落内の婚家から出されるため、このようなことが起こりうるが、他集落との婚姻の例でも同様の記載が見られることがある。長持渡しの風習がない地域との婚姻であるために実家側が負担した、長持金を渡してきた仲人の名が分からず会計簿上は実家や嫁の名で記載したなど、様々な背景が類推できる。長持渡しは即興性が高く、金銭授受の経路が一通りではないため、現場では柔軟な対応が求められた。

（7）大原浜「女講中会計簿」は、昭和六年旧暦一〇月から昭和四〇年までの収支が記録されている、市販の出納帳を使用した帳面である。本資料の史料的価値、内容の詳しい分析については、あらためて第三章で行う。

（8）昭和一八〜二一年については、昭和一八年、二〇年の年が示してあるのみで、他の年月日の記入が一切ない。このためグラフ1・グラフ2は、昭和一八〜一九年、昭和二〇〜二一年をそれぞれ二年ずつ一くくりとしてまとめた。また、昭和二三年と二四年についても同様に日付が脱落しているが、産婆への御祝儀、仲間入りの御祝儀などの項目から年の境目を判断した。

（9）大原村会議録によると、昭和二四年の大原村歳入決算額は四五一万九七二三円である〔牡鹿町誌編纂委員会　二〇〇五　四四五〕。

（10）なお、婿入婚でも長持渡しは行われていた。ある女性（昭和一五年生、小渕）は、三姉妹の長女だったため、同じ集落の男性に婿に来てもらい、家を継いだ。このとき、夫の結納金や御祝儀は、一般的な嫁入婚の相場より、約一・五倍だったという。この例では同じ集落同士であるため、長持金の応酬は行われなかった。

(11) 近代の地方改良運動、民力涵養運動、生活改善運動、農山漁村経済更生運動、戦後の新生活運動はいずれも行政の企図による官製運動である。「社交儀礼の改善」「婚礼改善」などの項目に出費を抑え合理化を図る婚礼の在り方が謳われ、公民館結婚式の実施などが模範村・指定村で進められた。

(12) 小網倉浜・大原浜・給分浜・小渕・鮎川浜・新山浜・泊浜・寄磯浜。このうち、東日本大震災後も保管されているのは、大原浜の婚礼道具(生活センター)、給分浜の婚礼道具(女講中の倉庫)、鮎川浜の共有膳(観音寺)、新山浜の共有膳(生活センター)、泊浜の共有膳・婚礼衣装(老人憩いの家)、寄磯浜の食器類(崇徳寺にて現在も使用)である。調査地のうち、女講中が昭和二〇年頃までに解散した十八成浜では、共有・使用ともに確認できなかった。なお、田代島仁斗田地区(藩政期の牡鹿郡浜方狐崎組)にも、女講中の膳椀があった(平成二二年筆者調査による)。

(13) 宮城県において膳椀や婚礼道具を共有する例は珍しくはない。例えば、三陸沿岸部にある南三陸町戸倉では「契約講の総会をはじめとする各種行事の飲食に使用」するための共有膳があり、契約講員であれば婚礼のために無料で借りることもできる〔東北学院大学政岡ゼミナール　二〇〇八〕。このように集落の基幹集団である契約講がその管理者であることが多く、女性集団が所有している例は牡鹿半島及び周辺島嶼に限られている。契約講の発生は藩政期の五人組等連帯組織に由来するとされており〔福田　一九八二〕、膳椀や道具の共有もその機能の一つといえる。

(14) 東日本大震災において大原浜が津波被害を受けた後も、この倉庫は残っていたが、その後土地所有者によって撤去された。

(15) 平成一九年一〇月の筆者調査による。東日本大震災において、津波は生活センターまで押し寄せ、これらの道具も浸水した。住民とボランティアによる清掃作業時に、台所の破損・汚損した食器類とともに廃棄されたため、表3の共有膳椀は現存していない。この出来事は、研究者や文化財管理者に対し、緊急時における歴史的・文化的資料の優先度はもちろん、民具の資料価値の共有について課題を突き付けている。

(16) 平成一九年確認。「大正拾壱年旧正月十二日求」の箱書は、飯椀と吸物椀の外箱にあり、飯椀については箱書きのみで中身はなかった。その他、皿や椀の揃え物が多く残され、一部は女講中解散後も直会などで使用されていた。

(17) 女講中による膳椀の所有は、集落によってばらつきがある〔戸邉　二〇一五〕。鮎川浜では、中年女性から成る観音講が当初膳椀を所有していたのを、解散に合わせて、女講中に譲渡している。冠婚葬祭の食事をしきるメンバンが、中年女性に依頼されることが多いことを踏まえると、当初観音講が膳椀を揃えていたのもうなずける。また、小網倉浜では共有膳椀はなかったといわれている。というのも、小網倉浜契約講の総会では、各自がお膳を用意して参加するため、契約講として揃える、あるいは借りる必要がなかったからといわれる。他方で、小網倉浜女講中では大原浜女講中にやや遅れて婚礼衣装を購入しており、必ずしも膳椀から婚礼道具へと進まず、他集落の動向に影響を受けて実施される場合もあったと考えられる。

(18) 昭和二三年、農林省農業改良局に設置された生活改善課により、生活改善普及事業が進められた。「生活改善」の中には、道具の共有による婚礼や葬祭の経費節減も含まれている。しかし、婚礼衣装の共有が最も早かった大原浜では、昭和二二年に始められている上、その陳情をおこなったのは青年団である。ただし、宮城県内では昭和初期の農村自立更生運動にて「部落共有財産造成」が奨励されており、女講中による膳椀の貸出も大正期には既に始まっていることから、明治末期～昭和初期の生活改善事業との関連について明らかにしていくことは今後の課題である。

(19) 宮城県新生活建設協議会の主導により、課題ごとにモデル地区を指定し、地区の主体的な問題解決を図った。長渡浜の課題となった「結婚改善」は単に「費用の節約」を行うのではなく、「本人同士の結婚であるという自覚のもと」抜本的に無駄を見直そうとするものだった。報告書では「あねこ振舞」「ばばこ振舞」などの宴会や、船を借りきって石巻で婚礼を挙げることの無駄を指摘し、取組みの成果として、公民館結婚式の実施、さかんな会合、結婚改善以外の推進を挙げている〔宮城県新生活建設協議会　一九六一〕。経費削減の目標・達成度の数値や、具体的な達成内容については触れられておらず、実践指導者の要請に重きを置く活動だったようである。

（20）新山浜生活センターの完成は昭和五二年である。これ以前は、中宿に出向き、そこから婚家まで付き添った。

（21）石巻市立町出身の男性（昭和二三年生）と塩竈市出身の女性（昭和二八年生）によれば、二人が昭和五八年に石巻市内で結婚披露宴をおこなった際には、新郎新婦の入場に続き、新郎友人四名が長持を担いで入場したという。仙台や塩竈の結婚披露宴しか見たことのない新婦にとっては初めての光景だったが、石巻市内の結婚披露宴ではよく見られたそうである。

第二章　婚礼衣装をめぐる共用の民俗

はじめに

第一項　モノの共同利用とコミュニケーション

婚礼衣装は、女性の最上級の晴れ着である。現代は、結婚式では白無垢と呼ばれる白尽くしの打掛・振袖・綿帽子あるいは角隠しの装い、披露宴では鮮やかな色打掛や引振袖が、和装婚礼衣装の定番となっている。婚礼衣装を買い揃えるのは大きな支出であるし、お色直しを含めると一着では収まらない。その上、結婚後に袖を通すことはない、一度限りの衣装である。したがって、近代以降、庶民は貸衣装を利用するなど、低廉・簡易に手に入れる工夫をしてきた。その一つには、親族や近所で同じ衣装を共同で使うというのもあった。

モノを共同で使う習慣は、婚礼衣装のほか、膳椀や葬儀用具・農機具など、冠婚葬祭や生業の場面で行われてきた。既存の地域集団で購入し、構成員が使用するしくみであったり、逆に共同購入を図る人びとが組織を作ったり、いずれにしても、メンバーが所有権と使用権を併せ持つのが基本である(1)。このようにモノを共同で使うことは、結束するコミュニケーション手段ともいえる。

第一章で述べたように、牡鹿半島の各集落では女講中がその役割を担い、膳椀や婚礼衣装など主に婚礼に関する道具を貸し出していた。このことは、女講中が集落で行われる婚礼に深くかかわっていた要素の一つといえる。貸出をコミュニケーションとした場合、膳椀と婚礼衣装を同じ共有物と位置付けることが妥当であるかについて検討が必要である。婚礼衣装の場合は、必ずしも共有の参加者が借りるとは限らない。婚礼衣装を着る本人は未婚の女性であり、共有へ主体的にかかわることはないからである。同じく婚礼に用いられるモノでも、多様な人が使用する膳椀や酒器とは異なる点である。モノとして、婚礼衣装は汚れに弱く、傷みやすいし、形状や文様の流行もある。所有者・管理者側と使用者側にはそれぞれの思惑があり、所有者と使用者が一致する共有物及びその研究とは区別する必要がある。

着る側である花嫁を中心に考えると、女講中の衣装を着たことで生じる花嫁と女講中のつながり、同じ衣装を着たという経験の共有による花嫁同士の連帯感から、女講中の婚礼衣装とは「共有」ではなく「共用」のモノであると位置付けられる〔戸邉　二〇一六〕。所有者たちの契約関係を前提とする共有に対し、共用は使う側の重視であり、使用をめぐる経験の共有が、共用者の間に生まれる関係に結びつく。よって、共用者にとっての共用するモノの意義や価値を明らかにすることで、共用と人びとのコミュニケーションについて問いを深めることができる。まず、婚礼衣装あるいは婚礼道具の共有に関する類例との比較を通して、女講中の婚礼衣装がどのような史的文脈に位置付けられるのか探る。そして、婚礼衣装を共用することの意義とモノとしての価値を通して、これをめぐる人びととの関係とコミュニケーションについて検討する。

第二項　婚礼衣装を着ることの普及と定着

まず、婚礼衣装をめぐる民俗から見てみたい。婚礼衣装は婚礼のときにのみ着用される特別な衣装である。ただし、現在定着している白無垢や色打掛などは、元々は武家や富裕層の間で着用されていたもので、庶民には手の届きにくいしろものだった。つまり、華やかで一度限りの婚礼衣装を着る習慣は、全ての人びとの間で必ずしも当たり前に行われてきたわけではなく、経済的な理由のほか、地域的・時代的事情により、婚礼衣装が一般的ではない場合もあった。

婚姻の開始時に盛大な婚礼や婚礼衣装による正装を行わない地域は、全国的に見られる。例えば、正式な婚礼を行わないまま、妻が夫の実家に暮らし、数日から数年たってから婚礼を執り行う婚姻形態があった。地域によってアシイレ・カドイレ・シキマタギなどと呼び名は異なるが、「嫁」としては過渡的な状態で、夫方の家へ労働力を提供したり、適性を試されたりしていた。また、長崎県対馬では、婚礼衣装を着ることなく普段着で嫁ぐ、テボカライ嫁の習慣があった。テボ（背負い籠）をカロウ（背負う）て嫁ぐという意で、婚礼も質素だった。大間知篤三によれば、対馬では婚礼より成女式と初子の妊娠を重視しており、嫁入自体は簡略に済まされることが多かったという〔大間知　一九六七〕。これらの地域では、婚姻の開始と祝いが必ずしも直結しておらず、花嫁が婚礼衣装を着て嫁ぐことに対し、社会的意義が見出されなかったことが分かる。

婚礼を行う地域でも、戦時中には華やかな婚礼を自粛し、婚礼衣装を控える場合があった。富山県砺波地方は明治期後半より婚礼の豪奢化が進み、「娘三人持てば身代限りをする」と言われるほどになっていたが、県が進めていた結婚改善運動の機運が高まったのは満州事変であるという。県が設置した結婚改善同志会の要綱には「新嫁ノ衣裳替ヲ為サヽルコト」の一文があり、事実上、婚礼衣装を制限されていた様子が窺える〔藤野　二〇〇一〕。このように、戦時下では婚礼の規模を縮小し、花嫁も華やかな装いを慎む傾向が強かった。着物どころか、もんぺ姿で顔合わせして終わる場合もあった。

以上のように、経済的理由や地域の習慣、時代背景によって、婚礼衣装を着るか否か、あるいは何を婚礼衣装と見なすのかに違いがあった。婚礼衣装を共有する事例については、単に経済的理由だけではなく、どのような文脈でそのような事態に至ったかを明らかにする必要がある。

第三項　近現代における婚礼衣装の共有

明治・大正期は、普及活動や皇族の挙式の影響で、神前結婚式や自宅外での婚礼が浸透し始めた時代である。柳田國男も「明治大正史世相篇」の中で、「以前上流の間に行われていた婚姻式を、本式と考える風が強くなって、是に依らない縁組は何と無く安っぽくなって来た」と述べており、盛大な婚礼の拡まりが窺える〔柳田　一九六三　二九〇〕。一方で、庶民の華美な婚礼は無駄な支出であり、経済的困窮を招くとして、農村更生や生活改善にかかわる官製運動の一環で婚礼改善や結婚改善の機運も高まっていった。

生活改善同盟会が発行した普及冊子『生活改善の栞』（大正一三年）は、「社交儀礼の改善」から章が始まり、最初に「結婚に関する事項」が述べられている。この項の内容は、華美な結婚式について注意を促すもので、「結婚費は年収の三割以下が適当であります」など、嫁入仕度や宴会費など全体の費用を抑えるよう指示されている。婚礼衣装については「新婦の色直し（着換へ）を廃すること」とし、いくつも用意するのは「何の意味もない」「贅沢」「悪風」であると批判されている。生活改善運動は村落の実態に即していないと反発もあったが、戦時体制下に入り、経済厚生の側面が強まると、更生指定村ごとに更生計画書が作成され、それに基づく生活改善の具体的実行が各地で進められていった。計画・実施された具体的な方法の一つに、道具の共有が挙げられる。ほとんどが葬具の共有だったが、戦後には婚礼道具の共有も拡がっていった。共有対象の中には、花嫁が着る婚礼衣装も含まれていた。

昭和二六（一九五一）年一一月五日付の四国新聞に掲載された「挙式は五千円前後で。三〇組も結婚簡素化」という記事には、香川県の葛西婦人会が結婚の簡素化を町議会に提案し、婦人会で花嫁衣装を貸出していたことが記載されている〔村尾　二〇一六　二六一〕。旧洗馬村(長野県)でも、婚礼衣装が昭和二九年に購入され、以降貸出されている。購入の経緯は「生活改良委員会(「生活改良実践委員会」のことか)において、婦人会長から婚礼の共同衣裳購入について提案」(本文ママ)があったことが発端となり、「約一五万円の予算で三着設けること」などが話し合われたとされる〔田中　二〇一一　二九七〕。戦後も冠婚葬祭の簡略化は引き継がれ、昭和三〇年より始まった新生活運動でも道具の共有や公民館結婚式が提唱された。三春町(福島県)の中妻婦人会には、江戸褄や袋帯ではなく簪や角隠しなど、花嫁用の装身具一式が保管されている。これらは昭和三七年に購入され、「実家の経済状況に関わらず美しく身を飾れるように」と、婦人会が共同作業で貯えた金銭で購入されたものであったという〔小林　二〇〇五　七六〕。

このように生活改善にかかわる官製運動が各地で具体的に実践されていく中で、婚礼衣装を共有することで結婚改善につなげようとする団体が見られた。その特徴は、婦人会が発起人となり、主導している点である。出資元はそれぞれに異なるものの、婚礼衣装の問題意識が女性側に強く抱かれていたといえる。女講中による婚礼衣装の貸出もこうした全国的潮流に位置付けられるものであるかどうか、購入・貸出の背景から考えてみたい。

第一節　記録された婚礼衣装―大原浜女講中の「振袖」をめぐって―

第一項　「振袖」の購入

第一章で述べたように、牡鹿半島の女講中は、膳椀等を揃えて、冠婚葬祭や契約講の総会などに貸し出しており、昭和六～三八(一九三一～六三)年に記録された大原浜の「女講中会計簿」でも、書き始めから購入・貸出が記されている。他方で、女講中では膳椀のほかにも婚礼衣装等を貸出していたが、会計簿によると、衣装の購入は戦後になってからである。

「女講中会計簿」に婚礼衣装の記録が最初に表れるのは、昭和二二年一月頃である。女講中は「振袖」を三五〇〇円、丸帯を二三〇円で購入しており、更に昭和二五年に「すごき帯止メ」を購入している。

興味深いことに、「振袖」購入の前後には「キフ」の記載がある。愛郷団(青年団)から二〇〇〇円、実業団(契約講)から五〇〇円、元女講中講員である個人から三〇〇円、総額二八〇〇円の寄付が、婚礼衣装購入費として女講中に贈られている。女講中の購入金額が合計三七三〇円なので、女講中の持出より愛郷団の寄付金額の方が大きいことが分かる。愛郷団が何故このような寄付をおこなったかについては、当時の女子団員たちから女講中に対し婚礼衣装購入の要請があったとされている。

昭和二〇年代の大原浜では、昭和一〇年代後半に比べ婚礼件数が飛躍的に増えた。階層制の強い大原浜では嫁入支度にも家ごとに差があり、中流以下の家庭の未婚女子にとっては花嫁衣装の用意は不安要素だった。当時愛郷団副団長を務めた女性によれば、婚礼衣装を購入して膳椀と同じように貸出してほしいと、愛郷団から女講中に対してお願いしたのだという(2)。女講中には貸出の実績があるだけではなく、未婚者だけで構成される青年団より、ひとたび入れば二〇年程度在籍することになる女講中の方が管理の上では適当であったと思われる。

ただし、女講中と青年団の交流は元々きわめて希薄だった。女子青年団員にとって、自分の嫁ぎ先が大原浜でなければ女講中に入ることもなく、実際のところ、大原浜女講中講員たちのほとんどは、外部の集落からやってきた嫁たちだった。契約講と青年団のように経験者が重なることが少なかったわけである。ただし、花嫁の装いについては、両者ともにその重要性を共感することができたようである。女子青年団員が女講中に働きかけたことで、婚礼衣装は女講中という狭義のグループではなく、女性全体が共有できるものとして受け止められたといえる。婚礼衣装は、女講中に入ることが予想される女性だけではなく、夫の仕事の都合で集落の外に住むことが既に決まっている女性などにも着用された。こうした花嫁も、いつか集落に戻ってくる存在として、成員に見なされたのである。このことからも、大原浜女講中の婚礼衣装には管理者である女講中の持ち物というだけでなく、集落内の女性全体での共有という感覚を見出すことができる。

第二項　婚礼衣装の貸出

「女講中会計簿」によれば、昭和二二年頃から婚礼衣装貸出の記録が始まっており、購入後すぐに貸し出されている。表3はその貸出記録をまとめたものである。大原浜女講中の場合、振袖・襦袢・丸帯一揃いで昭和二六年までは三〇〇円、二九年までは五〇〇円で貸し出されており、物価上昇の中でも賃料はほとんど変化していなかったことが分かる。当時、東京における貸衣装の相場が二五〇〇円だったのに比べるとはるかに割安だったといえる〔週刊朝日編集部　一九九五〕。

会計簿には、昭和三四年旧暦四月二五日まで、一八回の貸出の記録が記載されている。ただし、昭和三四年以降も大原浜女講中の婚礼衣装を着た花嫁がいたことから、記載されない、つまり料金の発生しない貸出が行われていた可能性もある。

昭和三六年に小渕から大原浜に嫁いだBさん（昭和一四年生、女性）によれば、同世代で女講中の婚礼衣装を着たのは自分だけであり、自分が最後の着用者になったとのことである（3）。昭和三〇年以降の貸出料が値下がりしていることからも、この頃から、女講中の婚礼衣装の需要が下がりだしたと思われる。

【表3】 婚礼衣装の貸出記録（大原浜「女講中会計簿」による）

女性の個人名はアルファベット大文字、男性及び苗字のみは小文字に置き換えた。また、カッコで示した年は、会計簿中に表記がなかったため、前後の年月日と内容から推測した。

年月日	内容	収入
（昭和22年）	振袖貸ス附（A 殿）	100円
（昭和22年）	振袖貸ス附（B 殿）	100円
（昭和22年）	振袖貸ス附（C 殿）	300円
（昭和22年）	振袖代　d 殿	300円
（昭和22年）	振袖代　e 殿より	300円
（昭和22年）	振袖代　F	300円
（昭和23年）	振袖代　G	300円
（昭和23年）	丸帯代　H 嫁入	100円
（昭和24年）	振袖代　I 殿	300円
（昭和24年）	振袖代（J 様より）	300円
昭和25年旧11月13日	振袖代　K 殿	300円
昭和26年旧5月10日	振袖代　L 殿	300円
昭和26年旧10月26日	道具料　振袖代　m 殿	700円
昭和28年旧1月16日	N さんより御膳代振袖代	500円
昭和28年旧10月10日	o さん方より振袖代	500円
昭和29年	e 様より振袖代	500円
昭和30年旧1月4日	p 様より　振袖代　たるこ代	400円
昭和34年旧4月25日	d 様よりふり袖代	300円

当時、牡鹿半島における花嫁の髪型は島田に結い上げるのが一般的であり、髪飾りは必須だったが、大原浜女講中では櫛や簪を提供しておらず、髪結いから借りていた。

結髪の際は、自宅に髪結いを呼び寄せていたが、昭和三〇年代より、大原浜では鮎川浜や石巻の美容院で髪結い・着付けをする人が増えていった。自宅外で着付けるならば、髪飾りだけでなく衣装も全て美容師に用意させることもできる。昭和三八年に同じ大原浜の男性と結婚したCさんは、鮎川浜の美容院で着付けた際に、女講中が用意した婚礼衣装ではなく、美容師が用意した貸衣装を着た。昭和三〇年代より婚礼衣装の貸出記録が会計簿上に表れなくなった背景には、Cさんのようなケースの出現がある。また、購入から一〇年が経過し、多くの人に着られたことで傷んだ婚礼衣装への価値観は、昭和二〇年代と三〇年代とでは大きく違ったと窺える。

一方で、昭和三六年に小渕から大原浜へ嫁いできたBさんは、Cさんと同様に、鮎川浜の美容院で着付け・結髪をおこなったが、そこで貸衣装を借りずに、女講中の婚礼衣装を着た。Bさんは婚礼当日、鮎川浜の美容院で女講中の着物を着つけた後、小渕の実家に戻り、そこから嫁ぎ先の大原浜へ向かった(4)。Bさんの同世代で女講中の婚礼衣装を着た人はおらず、Bさんが最後の着用者に当たるが、Bさんが着用を選択したわけではない。婚礼の事柄を決めるのは親や親族であり、花嫁自身の主体性はほとんど発揮されない。Bさんの実家や婚家が女講中の婚礼衣装を選んだ理由は明らかではないが、婚家は大原浜有数の旧家、実家はその分家である。牡鹿地区の花嫁は、晴れ着や普段着としてたくさんの着物を嫁入道具として持参する。留袖や喪服など礼装、日常着はもちろんのこと、女講中に入れば正装で講に参加しなければならないので、訪問着のほか付下げ・小紋、夏になれば浴衣など季節ごとの着物を揃えておく必要もあった。Bさんはこうした衣類はもちろんのこと、多くの嫁入道具を持参しており、経済的事情によりやむをえず着用したとは想像しにくい。大原浜女講中の婚礼衣装には、手間ひまをかけてまで着る意義があったと思われる。

大原浜女講中の婚礼衣装は、誰でも気兼ねなく花嫁衣装を着られるようにと未婚女性側から提案され、貸衣装を借りるよりはるかに低い賃料も相まって以降十数年の間定着した。集落の中で着物を借りることができれば遠方まで衣装を借りに行く手間暇を省略することができる。女講中にとっては収入源となり、合理的な仕組みだったといえる。しかし、時間の経過とともに着物は傷んでいき、髪結いや婚礼会場によってはむしろそちらで貸衣装を借りる方が便利になっていった。他方で、合理性の失われた婚礼衣装が大原浜においてただちに不用のものとなったわけではないことは、Bさんの例から明らかである。

第二節　婚礼衣装のしるし

第一項　婚礼衣装のしるし—泊浜《とまりはま》女講中の婚礼衣装—

女講中の婚礼衣装は、大原浜のほか、谷川浜・大谷川浜・泊浜・小網倉浜・給分浜などで貸出されていたことが筆者調査により判明している。そのうち、最もまとまった状態で確認することができた泊浜女講中の婚礼衣装を見てみたい。

泊浜老人憩いの家（以下、集会所）に保管されている女講中の婚礼衣装は、振袖・長襦袢・袋帯・しごき帯・帯揚・末広・箱迫・髪飾りで一式である。表4に詳細を示した。泊浜の婚礼衣装は大原浜や他集落に比べ新しく、衣装箱には「昭和四十二年十月吉日／泊浜／地蔵講中」とある。着物は黒引振袖で、全体には花薬玉に末広の大ぶりな文様が描かれている。裾や袖にのみ模様があしらわれた他集落の黒引振袖に比べ、華やかな意匠といえる。状態の良い振袖に比べ、長襦袢は汚れが目立ち、使用の形跡が明らかである。帯は、御所解文様のきらびやかな袋帯である。このほか、長持に掛けられる油単や、三々九度に用いる三組盃・盃台・銚子なども集会所に保管されていた。

写真3は泊浜女講中の振袖である。背に五三桐の紋が見える。泊浜の三つの同族集団（マキ）のうち、松川姓が五三桐を家紋として使用しているが、松川氏の誰かがこの振袖を購入したというわけではなく、泊浜のしるしとして使ってきたという。このしるしが入った衣装を着て嫁に行く、あるいは来た嫁がお色直しでまとうことで、帰属する集落

【表４】 泊浜女講中の婚礼衣装（平成26年戸邉・尾曲・黒河内調査）

	品名	数量	大きさ(mm)	備考
1	衣装箱	1	340×705×320	２～19を収納。内側に「昭和四十二年十月吉日／泊浜／地蔵講中」の箱書あり。
2	袋帯	1	4000×310	
3	風呂敷	1	700×700	「泊浜女講中」とある。２を梱包。
4	振袖	1		
5	長襦袢	1		縮緬。シミ多し。
6	襦袢	1		襟芯に新聞紙が利用されている。
7	帯揚げ	1	1330×200	
8	帯締め	1	約1300、ϕ15	途中で切れている。
9	しごき帯①	1	460×300	
10	しごき帯②	1	600×280	
11	手拭	1	900×330	豆絞り
12	風呂敷	1	1350×1350	「泊浜女講中」の縫いつけあり。４～11を梱包。
13	末広の箱	1	54×199×27	中身は入っていない。
14	末広	1	300(広げた横幅)×180	
15	箱迫①	1	110×70×17	
16	箱迫②	1	115×70×14	
17	簪	1	200×９	
18	櫛	1	89×45	
19	髪飾り（箱入り）	15		簪３、笄１、紅白飾り４、その他、外れたパーツ類７点有り。

が明確に示されることになる。

こうしたしるしは、泊浜女講中に限らない。写真4は大原浜女講中の角樽と油単である。これらに見える三つ柏の紋は、石森姓の家紋でもある。石森家の別家として独立した家なども三つ柏を使用しており、大原浜では多くの家が用いる紋となっている。これを大原浜の紋として、女講中は使用していた。

婚礼衣装・角樽・油単はいずれも、嫁入行列で人目に触れるモノである。油単を例に考えたい。嫁入行列が花嫁の実家を出発してから集落の境界までの間、嫁入道具には実家集落の女講中の油単が掛けられている。油単を外し、チカムカエに嫁入道具を渡したとき、花嫁の身柄は実家集落を完全に離れたことになる。次に、中宿で嫁ぎ先集落の女講中が自分たちの油単を嫁入道具に掛け、婚家に運び入れる。油単一枚で、嫁荷とその持ち主の帰属は誰の目にも明らかにされるわけである。中宿でのお色直し、つまり花嫁が婚礼衣装を着替える場合も同じ効果があり、花嫁の帰属の切り替えを実家・婚家のみではなく、集落という規模で示されたことが分かる。

第二項　婚礼衣装の共用による経験の共有

泊浜女講中の婚礼衣装のデザインに注目してみたい。帯のかかる部分以外全体に柄が大きく入り、刺繍も施されるなど比較的派手である。写真5の給分浜女講中の婚礼衣装を見てみると(5)、どちらも黒縮緬地で裾にふきの入った引振袖という点では同じだが、意匠が大きく異なっている。この違いは、その当時の流行を反映していると見られる。給分浜女講中の衣装は年代が明らかではないが、大原浜・小網倉浜・谷川浜など昭和二〇年代前半に購入された女講中の婚礼衣装は、給分浜女講中のものにデザインが似ていたといわれており、同じ時期の購入と推定される。約二〇年の時代差によるデザインの違いは、素材の経年劣化とともに、着物の古さとして敬遠する理由になりうる。

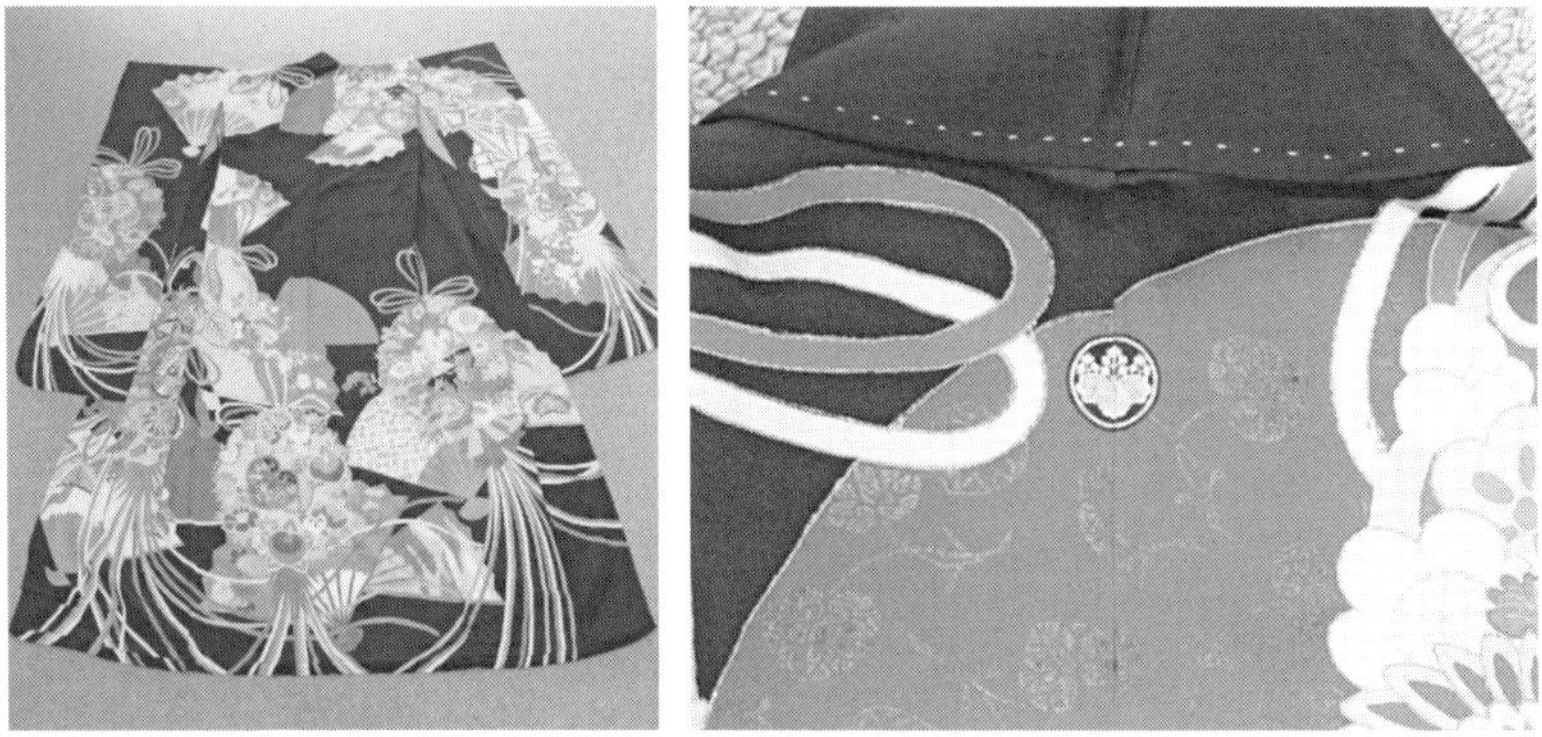

【写真３】　泊浜女講中の婚礼衣装と五三桐（平成26年６月17日／筆者撮影）

【写真５】　給分浜女講中の婚礼衣装
（平成21年７月16日／筆者撮影）

【写真４】　大原浜女講中の婚礼道具
〔上〕角樽（平成19年10月26日／筆者撮影）
〔下〕油単（平成24年５月29日／筆者撮影）

小網倉浜女講中では、昭和二〇年代購入の黒色、昭和三〇年代に購入された赤色の、二種類の振袖を持っていた(6)。昭和三八年(一九六三)に同じ集落の男性と結婚した小網倉浜の志乃さんにこのことを聞くと、次のように述べた。

Dさん：(女講中の婚礼衣装は)黒いのと赤いのがあったの。私は赤いの着ました。黒いのは先輩たちが用意したので、私らより上の人たちが着た。裾さきれいな模様の入った…。赤いのは、二～三つ上の先輩たちが買ったもので、私たちが着たの。

筆者：新しいから？

Dさん：いや、黒いのもきれいだったよ。いいものだった。でもお嫁さんだから(赤を選んだ)。(中略)ジゾッコ(地蔵講)行っても語った。同じもの着たなぁって。

(平成二七年二月調査による。カッコ内は筆者補足)

彼女たちの感覚では、モノの良し悪しはともかくとして、黒の振袖は地味で昔風のデザインだが、赤の振袖は花嫁らしい華やかさとめでたさが表れているということだった。柄ではなく色の流行を示す例だが、いずれにせよ、婚礼衣装が花嫁の憧れとなるのは、社会的・儀礼的な意義だけではなく、身にまといたくなる流行のデザインであることも深く関係しているといえる。ここに、家としての意向だけでなく、実際にそれを着る花嫁の意向も少なからず影響していたことが分かる。

Dさんは小網倉浜で着付け、髪を結った後、船に乗り、石巻の割烹で婚礼をおこなっている。石巻で衣装を借りて髪を結うという選択肢もあったが、この語りからDさん自身が女講中の婚礼衣装に特別な思いを持っていたことが窺える。それは、「ジゾッコ行っても語った。同じもの着たなぁって」の言葉に見える、婚礼衣装の共用による連帯意識である。同じ衣装に袖を通す、という身体感覚は花嫁たちにだけ共有されるものである。女講中に入る・入らないにかかわらず、花嫁はこの経験だけは共有することができる。

そして、Dさんは「黒いの」と「赤いの」が大まかに世代で分かれていることにも言及している。二代目の婚礼衣装を着るようになっても、女講中の婚礼衣装としてはその意義が損なわれなかったことが窺える。個人が質やデザインに優れた婚礼衣装を買ったり借りたりしたところで、それは、婚礼用の晴れ着としてだけ完結し、集落の花嫁として表示や連帯感を得ることはできない。女講中の婚礼衣装は、共用するからこそ意味があるといえる。

第三項　「見る」経験によるつながり

先述のDさんの語りには、自分が着た経験だけではなく、他者も同じ着物を着たことに対する視点が含まれている。自分が着たというだけでは、貸衣装屋の振袖と変わらない、個人的な経験にとどまる。皆で経験を共有することで、集落や女講中という帰属以外に、嫁同士のつながりを形成することができた。そのつながりは、花嫁姿を見たり、講や旅行で思い出話をしたりするたびに反復され、強められていく。婚礼衣装の共有は、自分が「着た」経験ではなく、他者の着用を「見た」経験によって成されるといえる。

そして、「見た」経験は常に「着た」経験に伴うものではない。大原浜と泊浜の中間にある谷川浜出身の女性に、彼女自身の婚礼について尋ねていたとき、次のような語りが聞かれた。

Eさん：私の叔母さんて、新山《にいやま》に嫁いでんだいっども、その人はね、ジゾッコサマ（女講中）の結婚式のお嫁さんの着物―用意してあんのよ、保管してるの―、それ着たよ。

筆者：着た人もいたんですね。
Eさん：着ました着ました。その写真もあったんだけどね、（津波で）流されちゃったからね。昔の、黒地さ裾に綺麗な模様についた…。うちの叔母は着ましたよ。それで、こっちのうちと、嫁に行った向こうのうちで、お披露目して。こっちで、皆さんに来てもらってお披露目して、それで今度船で行くの、新山はね。船で行って（着替えて）、今度はあっちほうの家でお披露目するの。ほんと昔の結婚式したね。

（平成二六年六月調査による。カッコ内は筆者補足）

ここでもやはり女講中による婚礼衣装の貸出が行われていた。Eさんは昭和一七（一九四二）年生なので、「叔母」が嫁いだのは昭和二〇年代と思われる。Eさんは「叔母」の嫁ぎ先である新山浜まで同行し、婚礼に立ち会った。「叔母」は谷川浜女講中の婚礼を着て谷川浜で「お披露目」した後、船で新山浜に向かい、新山浜女講中の婚礼衣装に着替え、再び「お披露目」した。Eさんは自分自身の婚礼を語る合間にしばしば「叔母」の例を引き合いに出しており、彼女にとっていかに印象深かったかが窺える。

婚礼衣装を着ること自体が重要だった昭和二〇年代に対し、昭和三〇〜四〇年代は婚礼会場の外部化が進んだことで婚礼衣装にも選択肢が生まれた。昭和四一年に石巻で婚礼を挙げたEさん自身は、貸衣装の打掛を着た。彼女にとって「叔母」が着た女講中の婚礼衣装は「昔の」ものである。一方で、「黒地さ裾に綺麗な模様についた」振袖は幼いEさんにとって憧れとして映った。「着た」経験を「叔母」と共有することはなかったが、「見た」経験により、谷川浜の女性としてのつながりを反復している。

多くの人によって着られることで、共有の婚礼衣装の価値が現れる。その価値は、今日的なレンタル衣装の選び方とは基準が異なるものである。和装・洋装を問わず、貸衣裳の紹介文には「新品」の文句が踊る。これは、そのデザインが最新であることを意味するだけではなく、ほかに誰も着ていないことを示すものである。着回されているものでも、数人しか着ていない、きれいにクリーニングしてあるなど、新品に準じた商品であることを強調される。これも、汚れや傷みそのものより、着回しであることを感じさせないことに重きが置かれる。経済的事情から購入は断念しても、可能な限り婚礼の唯一性を演出するために、貸衣装にも購入に近い基準が求められるものと思われる。

どれほど大切にしても、衣類は何度も着ているうちに傷んでいく。したがって、人が着たものを譲り受ける「お下がり」もあまり肯定的には受け取られない。しかし、遺品を故人の身近な者で分配する「形見分け」ならば別である。形見分けについて、近藤雅樹は「故人の霊魂を身に帯びて同化するために行われる儀礼であり、遺品の中でも、着物、とりわけ喪服がもっとに重要視されてきた」と説明している。着物は、かつて「女性たちの手によって精魂込めて織り上げられ、仕立てられ」たものであり、「女性の心」が込められている。そのため、女性にとって関心が高く、「上等の着物は世代を越えて譲り継がれていった」のである〔近藤　二〇〇二　二一四〕。形見分けによって譲り受ける着物には、品質・格式の高さと、霊魂が宿る、という二つの要素がある。前者は普段着のお下がりには見られず、後者は不特定多数の客を対象とする貸衣裳には必要のない要素である。

形見分けによって受け継がれていく衣類は、複数人に使用されるとはいえ、その時点では個人の私有である。民俗学では、個人のモノは「使用主の霊魂の形代であり、その分身が宿っているとみなされた」と考え、分霊が受け継がれることに形見分けの意義を見た。一方で、女講中の婚礼衣装は、花嫁が着用している時ももちろん共有物である。そして、共有しているのは所有者である女講中ではなく、それをまとってきた花嫁たちである。婚礼衣装には花嫁たちが「着た」経験と記憶が蓄積されていった。花嫁の分霊というほどではないにせよ、嫁ぎ先社会の先輩方や同輩と同じになるために、同じ着物を着ることに意味があったと考えられる。

女講中に入らない花嫁がいる以上、女講中と花嫁たちは重なり合うが厳密には異なる。所有者と共用対象者がずれることの関係の複雑さは、その後の婚礼衣装の保管にも影響している。大原浜・泊浜では、加入者の減少により現在では女講中を解散している。解散する際、女講中は拝んできた図像を神社に返還するなど手順を踏まえ、所有物の処分を進めたが、婚礼衣装についてはそれぞれ倉庫や集会所に保管したままにしていた。解散期の講員は、昭和五〇～平成一〇年代に嫁いでおり、共有の婚礼衣装を着ていない。婚礼衣装の当事者ではないために、明確な判断を避け、処分を保留したのである。婚礼衣装は女講中の所有物ではあるものの、使用したのは昭和二〇～四〇年代の嫁たちである。婚礼衣装をめぐる主体の多層性が、その処分を曖昧にしてきたといえる。同じ女講中の貸出物でも、積極的に処分・流用が進められてきた膳椀や瀬戸物とは大きく異なる。

第三節　共用によるつながり

第一項　婚礼衣装の「素材」と共用する「形式」

女講中による婚礼衣装の共用は、貨幣論の「素材」と「形式」にも当てはめられる。貨幣素材が劣化しても、貨幣が持つ関係の媒介形式は変わらない。今村仁司は、媒介形式とは交換を円滑にする価値尺度としてだけではなく、人と人の関係を遠ざけたり縮めたりする力学（距離化）が結晶化したものであるとする〔今村　一九九四〕。女講中の婚礼衣装が、集落の嫁であることを示す以外にも女性たちに共有される価値を持っていたことは、貨幣的であるといえる。

黒色ではなく赤色の婚礼衣装が好まれるようになったという小網倉浜の事例は、引振袖や丸帯という「素材」が使用困難な状態になった場合、取り換えが可能ということであり、花嫁たちが共用する晴れ着という「形式」が維持され続けていたことを示すものである。女講中の婚礼衣装が媒介していた人と人の関係とは、花嫁同士、花嫁と既婚女性たち、花嫁と集落社会の結びつきである。昭和二〇～三〇年代の牡鹿地区では、全ての花嫁が女講中には入れたわけではなく、嫁ぎ先社会への仲間入りには差があった。しかし、女講中の婚礼衣装は低廉な料金を支払えば誰でも着ることができる。婚礼衣装は、全ての花嫁が均しく仲間入りのコミュニケーションをとることができる、媒介形式だったといえる。

第二項　共用以降の女性たちと形式の行方

女講中の婚礼衣装貸出が行われたのは、昭和二〇～四〇年代前半と短い。その背景には、すでに述べたように婚礼そのものの変化が一因としてある。昭和四三（一九六八）年に石巻から泊浜へ嫁いできた女性は、結婚式・披露宴共に石巻でおこなったため、女講中の婚礼衣装を着ることはなかったという。このためか、昭和四二年に購入された泊浜女講中の婚礼衣装は、状態がよく、長襦袢の使用感から少人数に着用されただけと見られる。先に挙げたように、わざわざ女講中の婚礼衣装を借り出し遠方の町で着付けて婚礼を挙げた大原浜の女性のような例もあったが、婚姻圏の拡大によって嫁入行列も廃れ、婚礼衣装を着た姿を集落の人びとに見せる機会自体も失われていった。こうして、女講中の婚礼衣装は形式の実用性を失い、姿を消していった。

共用の婚礼衣装という媒介形式が失われたことで、それが媒介していた女性同士の結びつきにも影響が出たと思われる。実際に、集落における女性同士の関係の在り様は、昭和三〇年代と五〇年代では大きく異なっている。

昭和三〇年代までは、女講中の行事のほか、薪拾いや漁獲物の運搬作業など、女性の共働の場は数多くあった。こういう場があったからこそ、嫁いだばかりの女性たちも婚礼という共通の経験を互いに確認しあうことができた。

女講中は昭和三〇年代に最も盛んに活動したが、昭和五〇年代から平成にかけて解散が続き、衰退した。その背景には、講行事と女性たちの距離のほか、進学や就職、婚家の所在、交通の変化による移動範囲の変化、趣味ややりがいの発生などによる関心の変化が重層してあった。女性の在り方が一様だった昭和三〇年代から、各自の事情や行動が尊重されるようになると、集落内における女性同士の結びつきも変化していったといえる。集落における女性の在り方は共通の経験によって裏付けられており、昭和二〇〜三〇年代においては婚礼衣装の共用もそれに含まれていた。コミュニケーションの減少による結びつきの変容に、女講中の婚礼衣装も影響していたといえる。

それでは、昭和五〇年代以降の集落における女性同士の関係は、どのように距離化の力学が働いてきたのか。嫁いできた花嫁を受容する最初の通過儀礼である婚礼は、外部化したことで、その場を集落の女性たちで共有することは困難となった。平成元(一九八九)年に新山浜へ嫁入した女性は、石巻で式を終え、嫁ぎ先に到着したときのことを鮮明に覚えているといい、次のように述べている。

センター(集会所)から「さんさ時雨」が聞こえてきて、何だと思ったら、女の人たちが手拍子しながら出てきた。嫁入のお迎えだったのね。「これはとんでもないところに来たぞ」と思った。

(平成二六年一月調査による。カッコ内は筆者補足)

これは、女講中が長持渡しの際に婚礼の祝儀唄・さんさ時雨を唄っていたことの名残であり、牡鹿半島では男性より女性に馴染みのある唄となっている。花嫁と集落女性の最初のコミュニケーション、花嫁同士の最初の経験の共有は、婚礼衣装を着たり見たりすることから、唄を聴くことに移っているといえる。

ただし、媒介形式として婚礼衣装と唄は同じではない。花嫁は婚礼衣装を着ることでコミュニケーションの主体者となる、すなわち双方向的だが、唄の場合には受け身、一方向的である。花嫁はその後、集落の女性たちからさんさ時雨を習い、次の花嫁を迎えるときに自らも唄うことで、集落の女性になっていく。花嫁と集落の人びとを仲立ちする機能は同じでも、そこに至る過程が異なるのである。

おわりに

女講中の婚礼衣装は、貸衣装としての価値だけではなく、共用することに意味があったことが明らかとなった。同じ時代の婚礼衣装の共有としては、経費節減のために婦人会が主導した例の報告が全国的に多い。しかし、大原浜女講中の例から、女講中によるモノの管理・貸出の実績に対する、未婚女性たちからの提案であったことが分かっている。そして、女講中の婚礼衣装を身にまとうことは、花嫁、家の者、集落の人びとにとって、貸衣装とは異なる社会的意味があった。一つは集落のしるしによる帰属の明示、もう一つは同じ衣装に袖を通すことによる花嫁同士の連帯意識、三つ目は物質としてではない形式によるつながりである。重要なのは、これらが、皆で一つのモノを持つ共有ではなく、一つのモノを皆で使う共用であることといえる。

モノを中心に人と人の契約関係を形成する共有に対し、共用は、共に使用することを媒介形式としてモノに普遍的な意義が与えられていたことが明らかとなった。近世から続く女講中にとって、婚礼衣装が運用されたのはわずかな期間だったが、その間、素材を交換しながら形式を維持しており、集落の女性にとって続けていく意義があったことが窺える。

モノの共有は、高価な道具を購入するための手段や格差の解決という観点から捉えられてきた。女講中の婚礼衣装も、戦後間もなく未婚女子たちの求めによって購入されたという大原浜の事例が示すように、各家の経済的な負担を軽減することが当初の目的だった。ただし、婚礼衣装の最たる機能は花嫁の象徴という点であり、特定の人物がたった一度だけ直接身にまとうという点で、膳椀の共有とは質的に異なる意義を持つことになる。また、膳椀に比べ劣化も早いことから、使えなくなることも視野に入れて運用されなくてはならない。

女講中自体は、集落社会や女性たちにとって最も重要な女性集団だったが、カトクの妻以外の女性は加入できないため、全ての女性を包括する媒介形式にはならなかった。他方で女講中の婚礼衣装は、安く設定された賃料を払うことで誰でも使用することができる形式であり、それを身にまとうことで花嫁同士は経験を共有し、女講中や集落とつながることができた。女講中が牡鹿半島集落の女性同士の結び付きそのものだったのではなく、女講中が女性同士の結びつきとなる媒介形式を提示してきたといえよう。

衣類の共用は、素材の劣化を想定しながら使用されなくてはならないほかに、着る者以外を明確に排除する特性を持つ。婚礼衣装は、ことさらその点で厳密である。女講中の婚礼衣装は着た者だけではなく、これから着るだろう未婚女性にも結びつきの可能性を秘めていた。婚礼衣装の共用というコミュニケーションは、女講中・婦人会・念仏講の世代階層的な集落組織に収斂できない見えないコミュニティとして、女性同士の結び付きを為していたといえる。

註

（1）財産家が私有する膳椀を村落住民が借り受ける事例から、こうした膳椀の共有財産性を指摘することもでき〔神　二〇〇二〕、必ずしもモノの共有において所有者と使用者は一致しないことが窺える。ただし、本章では私有から共有に拡大する過程ではなく、初めから共同利用を目指した購入を検討対象としたいことから、私有財産の共有については論じない。

（2）平成二〇年、筆者調査による。

（3）最後の女講中婚礼衣装利用者となった女性・Bさんについて、衣装借用の記録はないが、舅の名で「一月三一日／〇〇様より御祝儀／千(円)」と記載があり、長持渡しが実施されていることから、婚礼は確かに行われたといえる。

（4）花嫁は中宿でお色直しをすることが一般的だったが、Bさんは着替えなかった。理由ははっきりしないが、実家と婚家が親戚であるため、花嫁の帰属の移動が他の婚礼に比べ重視されなかった可能性などが考えられる。

（5）平成二一年、筆者調査による。給分浜女講中の倉庫は、山神塔の脇に建てられており、倉庫には、振袖・長襦袢・丸帯・しごき帯など衣装のほか、末広・箱迫などの小物や櫛・簪などの髪飾り一式が保管されていた。給分浜区長(当時)、女講中元講員に御協力いただき、中を確認することができたが、老朽化により現在は立ち入りができない。

（6）平成二三年東日本大震災において津波により流出したとされる。

第二部　年序集団体系の中の女講中

第三章　牡鹿半島における女講中と契約講

はじめに

同じ年齢層で水平的に組織し、加齢とともに上位集団に移る社会秩序を、年齢階梯制という。厳格に年齢で区分される年齢階梯制に対し、世代別に組織されたり、世代交代ごとに上位集団に移ったりする形式は、世代階層制として区別されることがある[1]。世代階層制は、家における地位や親族呼称と密接な関連を持つために、個人ではなく家を背景として帰属組織が決まる。したがって、親族関係や居住環境、婚姻形態などの文化複合として説明されている〔村武ほか　一九五九〕〔蒲生ほか　一九五三〕。このため、世代階層制は男女集団の階梯制の対応を軸としており、男性だけではなく女性側の組織形成や秩序を総合して、村落社会構造を捉えてきた。こうした研究の背景には、若者組・娘組の対応関係や男性結社としての年齢階梯制に注目した村落社会研究がある[2]。女性集団の役割・働きについては男性との相補性の観点から評価され、女性側の秩序の全体像は見えてこなかった。女性研究が部分的にしか行われてこなかったという批判は、社会構造や秩序の分析においても当てはまるものといえる。

牡鹿半島は、昭和二〇年代後半～四〇年代において盛んに調査研究が行われたフィールドである。当時焦点となったのは、強い同族結合と年齢集団型契約講の併存であった。議論の一部には、年齢秩序の実態を明らかにするために男女の対応関係も取り上げられており、女性側の組織編成も言及された。しかし、女性集団の把握や、男性の契約講との対応については課題があり、集落社会の全体像が明らかにされたとはいえない。

本章では、先行研究の成果と課題を再検討し、集落社会における女講中の位置付けを、男性の契約講とのかかわりから捉え直したい。その際に、先行研究が問うてきた年齢の秩序を踏まえ、それが女講中にとってどのような意味を持つか着目する。年齢による区分は、性別の区分を前提とする。女講中と契約講を相対化し、男女の両輪的視点で牡鹿半島社会の全体像を明らかにしながら、その問題も示したい。

第一節　年齢秩序をめぐる研究と課題

第一項　若者組と年齢原理への注目

民俗学における年齢秩序への関心は、若者集団と婚姻史とのかかわりに対する柳田國男の指摘から始まった。西南日本の各村落では、未婚の若者や娘がそれぞれ集まって寝泊まりする寝宿（若者宿・娘宿）が置かれていた。寝宿は、夜なべ作業をする場であるとともに男女の交流の場でもあった。柳田國男は「聟入考」（大正四年）の中で、若者宿と娘宿の交流によって男女の婚姻の機会が得られていたと示唆した〔柳田　一九六三ａ〕。柳田は、昭和九（一九三四）年より「日本僻陬諸村における郷党生活の資料蒐集調査」いわゆる山村調査を実施した折にも、若者宿・娘宿と婚姻の関係を重要なテーマの一つとして盛り込み、全国的な情報収集を進めた(3)。このテーマは、婚姻史の解明を目指すだけではなく、村落構造や家制度の理解にとっても重要な課題となった。婿入婚・足入婚・嫁入婚への婚姻形態の変遷が提示され、結婚後も夫婦で寝宿に寝泊まりする事例（寝宿婚）はその遺制と位置付けられた(4)。

また、柳田國男は寝宿という枠組みを超えて、「恋愛技術の消長」を発表した昭和六年以降、「若者組」「娘組」の語を用いるようになる。(5) 若者組は村落の制度的組織であり、男女の交流から婚姻の成就までに大きな役割を果たす集団として機能したと考えられた。村落社会による婚姻の管理という考え方は、婚姻は家主体のものとする価値観をひるがえすとともに、若者組という概念の登場により、(6) 婚姻以外の機能や組織の分析、類型化が進められていくこととなった。

若者組の類型化に当たって着目されたのが、地域差である。寝宿の事例は西南日本に多く、若者組の編成にも強い年齢の統制が働いているとされてきた。例えば、伊豆新島(静岡県)では男女ともに世代の呼称と年齢が連関しており、男女ともに一四～一五歳でネドで生活したという〔村武ほか　一九五九〕。一四～一五歳は、男性にとっては若者組に加入する年齢であり、女性にとってはモイ(子守)を卒業した年齢だった。若者は娘のネドへ通い、やがてナジミになると、それまでのネドを出て夫婦用のネドを頼んだとされる。このように、寝宿は当該地域で結婚、家族の形成、世代交代を果たしていくために必要なシステムであり、これが失われることは当事者やその親たちの混乱を招いた。(7) 婚姻の主体性が若者の側にあることは、若者組の類型化において重要な要素であり、同族結合の強い東日本では家長が婚姻を主導し、西南日本のような若者組の発達はないとされた。

こうした二元的な捉え方は、文化的・社会的差異の大枠を明示した一方で、昭和三四年の時点で福武直(農村社会学)が自身の理論を(8)「役割は終った」と撤回したように、実態に即した方法論としては限界があった。類型がフィールドの実態を無視して固定されることを疑問視し、フィールドワークによる検証も行われた。その一つに竹内利美による東北漁村の研究があり、年齢秩序と同族結合の対抗を所与のものとする従来の類型論への批判的検証から出発した。

第二項　若者組と契約講―竹内利美と「年序集団体系」―

竹内利美は、出身地信州における教員生活、アチックミューゼアム及び國學院大學在学、中央水産業会、連合軍総司令部民間情報局勤務を経て、昭和二六年に東北大学に着任した。改めて東北地方に目を向けることとなった竹内は、寝宿のない東北地方の若者組織が看過されている若者組研究の状況に疑問を持ち、「東北の村々における性別・年令別の集団組織の実情」を明らかにするべく、同族結合以外の村落秩序について数年にわたり調査を実施した。その成果として発表された論文が「東北村落と年序組織」〔竹内ほか　一九五九〕である。竹内利美・江馬成也・藤木三千人の共著で、宮城県牡鹿半島（小網倉浜・鮎子浜）と仙台近郊農村、伊豆半島それぞれの年齢集団のモノグラフである。伊豆半島の年齢階梯制と比較し、宮城県内の事例でも世代や年齢に基づくグループが階層を成していることが示された。

宮城県内の事例として竹内が注目したのが、契約講を中心とした村落秩序だった。東北地方には「契約」を冠する互助組織が様々な形で展開しており、宮城県・山形県には「契約講」が分布している。契約講には一戸から一名ずつ、家の相続者であるカトクが加入するため、個人ではなく家を単位とした戸主会としても機能してきた。また、契約講は若者契約・本契約・老人契約のように階層的な形式をとることが多く、講員は家における地位（跡取り・現戸主・隠居）に即して該当する契約講に加入した。牡鹿半島の事例では、表浜（半島西岸）・裏浜（半島東岸）ともに契約講を中心とした社会構造に明確な年齢原理が明らかになり、竹内は異なる東北地方の「年序集団体系」の存在を指摘した。

竹内の主張は、二元的な地域類型を問い直しただけではなく、契約講を年齢集団として位置付けるものだった。牡鹿半島の契約講は一五～四二歳という若い世代によって構成され、自治や祭礼を主導していた。竹内は家父長的家族制と相反するものではなく、むしろ対応していると考え、牡鹿半島に見られる契約講を原型とし、内陸農村部の戸主会型は「年序集団」型が弛緩したものとした〔竹内　一九九一　三四〕。

竹内らの研究は、当時の年齢階梯制研究や若者組研究に大きな影響を与え、昭和四〇年代には牡鹿半島をフィールドとする調査研究が相次いで行われた。例えば、牡鹿半島における年齢集団について調査した平山和彦は、契約講の役割に祭礼の実施や防災などが含められていることから、その若者組的な性質を認める一方で、若者たちの契約講が婚姻や婚礼を主導せず、婚姻の決定については各家の家長に強い権限があることなど、西南日本の若者組との明らかな違いを指摘した〔平山　一九六九〕。

牡鹿半島における契約講の年齢集団的特質に注目が寄せられる一方で、契約講を歴史的展開の中に位置付けようとする主張も為された。福田アジオは、契約講における次男以下の排除や共同体としての実態から、契約講を年齢集団として捉えることを疑問視し、契約講の成立背景を五人組等藩制下における連帯組織とした〔福田　一九六九　二八〜二八三〕。そして、牡鹿半島の年齢集団型契約講を本来の型と考える竹内利美に対し、福田は平地農村部の契約講を基本形とし、それに漁村としての特質が加わったのが牡鹿半島の契約講であると指摘した。

現在、契約講に関する認識は「主として東北地方に分布し、自治と生活互助を主たる目的として、家を主体に、もしくは個人を単位として対等平等な水平連帯の原理に基づいて構成され、機能する伝統的な組織・制度の総称」とされている〔立柳　一九九八　一二三〜一三八〕。契約講の本質を年齢集団に求める竹内利美の主張は、一部の固有な事例と見なされている。

第三項　年齢秩序と女性

東北地方の年序集団体系に関する竹内利美の研究は、性別の組織秩序に契約講を位置付けようとしたところに意義がある。

前述のとおり、日本における年齢集団あるいは年齢階梯制研究は、若者組との関連性から展開してきた。平成に入ると、年齢秩序をめぐる研究は、静態的な村落構造や村落類型への関心から移り、年齢そのものの意味が問われるようになった。関沢まゆみは、必ずしも年齢秩序が生態的な意味での年齢を意味せず、個人としての年齢とムラ人としての年齢が併存することを指摘した〔関沢　一九九六〕。また中野泰は、近代国家による影響を含め、村落社会に即して年齢原理を明らかにすることの必要性を説いた〔中野　二〇〇五〕。

中野は、村落の正式な男性構成員だけではなく、そこから排除された人びとについても問題提起しており、「女性における年齢秩序の関わり」も含まれている〔中野　二〇〇五　二一三〕。冒頭に述べたように、年齢階梯制は性と年齢により区分される社会秩序である。シュルツの年齢階梯制理論が紹介された当初から、民俗学は、その理論が女子の結社を対象としていない点を問題として認識していた〔関　一九五八　一三二〕。そしてそれを、柳田國男や有賀喜左衛門によって説かれた若者組・娘組の対応関係を実証することによって、乗り越えようとしたといえる。竹内利美による東北地方の年序集団体系研究も、その根拠を男女集団の対応関係に置いた。注目したいのは、契約講を男性集団とし、女性の年齢秩序を相対的に位置付けた点である。共著論文「東北村落と年序組織」から竹内の問題意識を見てみたい。

この論文は、竹内利美・江馬成也・藤木三千人によって執筆されており、竹内は「序説」「仙台近郊農村の事例」「伊豆半島の事例」、また江馬と連名で「牡鹿半島表浜漁村の事例」「若者契約の展開過程」を担当している(9)。このうち、小網倉浜をフィールドとした「牡鹿半島表浜漁村の事例」は、契約講だけではなく女性集団の側にも「年序集団体系」が認められることを報告している。その概要は次のとおりである。

小網倉浜では、男性は年齢に応じて若者契約・年寄契約・庚申講に帰属していた。最も主要な組織が、自治や互助を行う一五～四二歳の若者契約であり、四二～六一歳の年寄契約がこれを監督していた。また、年寄契約の寄合には男孫を一名連れて行くことになっており、「子供契約を呼ぶ」と言った。すなわち、子供契約・若者契約・年寄契約の講員は、家における三世代の家督に対応していることになる。このことから、竹内は年齢集団体制と家父長型家族制は相反することなく構造化していると考えた。そして、女性が形成している地蔵講・観音講・念仏講の階梯制については、それぞれヨメ講・ガガ講・ババ講と家における地位に対応する通称を持つことから女子の場合は、「年齢よりもむしろ家族内の地位によって整除されている点が注目される」とし、図5のように示している(10)。

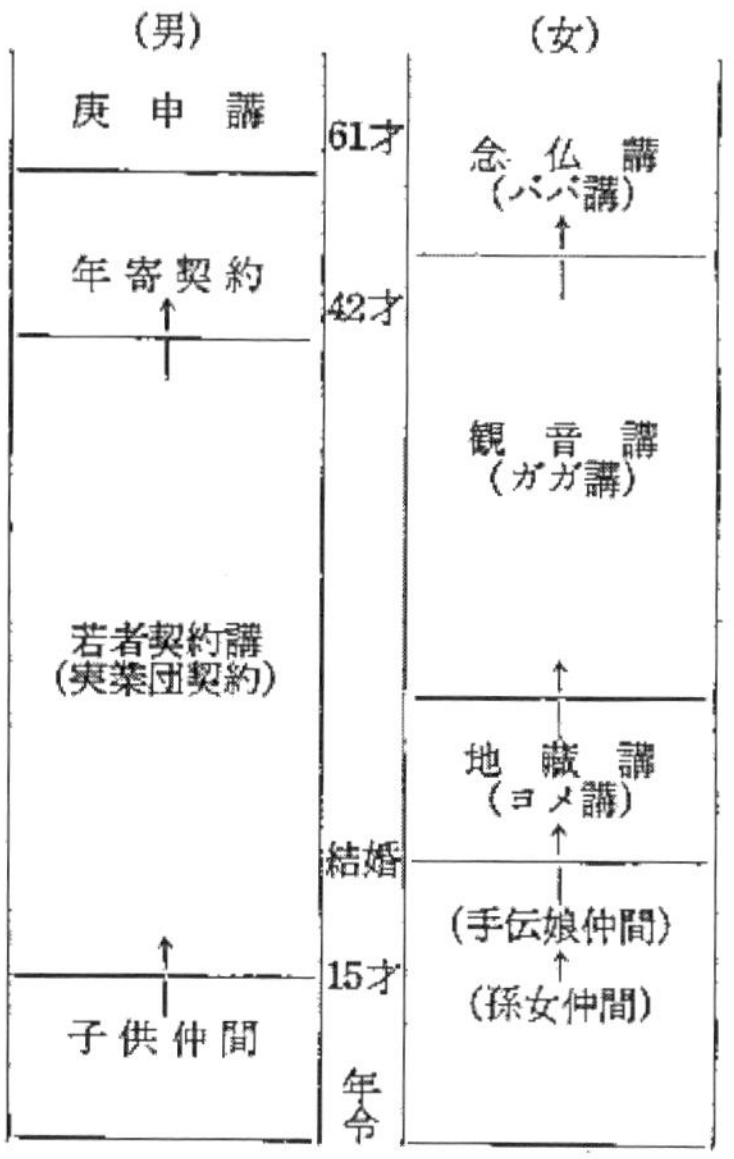

【図5】　小網倉浜の年齢階梯図
〔竹内ほか　1959　94〕

竹内は、下北半島や仙台近郊農村の報告でも年齢階梯図を用いており、年齢による帰属組織の上昇と、女性の講も同様に階梯的であることが「年序集団体系」の基本的原理として示している。更に竹内は、男女集団の対応関係を内容的にも注目し、階梯的な女性集団の内実についても言及している。ガガたちの観音講については「観音信仰とあまり関連せず、むしろ部落の諸事万端のことを話の俎上にのせ、随意に各集団へ注文もつける。この講には世話役がいるだけで、行事あるごとに適宜に委員を設けるという弾力性に富む運営をしている。」と、女性組織の発言力や権力に触れている〔竹内ほか　一九五九　九七〕。そのほか、神明社祭礼における、若者契約と地蔵講の「賄とり」分担、年寄契約と念仏講合同の「茶ブルマイ」など男女集団の対応を挙げた。以上により、竹内利美が男性だけではなくそれに対応する女性側を合わせて見ることで、性と年齢の秩序として「年序集団体系」を提示しようとしたことがわかる。

生活互助組織としての契約講の研究においても、観音講や女契約などの女性集団について触れられることは少ない。例えば、福田アジオは契約講の観点から村落構造を類型化する際に、「契約講に対応した女性の会合」の有無を指標の一つとした〔福田　一九六九　九一〕。ただし、契約講に従属的・補助的と位置付けられ、女性集団そのものに考察が及ぶことはなかった。竹内利美が示した「年序集団体系」は、女性集団を男性集団に相対的に捉えたことで、女性側から見た社会体系の一面を明らかにした。昭和三〇～四〇年代の牡鹿半島研究のうち、江守五夫・平山和彦らの「牡鹿半島の一村落における慣習規範と社会構造」〔江守ほか　一九六八〕や岡田照子「江ノ島の講組織」〔岡田　一九六九〕も、契約講とともに女性集団についてまとまった報告を挙げており、年齢集団や講集団に着目した研究の成果といえる。

一方で、男女集団の相対性は年齢秩序にとって重要な要素でありながら、実証が困難なテーマでもあった。西南日本における研究でも、世代別の女性集団や呼称カテゴリーについては確認されていても、明確な対組織を形成している実態を普遍的なものとして示すことは困難だった。村武精一らは、伊豆新島における男女別・世代別の「年齢層序制」の特徴として、「男性の世代＝年齢層序制に比し、女性側のそれは極めて多彩で、その内容が変化に富んでいることであろう。（中略）一生を通じて男性と同様に世代＝年齢区分が明確でありながら、しかも男性以上に生活内容―儀礼・信仰などの―が多面的であるといえよう。ということは、家族・村落において女性が占める生活機能の比重がより大いともいえよう」と述べ、男性と女性の集団形成が機能的に相対性を示していないことを示唆した〔村武ほか

一九五九　六六〕。女性集団の固有性については、信仰や娯楽に基づく女人講、南島社会の女性神役たち、主婦としての性別役割に基づく婦人会などの研究が蓄積されてきたものの、女性の「多彩」な実態を俯瞰して村落社会を捉えようとした研究は少ない。対組織的な男女集団とは、目的や役割まで対称関係にあるとは必ずしもいえない。契約講の役割は、男性社会に限定されるものではなく、村落社会全体の自治や外部との交渉を担うものであり、同じ社会の中で女性が同様の働きを求められる必要はない。男女集団が制度的に対応して組織され、それぞれが非対称な論理によって行動していることに留意することで、村落社会の全容が俯瞰できるといえる。

また、女性集団の実態を捉えにくくしてきた背景には、柳田國男以来の若者組・娘組の対応関係と、実際の村落社会の間にあるずれもあった。調査成果を踏まえ、若者集団は若者組と若者仲間に区別され〔瀬川　一九七一a〕、娘たちの集団もまた娘仲間として若者仲間に対置された〔前田　一九七三〕。既存の娘組像について、「若者組に対応する存在と位置付ける材料はほとんどない」と批判した福田アジオは、従来の娘組の枠組みを脱却し、改めて村落規模で明確に組織されていた娘組の存在を確認できると主張している〔福田　二〇〇四〕。これらは未婚者が形成するグループに対する言及であるが、他の年齢集団や講集団についても同様の検討が可能である。しかし、「近世村落に若者組と並んで娘組が存在したということを教えてくれる文字資料は今のところ発見されていないといってよいだろう」〔福田　二〇〇四　一二五〕と指摘されているように、女性集団にかかわる資料は乏しく、女人講など既婚の女性集団についても状況は同じである。

女性集団の把握については丹念な資料収集が不可欠であり、性別を重視した竹内利美の研究もまた、この点については十分ではなかった。年齢階梯図などから示された男女集団の対応関係は、竹内自身が批判した西南日本型の年齢階梯制の形式をなぞって提示されたものである。そして、女性側は男性側ほど明確な年齢原理が働いていないにもかかわらず、竹内はこの点に言及していない。同時代に牡鹿半島やその周辺島嶼を調査した瀬川清子〔瀬川　一九七二a〕、平山和彦〔平山　一九六九〕、岡田照子〔岡田　一九六九〕らは、契約講の対組織である女講中について、年齢秩序や活動実態を断片的に報告しているが、竹内は「嫁たちのレクリエーションの機会になっているにすぎない」と述べるにとどまっている〔竹内ほか　一九五九　九七〕。瀬川や岡田が報告した「長持かつぎ」「ナガモチカイ」の習俗は、年齢集団的契約講の分布範囲と重なっており、牡鹿半島の地域性を分析する上で重要な事象となったはずであるが、この点にも全く触れられていない(11)。女性側の集団形成や社会秩序、階梯制について十分な調査研究が行われないまま、牡鹿半島の年序集団体系は契約講を主軸に総括された。

契約講や若者組から見えてくる社会の構造は、牡鹿半島集落の一面に過ぎず、社会秩序の全体を明らかにするためには女性集団側からの俯瞰を欠かすことはできない。男性集団との対組織的な実態や相対性について、集落社会の運営にかかわる社会的役割を比較の指標としたり、相補的な性別役割にとどまったりすることは避け、女性側の集団形成や目的・活動から、男性とは非対称な女性集団の論理を明らかにしたい。この章では、竹内利美をはじめとする牡鹿半島の社会構造研究や調査報告が盛んに行われた昭和二〇～四〇年代初めを対象として、牡鹿地区各集落をフィールドに、男性の契約講とその対組織である女講中の働きを比較する。

第二節　契約講と女講中

第一項　年序集団体系と契約講

牡鹿半島の集落は、「行政区」あるいは「区」と呼ばれる自治会組織を中心として、消防団・青年団・婦人会など様々な集落組織に役割を分化して運営されてきた。これらは明治期に官制組織として始まり、平成二七(二〇一五)年の時点では休止・解散したものもあるが、自治体の末端組織にとどまらない自律的な活動を展開しているところに特徴がある[12]。また、漁業協同組合や森林組合、開拓生産組合など組合組織の多くも、初めは集落内の共同組織であったのが、産業構造の変化や自治体の合併に伴い、合併・大規模化していった。女性の婦人会を除く以上の組織集団は、元々は契約講に包含されていた役割や機能だった。それらの機能が独立していったことで、現在の契約講は主に氏子集団としての役割のみに縮小したが、牡鹿地区の契約講が自治に限らず集落そのものとして動いていたことが窺える。

なお、各集落における講集団は氏子集団的なものから一部の同族(マキ)がおこなっているものまで多様な形態がある。金毘羅講・庚申講・秋葉講・地蔵講・観音講などほとんどが信仰的講であり、集落内には石塔や祠が置かれている。契約講だけが、集落の氏神を祭祀する集団として個別の信仰対象を持たず、自治や共有地の管理、防災など集落運営に直接かかわる役割を負っていたといえる。

契約講は、現在では一般に「実業団」と呼ばれている。各集落の文書規約を見ると、明治の終わりから大正期にかけて「実業団」の呼称に改められており、地区内一斉の切り替えが窺える。これについて、牡鹿半島集落を調査した藤木三千人は「明治四〇年に至り、時の牡鹿郡長が契約による部落自治の伝統をあつく賞し、地方産業を振興発展させるべく、郡内の名称を統一し、画一的なる規約下にこれの実施を奨励したと言われているが、この時、牡鹿半島北部一帯は、契約に代わって「実業団」なる名称が生れた」と述べている〔竹内ほか　一九五九　一一八〕。地方改良運動の過程における、既存の寄合や若者集団を官制組織に発展させた例の一つと見られる。また、「実業団」の前には「神風講」という名称だったことからも、契約講が集落の代表的な若者組織として早くから公《おおやけ》に認識されてきたことを窺わせる。このように、契約講の名称は時代によって変化している[13]。

契約講は、組織名のほか総会・役職・加入資格・活動趣旨・活動内容などを記載した規約を有し、これに則って活動してきた。名称変更などで規約を変更する際には、春・秋の総会で決議がとられ、新たに規約を作成した。例として、戦後の規約から加入規則の項目を見てみよう。

・この団の団員は小渕部落在住の十八才より四十五才までの世帯主またはその相続人である男子でこの団の目的に賛同したもので組織する　但し団員の資格は相続人がこれを継承する

（昭和二四年「小渕実業団団則」第一章総則第四条）

・本団員は義務教育終了後満四十一歳までの世帯主若くは男子相続人及び養子を以ってとす。但し希望者に在っては其の旨申出で入団することを得。

（昭和三〇年「小網倉実業団則」第三章規約第四条）

契約講の年齢規定は概ね一五〜四二歳である。ただし、高校進学の一般化などによって加入年齢が高くなるなど、地域・時代によって違いが見られる。また、加入資格を戸主かそのカトクに限定することが規定されている。息子が契約講に入る年齢になれば父親は上限年齢に達していなくても脱退することになっており、一つの集団に対し、一戸から一名の原則がとられてきた(14)。

続いて、契約講の役割・機能について概観してみたい。明治大学法社会学演習による給分浜集落における調査〔江守ほか　一九六八〕から、立柳聡は次のように要素を抽出している〔立柳　一九九八　一三〇〕。

・自治の協議

・共有財産の管理（共有山林有あり。植林。）
・道普請
・警防
・制裁
・氏神等の祭祀、祭礼運営（獅子振り＝悪魔祓い行事）
・生業の互助
・その他（漁港の構築、結婚した者の祝福）

特に重要なものとして、「自治の協議」「共有財産の管理」「氏神等の祭祀、祭礼運営」を挙げることができる。契約講は年に二回実施される総会で、集落自治をおこなった。多くの先行研究によって議論が尽くされているので、ここでは詳細を述べないが、総会は講員にとって最も重要な行事であり、都合により遠方にいたとしても「〇〇より南、△△より北にいる者は必ず出席することと」のように規約に定められ、これを破ると厳しい制裁が与えられた。

「共有財産の管理」は、主に共有林についてである。契約講が活動の収入源としていた共有林のほか、各家が持つ共有林株のとりまとめも担っていた。共有林株を持つ家は、すなわち契約講への加入資格を持つ家とほぼ同じであり、分家の初代や別家など新戸と呼ばれる家は共有林株を持たず、契約講へも加入できなかった。また、大謀網漁をおこなっていた大原浜・給分浜・小渕などの集落では、網株も契約講を介して管理されていた。このように、契約講への加入資格と財産の共有資格は、すなわち集落の成員資格として連関していたことが分かる。なお、新戸は多くの場合、在住年数によって契約講への加入資格を得ることができ[15]、売買によって共有林株や網株を得ることもできた。そして、

「氏神等の祭祀、祭礼運営」には、各集落の神社祭礼や正月の春祈禱における獅子振りなどが挙げられ、氏子集団としての性格が確認できる。大原浜では、契約講の散宿所に新暦二月の御神木祭りで使う山車が保管されていた。

このように、牡鹿半島の契約講は自治・財産・氏子の集約的な役割を担う機関であり、集落内の他の年齢集団に比べ、集落に対し大きな影響力を持っていた。『牡鹿町誌』の上巻には各集落誌ごとに年齢階梯図が掲載されており、これを参考にすると、契約講を四二歳あるいは四五歳で抜け、上位組織に庚申講（給分浜・寄磯浜など）や三山講（泊浜）などがあり、これらは六〇歳で抜け、さらに上位のジイツァマ講（給分浜など）や庚申講（泊浜・小網倉浜など）に移った〔牡鹿町誌編纂委員会　一九八八〕。契約講以降の講集団は、信仰の行事が中心であり、集落全般にかかわる契約講とは大きく異なる。年長者を差し置き、二〇～三〇代を中心とした組織が集落運営を司ることについて、『牡鹿町誌』に次のような記述がある。

役員は三〇歳代で元老会より指名され、元老会のその上にまた大元老がいた。役員が作る年間計画などは徹底的に洗い直しが行われ、総会においてもなおその修正を求められることがあったという

〔牡鹿町誌編纂委員会　一九八八　七三一〕

これは泊浜《とまりはま》集落の契約講についてであり、時代は神風講社を名乗っていた明治中期とされている。「元老」なるものの存在については、給分浜を調査した平山和彦も次のように述べている。

昭和の初めまでは旧二月一六日の総会を開くにさきだち旧二月五日に役員が寄合をして相談し、その後で部落の元老の家へ羽織袴で申し入れをする習慣があった。元老とは、区長や町会議員をしたことのあるような古老のこ

とで、財産の有無には関係なく、一代限りのものであり、庚申講やジイツァマ講の講員でもある。
〔平山　一九六九　九九〕

平山は年齢階梯制における契約講の上位組織ではなく、同族制などとも関係のない外部監督組織として位置付けている。いずれにせよ、契約講に集落内の自治を任せながら、それを元老が監督していた実態が窺える。竹内利美も、小網倉浜における年寄契約（隠居契約）について、「規約書もなく、役員もはっきりとしたものはない」ながら「年寄契約のつくる意見は、部落にあってはきわめて強く、ある意味で絶対的な権威をもっている」と報告している〔竹内ほか　一九五九　九六〕。若者の契約講とは異なる形であることから、厳密な年齢階梯制とはいえないが、カトクではなく戸主たちも政治的影響力を保持していたといえる。また、集落によって名称も形式も異なることから、契約講のように統一的な働きかけを受けることはなかったと思われる。

現在は、泊浜・給分浜・小網倉浜を含め牡鹿地区の全ての集落で、このような自治の体制は採られておらず、契約講は祭祀組織としての活動のみになっている。

第二項　契約講と女講中の対応関係

性と年齢の秩序を強く意識していた竹内利美は、男女の対応関係を、集団の階梯制と行事へのかかわり方によって示した。これを踏まえ、改めて契約講と女講中の対応関係を整理すると、年齢、加入資格、行事の要素を抽出することができる。

まず年齢について、女講中は結婚を機に加入し、三八歳あるいは四二歳で脱退する。昭和三〇年代の脱退年齢を比べると、大原浜・小渕では三八歳、給分浜は数えの三七歳、小網倉浜・谷川浜・泊浜は四二歳、新山浜は四〇歳までだった。その理由は、契約講の脱退年齢は四二歳なので、それに倣うか、夫婦の年齢差を踏まえたのだとされている。また、脱退年齢が変更されることもある。昭和三〇年代の小渕では、人口増加により講員の人数も膨らみ、これを制限するために、一時的に脱退年齢を三三歳まで引き下げていた（昭和一五年生、女性への聞取りによる）。逆に、谷川浜では講員の減少によって脱退年齢を引き上げた結果、四二歳になった（昭和一七年生、女性への聞取りによる）。これらのことから、年齢は調整できるものではあったが、脱退規則を曖昧にする、あるいはなくすといった判断はされなかったといえる。

また、女講中は加入年齢の規定はなく、結婚を契機にしている。加入に関する男女の違いについて、村外婚の場合は自然だが、村内婚の場合、成人儀礼との関連が浮かび上がってくる。牡鹿半島では、エビスオヤ・エビスゴという擬制的親子関係を結ぶことが一般的なこととして行われていた。エビスオヤを頼むのは、男性が一五歳になったときで、これが成人の機会として見なされていたといえる。女性にも、エビスオヤあるいはナモライオヤと呼ばれる仮親の習俗があり、こちらは結婚のときに行われた。男性の一五歳、女性の結婚は、個人が集落において一人前となる時期であり、契約講と女講中の加入年齢に結びついていると見ることもできるだろう。

次に加入資格についてだが、契約講と女講中はどちらも家の後継者に限っている。カトクに嫁いだ女性すなわちアネの下には、結婚後間もなく女講中から誘いがあり、嫁は姑に付き添われて仲間入りした。分家・別家したばかりの男性に嫁いだ女性には、女講中の勧誘はなく、付き添ってくれる姑もいないため、女講中に入ることができなかった。契約講に加入することは、自治への参加、網株・共有林株の取得、普請への参加など、集落で暮らしていくために必要な互助であり、権利の取得だった。女講中にこうした機能はないものの、契約講と女講中は夫婦で加入する形式をとることで、集落における権利を家に継承させ、新戸を除く古い家々に占有させてきたといえる。

そして、行事の中にも契約講と女講中の対応関係が見られる。契約講にとって、最も重要な行事は総会である。新人の加入も総会の際に行われる。昭和三五年の暦の切り替え以後、総会は旧暦から月遅れで行われているが、新暦一月はほかにも春祈禱など契約講による集落行事が行われる。第二章で述べたように、女講中の側でも多くの催しが盛り込まれるのは年始の講であり、一月は契約講と女講中の共同作業や対応する行事が見られた。例えば、大谷川浜集落では契約講の男獅子《おじし》に対し、女講中も女獅子《めじし》の獅子頭を所有し、年始の地蔵講(初地蔵)において獅子振りをしていた。谷川浜や十八成浜では、男性(契約講)が地蔵を隠し、女性(女講中)が地蔵を探す「地蔵隠し」が行われていた。こうした契約講と女講中の対応関係は、講員同士の夫婦関係に通じ、給分浜を調査した平山和彦による「ミズスギ(水祝儀)」の報告も、これを示唆するものである。水祝儀とは、宮城県・福島県で見られる、新郎新婦に水をかける正月行事のことで、給分浜では「日露戦争のころまで」行われていたという[16]。

旧正月一五日の朝、新聟が褌一本で家の外に立っていると、契約講の連中が廻ってくる。聟は「待っていたぞ」という。頭と足をかつがれて縁先まで運ばれた聟は、ショウバン(前の年の新聟が担当)に頭から水をけられ、そのあと風呂に入る。この時に両親の揃った若者がシャクトリをする。一方、新嫁の方は杵をバンドウ(背負子)に縛りつけたのを背負い、地蔵講の女の人につれられて地蔵講の宿へ行きご馳走になる。

〔平山　一九六九　一〇一〕

この事例では、仲間入りは女講中だけではなく、契約講の側でも行われているように受け取れる。単に組織集団への加入式というのではなく、予祝儀礼や婚礼、夫婦としての仲間入りなどが結び付いた催しといえよう。

以上のことから、契約講と女講中の対応からは、性と年齢の秩序として年序集団体系を裏付けるというより、男性集団としての契約講、女性集団としての女講中という対の関係が浮かび上がってくる。竹内利美が論じたように、上位の講集団同士にも対応関係があったことは確かであるが、契約講を上位集団が監督する男性社会と同様の階梯制は、竹内自身も女性側の講集団に見出してはいない。そして、女講中組織は明らかに契約講を模倣した組織となっている。年齢規範や加入資格のほか、泊浜や大谷川浜では文書の「規約」があったとされており、その形式は契約講の規約によく似ている。

ただし、二つの講に夫婦のような対応関係を見出すことができても、それぞれの果たす役割が異なる以上、活動内容には違いが出てくる。自治・共有財産・祭礼という集落運営における主要な役割を担う契約講に対し、女講中は信仰を主目的とする講集団である。女講中が契約講の決定に口をはさむことができないように、契約講もまた、女講中の活動に意見することはない。重要なのは、女講中の活動が信仰や娯楽だけではなく、婚礼関与に見られるように、女講中外部にも向けられていたことである。そして、女講中の活動は精神的充足として内部で消費されるだけではなく、経済的活動として、生産する側でもあった。長持渡しや婚礼道具の貸出による収入については既に述べたとおりだが、それに基づく活動の全容は明らかになっていない。それこそが契約講と分離する女講中の固有な活動の実態であり、特徴といえる。次節では、第一章・第二章でたびたび参考としてきた大原浜の「女講中会計簿」の記載内容全体を見直し、女講中が収入をいかに運用し、使用してきたかについて分析したい。

第三節　昭和二〇～四〇年代における女講中の実態
―「女講中会計簿」に見る経済的側面―

第一項　大原浜女講中について

女人講や娘組など女性集団が自らの活動について記した文字資料は少ない。自治や運営など社会的影響力の強い男性集団に比べ、任意性の強い集団であるのに加え、近代まで女性の識字率は低く、積極的に記録を残していこうとする気運に乏しかったのではないかと思われる。したがって、女人講や娘組に関する研究は、主に聞取り調査や金石文を基にしてきた。例えば西海賢二は、石仏石塔の調査から関東の女人講の成立年代と人口統計を検証し、母親たちの祈りの諸相を示唆した〔西海　二〇一二〕。また、福田アジオは「規約」や「履歴簿」から娘組の実証を試み、「さらに注意深く文字資料を探し求めれば、その実像は姿を現す」と喚起している〔福田　二〇〇四　二三二〕。文書から明らかにされるのは、ある側面について記録された女性集団の組織としての実態である。本節ではこれに体験者の語りを組み合わせ、記録された内容を検討する。

前述のとおり、牡鹿半島の契約講や年齢階梯制が盛んに議論された昭和三〇～四〇年代において、女講中はほとんど研究されていない。この時代における女講中の活動の実態を明らかにすることで、同時代における男女双方を合わせた社会の全容の把握を試みたい。

竹内利美が牡鹿半島の研究を始めたのは、東北大学着任から「東北村落と年序組織」〔竹内ほか　一九五九〕発表までの昭和二六～三四（一九五一～五九）年の間であると考えられることから、昭和二〇～四〇年代の女講中に注目する。分析を行う大原浜「女講中会計簿」は、管見において牡鹿半島の女講中について活動内容を知ることができる唯一の文書資料である。改めて、この資料について整理してみたい。

　市販の出納帳を使用した帳面で、昭和六年旧暦一〇月から昭和四〇年までの収支が記録されている。大原浜では昭和三五年一月から新暦が使われており、会計簿においても昭和三四年一二月までは旧暦で記入されている。会計簿は、日付・摘要・収支金額を書き込む市販の出納帳である。大原浜には郵便局が置かれていたため、女講中も郵便局の口座を作り、預金していた。会計簿はこの出納を記録したものといえる。

【写真6】　大原浜女講中の判子（平成26年1月18日/筆者撮影）

　会計簿と預金口座の判子は「世話人」によって管理された（写真6）。会計簿上では、「〇〇より□□様へ相渡す」という申し送りの一文が、特に年末年始に散見される。これは会計簿を管理する世話人の交替を記したものであり、年度ではなく年ごとに一新したことが窺える。会計簿の書き方は、世話人によって個性があり、例えば昭和二〇年一月～二八年一二月の年月日と差引額はほとんど記入されていない。したがって、本資料を正確な統計の作成や経過の追跡のために用いるのではなく、特定の時期や共通の事象を抽出することで、活動内容の把握を行いたい。

　大原浜は、大原浜湾に面する表浜の集落である。葛西家家臣の石森《いしのもり》掃《かも》左衛門《ざえもん》を祖とする石森《いしもり》一族が代々暮らし、藩政期には御仮屋が置かれ、石森氏を中心に十八成組大肝入を多く輩出してきた。近世、大謀網漁が発達した牡鹿半島の中でも、大原浜では双子・天保・仮当の三つの村網を持ち[17]、網元を最上位とする階層制を形成した。また、十八成組の流通の拠点として鑑札場が置かれ、馬市が開かれた。気仙地方から雇い入れた大網子のほか、五十集《いさば》商人・行商人や馬喰《ばくろう》など外部からの人の往来も盛んであり、在町として発達したといえる。近代に入ると、十八成組は二つの行政村に分かれ、大原浜は大原村の中心地として新たに役場や学校などが設置された。これに伴い、大原浜には問屋や小売店など商いを始める家や勤め人が増え、周辺の漁村集落に比べ家業が多様化した。大謀網漁の運営も網元から大原浜漁業協同組合に移行し、昭和期にかけて強固な階層制は徐々に緩和されていった。

さて、大原浜の女講中は三八歳までの既婚女性によって組織され、昭和六〇年頃まで活動した。昭和二〇年代までは、カトク以外に嫁いだ女性は入ることができなかったが、昭和三〇年頃から誰でも加入できるようになった。北トメ・中トメ・南トメに分かれ、トメ順にヤドを回して講を行っていたが、昭和五一年に生活センター（集会所）が建つとそこに集まるようになった。講のときは加入順（年齢順）に座り、年長者が女講中代表として世話人を務めた。(18)

大原浜女講中の主な行事は、地蔵講・山神講の実施である。年間に行う講の回数は一二回であり、牡鹿地区で最も多かった。ヤドとなったトメは講の準備を担当し、精進料理やオボキ（白飯の供物）を用意した。講には、訪問着に太鼓結びという正装で出席した。乳幼児は連れてくるが、講当日の子供の世話や家事は姑が引き受けたため、嫁たちは夕方までゆっくりと過ごすことができた。カトク以外に嫁いだ女性が女講中に入れなかったのは、同居する姑がいないために忙しく、講に参加することが難しかったからと説明されるときもある。

このように、大原浜女講中も関東の女人講と同様に、妊娠・安産・子供の成育を祈願する信仰的講が目的であり、同世代の母親同士が悩みや世間話を語り合う娯楽の側面があったのは明らかである。ただし、こうした通常の講行事は、会計簿にほとんど記載がない。大原浜女講中では、講行事を行うために講員から集金することはほとんどなく、集金されたときも、そのまま食事の担当者が受け取ったため、世話人が会計簿に記載することはなかったからである。(19)したがって、会計簿には、主に講行事以外の収支が記載されており、それをたどることで大原浜女講中の活動の全容を知ることができるといえる。

第二項　女講中の収入

会計簿に記載された収入項目の大半は、第一章で見たとおり、長持渡しや婚礼道具の貸出など婚礼にかかわる事項である。その他の収入としては、個人や組織集団からの寄付金、仲間入りの御祝儀、預金(郵便貯金)の利子などが記録されている。寄付金は何か事業を行うときに送られていることが多く、恒常的・安定的収入源といえるものではない。寄付金については、女講中から他の組織集団に対し寄付金を送る、相互の関係があるので、次の項でまとめて詳述したい。仲間入りの御祝儀とは、昭和二二～二五年のみ会計簿に記載のある項目である。大原浜では嫁入すると、姑に伴われて女講中に仲間入りした。このときに、一名あたり五〇～一〇〇円を女講中に納めている。ただし、聞取り調査では金銭ではなくお菓子や果物などを土産として持参した例がほとんどであることから、仲間入りの御祝儀は一時的に採られていた方法にすぎないと思われる。小渕や谷川浜のように、演芸の披露が講の行事としてあればお花代の収入も小さくはなかったと思われるが、大原浜の場合、会計簿の件数、総額ともに、婚礼関係による収入がほとんどだったといえる。

会計簿によれば、昭和三〇年の大原浜女講中の総収入一万一八八〇円のうち、長持金・御祝儀は九五〇〇円、お膳や婚礼道具の貸出は三四八〇円である。同年の支出は食器の買い足しや観音講への寄付合計二五二〇円のみで、大幅な黒字となっている。ただし、第一章グラフ1・グラフ2で長持渡しによる収入の推移を見たように、婚礼の数や婚礼を行う家によって収入金額は変動し、長持金の収入が全くない年もあった。婚礼に偏った大原浜女講中の収入は、大きな危険をはらんでいた。婚礼の在り方が変化し、長持渡しや婚礼道具の貸出が行われなくなったことは、昭和五〇年代の大原浜女講中の衰退に大きく影響を与えていたことは間違いないといえる。

第三項　女講中の支出

【ア】モノの購入（表5）

大原浜女講中の支出項目として会計簿上にしばしば表れるのが、膳椀や婚礼道具の購入である。モノは時間が経てば劣化し、人が使えば欠損する。会計簿を見ると、貸出中に汚損破損が生じた場合、女講中は返却時に「損料」を徴収している。しかし、揃え物の場合には一つの欠損で全て買い直す必要があるため、一個分の損料で補えるとは限らない。また、需要が生じれば、それまで使ってこなかったような食器類も購入する必要がある。常にモノを取り揃えて貸出の要求に備えることで、大原浜女講中は収入源の維持に努めていたと見られる。在町である大原浜には、高度経済成長期には様々な小売店が軒を連ねたが、わざわざ「旅費」をかけて巡航船に乗り、石巻まで買い付けに出かけた形跡が会計簿に見られる。

会計簿の記録上、モノの購入で最も古いのは、昭和一〇年の「セト物」だが、大正一一（一九二二）年の箱書が残されていたことから、会計簿より以前から膳椀等の購入が行われていたことがわかっている。また婚礼道具についても、昭和一一年に「御祝儀樽」が購入されているが、これより以前から収入項目として「樽入」が散見されることから、昭和一一年以前にも女講中が角樽等を所有し、貸出していた可能性が窺える。このことから、膳椀や婚礼道具の購入は、早ければ明治終わり頃から大正期までには始められていたと推察できる。

貸出物のほか、自分たちが長持渡しで使う油単や山神講で拝む図像の購入も、会計簿に記録されている。集会所に保管されている女講中の持ち物の中には、会計簿より古い時代のモノもあり、山神講・地蔵講の幟はそれぞれ明治四〇（一九〇七）年、四二年に作られたものである。

【表5】　モノの購入（大原浜「女講中会計簿」による）

女性の個人名はアルファベット大文字、男性及び苗字のみは小文字に置き換えた。また、カッコで示した年月日は、会計簿中に表記がなかったため、前後の年月日と内容から推測した。

年月日	内容	支出
昭和10年旧1月25日	セト物30物買入リニ付	15円
昭和11年旧8月10日	御祝儀樽代	13円
昭和11年旧8月10日	平椀代	13円
（昭和12年）	大工作料　8掛払	1円50銭
（昭和12年）	膳箱　樽□材料代　運賃共	3円15銭
昭和13年旧1月20日	御祝樽入箱作料（直し）	1円5銭
昭和22年	振袖代　支払い	3,500円
（昭和22年）	丸帯代（Aさんの世話でbより購入）	230円
（昭和22年）	C殿御祝儀　□□買入	125円
（昭和23年）	振袖　箱代ひも共　作料	950円
（昭和23年）	御祝儀　樽箱代	700円
昭和25年旧1月26日	酒膳のセトモノ1式	16,040円
昭和25年	すごき帯止メ	1,010円
昭和29年（旧12月）	徳利10本、大生盛5枚、千代久3枚、三寸皿30枚、茶碗2ヶ妹弁、吸椀10ヶ、タンポ湯ワカシ、マニラソナ504匁、赤白キレ、旅ヒ代	5,780円
昭和30年（旧1月3日）	石巻に道具買えの時　不足分	500円
昭和30年（旧1月3日）	石巻道具買え旅ヒ　酒タンポ　ナホシ代	600円
昭和31年旧5月14日	会席膳11枚　買入金	9,350円
昭和31年旧11月9日	茶わん30ヶ、304盛一1、小皿10ヶ　舟チン	2,790円
昭和34年旧12月16日	会席膳箱代	700円
昭和35年　2月6日	座ぶとん代	4,600円
昭和35年　2月6日	石巻行2人分の旅費	700円
昭和35年　6月25日	座布団　箱代	1,500円
昭和36年　2月18日	座布団カバァー代金	2,700円
昭和36年　2月18日	石巻行きの旅費	580円
昭和36年　12月27日	茶碗代（11ヶ分）	1,275円
昭和36年　12月27日	吸物椀（5ヶ分）	1,750円
昭和36年　12月27日	生盛皿3ヶ、小仲2ケ	410円
昭和36年　12月27日	旅費	290円
昭和37年　1月21日	平椀（5ヶ分）	1,600円
昭和37年　2月12日	女講中へ骨折として半衿贈る（14名分口）	2,100円
昭和37年　3月6日	座布団クリーニング代（1枚35円）	700円
昭和37年　10月14日	座布団カバー1枚40円　クリーニング	800円
昭和38年　8月24日	大皿20枚	600円
昭和38年　9月6日	さしみ皿20枚、小丼20枚	3,500円

【イ】小牛田山神社《こごたやまのかみしゃ》への参拝

大原浜女講中が講を行う際には、集落内の地蔵像や山神塔の前に幟が揚げられた。大原浜北側の山中に祀られている山神塔には「享和三年／若女中」と刻まれていることから、近世後期には既に女性の集団化が見られたといえる。山神講は、小牛田山神社の信仰集団であり、女講中の中でも結婚したばかりの若い嫁たちを中心に参拝が行われた(20)。会計簿中にもその形跡があり、昭和二三〜二四年の間に一回と、二五、二八、三四、三八年に参拝し「御祝儀」を奉納している。祭神に御膳を奉納し直会を行う御膳講をおこなっていたと推測できるが、山神社による昭和三八年以前の記録は焼失しており、大原浜女講中の側でも三九年以降の参拝記録は会計簿に現れていないため、詳細は不明である。元講員らによれば、昭和四〇年代以降も女講中が解散するまで、若い講員たちで参拝を続けていたようである。ただし祈禱などはせず、本殿を参拝するだけで済ませていた。他集落の女講中が毎年三月一二日に決まって参拝を行うのに比べ、大原浜女講中は講員の主体性に委ねる傾向が強かったといえる。このように、会計簿の記録内容として信仰活動の割合は決して多くはない。

【ウ】石仏石塔の改修工事

他方で、祀っている地蔵像や山神塔の整備には多くの労力と経費が割かれている。昭和二三年頃に実施された山神塔の改修工事では、人件費九五〇円、材料費四五五〇円、職人への支払二八五〇円に加え、落成式など諸費用を含めた総額一万〇一三五円がかかっている。この時期、会計簿では差引額が空欄になっているが、当時の預貯金を踏まえると明らかな赤字である。個人や集落組織から寄付を受け、ようやく清算している。

ほかにも、昭和二四〜二五年頃の倉庫新築、昭和三三年の地蔵・山神玉垣工事などの施工が記録されている。この頃は支出金額が収入金額を上回っており、個人や集落組織から「御祝儀」を受け取っているが、施工費のほとんどは女講中の貯えで賄っている。昭和二三年頃の工事を除けば女講中が資金集めに奔走した形跡はなく、観音講や念仏講などと異なっていた。

【エ】他の集落組織への寄付

山神塔の改修工事の際、契約講や青年団から寄付を受け取っているのに対し、女講中も他集団が工事や行事を実施する際には寄付を贈っている。表6は寄付の授受関係を抽出したものである。目立つのは実業団（契約講）と愛郷団（青年団）である。女講中は契約講から寄付を受け取るだけではなく、実業団に対してもたびたび寄付を贈っている。例えば、「昭和二六年旧五月二九日／大原浜実業団　散宿所寄付」は、実業団が散宿所を新築した際に女講中が寄附を贈った旨の記録である(21)。

愛郷団は、戦前の青年団とは別組織として昭和二一年頃に発足した。団員は二〇歳前の未婚の男女で、慣例的に団長を男性が、副団長を女性が務めた。第二章で述べたとおり、「振袖キフ」という項目は、青年団女子団員から女講中に依頼された、婚礼衣装の購入に関連するものである。女講中は愛郷団と契約講、そして個人からの寄付を合わせて、二八〇〇円を受け取っている。愛郷団が契約講の四倍もの高額な寄付金を送っていることから、結婚適齢期に差し掛かった女子団員たちの婚礼に対する切実な思いが窺える。寄付が贈られた同年、女講中は振袖と丸帯を合計三七三〇円で購入し、共用の衣装として貸出を始めている。

このほか、昭和三〇年旧四月七日に「大原観音堂　移転費用　寄付金」の支出が見える。この相手は、女講中の上位組織である観音講である。観音講とのやりとりはこの項目のみで、観音講から寄付などを贈られた記録はない。また、昭和六～七年にかけて「主婦会」に金銭を分けている形跡があるが、主婦会がいかなる組織だったかについては明らかではない。ただし、昭和七年旧暦一二月一二日に記載されている長持金収入七円については、同日に改行して「主

【表６】 集落組織間の金銭授受（大原浜「女講中会計」による）

年	内容	収入	支出
昭和６年	同人より主婦会エ渡		５円
昭和７年旧12月12日	主婦会ニ分ケテ渡ス		３円50銭
（昭和22年）	愛郷団より振袖キフ	2,000円	
（昭和22年）	実業団より振袖のキフ	500円	
（昭和23年）	実業団役員一同より　※１	500円	
（昭和23年）	愛郷団より　※１	300円	
（昭和25年）	実業団より御祝儀（倉庫新築）	1,000円	
（昭和25年）	愛郷団御祝儀		500円
昭和26年旧１月20日	御祝儀（演芸会）大原浜愛郷団		300円
昭和26年旧４月29日	愛御団　御祝儀（敬老会）		2,000円
昭和26年旧５月29日	大原浜実業団　散宿所寄附		5,000円
昭和27年旧11月24日	実業団よりご祝儀　※２	3,000円	
昭和28年　２月24日	愛郷団へ御祝儀		300円
昭和28年旧２月27日	実業団より御祝儀（3,000円への返礼）	540円	
昭和30年旧４月７日	大原観音堂　移転費用　寄付金		1,000円
昭和34年旧７月19日	実業団民謡御花		200円
昭和35年　７月13日	大原青年団演芸会にご祝儀として		200円
昭和39年　８月24日	青年団へ御祝儀		1,000円

※１　女講中が実施した山神塔改修工事について。
※２　女講中が実施した地蔵像改修工事の落成について。

婦会ニ分ケテ渡ス」とあり、半額に当たる三円五〇銭を支出した旨が記録されている。主婦会が女講中とともに長持渡しについて何らかのかかわりを持っていた可能性が窺えるが、いずれにせよ、女講中が他の女性集団との間に、寄付を贈ったり貰ったりしていた形跡は乏しい。しかし、姑世代が個人として女講中へ寄付金を贈っている記録は少なくない。つまり、組織としてのつきあいはほとんどなかったが、同じ集落に暮らす女性同士の関係として個人的なレベルの交渉が行われていたといえる。この点については、次の【オ】でも追って検討したい。

寄付金のやりとりを通して明らかなのは、女講中が契約講や青年団と同様に独立した集落組織として認識されており、それが他の女性集団との関係性とは異なっていたことである。表6において、昭和二二年頃の丸帯購入についての記録にわざわざ「Aさんの世話でbより購入」と書き添えられているのは、こうした個々人のつきあいこそが、女講中が講員以外の女性たちとも協力していくために欠かせないものであったためである。

【オ】産婆との関係―大原浜女講中独自の支出用途―

産育信仰を主軸とし、三八歳までの既婚女性によって構成される女講中にとって、出産や育児は大きな関心ごとだった。初産は実家に帰って行うか、集落外から嫁ぐ女性の多かった大原浜では、初産から婚家で出産する人も少なくなかった。大原浜には産婆がいたため、帰省するより安心感もあったと見える。「オサンバサン」として慕われた女性(明治二九年〜昭和五三年、大原浜)は、昭和三〇年頃まで大原浜・給分浜・小渕・谷川浜を中心に活躍した。オサンバサンの長女も助産師の免許を取得し、母娘二代にわたって大原浜で開業していた。

このオサンバサンは、相談を受けてから出産まで小まめに妊婦の様子を見に訪れたという。妊娠を大っぴらにしない習慣のため、大原浜の女性は妊娠すると姑にだけ打ち明けた。おなかが目立つようになるまで夫にも報告しなかったため、産婆は大切な相談相手だったといえる。腹帯を用意するのも産婆の役割で、謝礼はまとめて出産後に渡した。

このように、産婆との関係は妊産婦のときにのみ生じるものであるが、女講中の会計簿には産婆に関する記述が多数見られる。

表7は産婆に関する項目を抽出した一覧である。産婆への支出は会計簿中ほぼ毎年行われており、昭和二二年までは「礼金の不足」「不足金」と記入されている。産婆への支払いは出産後に世話になった個々の家で出しており、女講中がその肩代わりをするという事実はなかった。しかし、支出額が端数であることからも、産婆に対する何らかの出費を女講中が補完していたことが窺える。これが昭和二四年頃から支出が「礼金」となり、二六年からほぼ定額化する。更に二八年から呼び方が「御年始」に変わる。〈不足金〉期、〈礼金〉期、〈御年始〉期と三つの時期に分けると、〈不足金〉期までは年末、〈礼金〉期以降は一月に支出が行われているのである（新暦への切り替えが行われた昭和三五年からは、しばらくのあいだ月遅れで支払われている）。産婆の世代交代も重なって、出産の礼金を補填する機能が女講中からの礼金に変わり、産婆への節季払いが祝儀の進呈へ性質が変化したと考えられる。

こうした支出があったためか、「産婆に診てもらうため女講中に入る」、「よそで産むので女講中に入る必要はなかった」と述べる人もおり、女講中に入ることと出産そのものが関連する認識があったことが窺える。実際には、女講中に入らなかった人も産婆の介助を得て出産しているので、女講中に入ることが必ずしも出産にとって必要条件だったわけではない。

このように女講中と産婆が直接かかわりを持っていた集落は、大原浜以外にはない。出産はプライベートな出来事であり、組織として産婆に謝礼を渡す必要性がなかったためである。大原浜で女講中と産婆の特別な関係が築かれたのは、オサンバサンが大原浜で生まれ育ち、婿をとって家を継ぎ、亡くなるまで大原浜住民として暮らしたことと関連していたと思われる。オサンバサン自身も、結婚してから三八歳で抜けるまで女講中に入っていた。つまり、大原

【表７】　産婆への支出（大原浜「女講中会計簿」より）

年月日	内容	収入	支出
昭和６年	春ノ産バノ礼金の残	70銭	
昭和９年旧３月10日	産婆サンへ御見舞		１円
昭和11年旧１月13日	産婆の御祝儀		１円55銭
（昭和12年）	産婆謝礼ノ不足□支出		70銭
昭和13年旧12月	産婆ノ謝礼ノ残金	１円	
（昭和18年）	さんばの礼金不足		１円80銭
昭和20年　春分	産婆さんの礼金・不足		５円33銭
昭和20年旧12月	産婆さんの礼金ノ不足		１円40銭
昭和21年	産婆さんの礼金ノ不足		４円
昭和22年旧１月12日	産婆の不足金		20円
（昭和24年）	産婆さん　御礼金		200円
昭和25年	産婆に礼金		500円
昭和26年旧１月24日	産婆礼金		300円
昭和27年旧１月18日	産婆さんのお礼金		300円
昭和28年　２月28日	産婆さんへ御礼金		300円
（昭和29年）２月27日	産婆さんへ御年始		300円
昭和33年　２月11日	産婆さんへ御年始		300円
（昭和34年）旧１月12日	産婆さんへ御年始		300円
（昭和35年）２月７日	産婆さんへの御年始		300円
昭和36年	産婆さんへ御年始		500円
（昭和37年）２月12日	産婆さんへ御年始		500円
昭和38年　２月５日	産婆さんへ御年始		500円
昭和39年　２月24日	産婆さんへ礼金		500円
昭和40年　１月12日	産婆さんへ御年始		500円

浜の女講中講員にとって、オサンバサンとの関係は単なる産婆と妊産婦ではなく、近所づきあいや親戚づきあい、女講中の先輩後輩としての密接な関係があったわけである。オサンバサンの跡を継いだ長女も、夫の仕事の都合で大原浜を去るまで、母と同様に暮らしてきた。日頃のつきあいとお産の関係の間に女講中を挟むことで、両者の関係を円滑に運んできたといえる。

【カ】御見舞と御悔

表7に「昭和九年三月一〇日／産婆サンへ御見舞」という項目がある。オサンバサンのことと思われるが、この年、彼女は三八歳(満年齢)であることから、まだ女講中講員だった可能性がある。オサンバサンの身に起きたことは明らかではないが、大原浜女講中では、講員が病気や怪我で入院をした場合に見舞金を贈るしくみがあった。

会計簿には全部で二二件の「御見舞」が記録されており、そのうち昭和二六〜三八年の一七件は全ての金額が二〇〇円となっている。物価の変動によらず、二〇〇円という金額が女講中からの見舞金の相場として固定されていたことが窺える。また、講員自身に不幸があった場合、講員の家族に「御悔」が贈られた。こうした見舞金と悔金のしくみは、経済的に講員を助けるだけではなく、女講中を通して講員の非常事態を他の講員たちが共有したり、亡くなった講員を仲間として悼んだりする意味があったと思われる。このしくみも大原浜以外では確認されていないことから、大原浜女講中が独自に実施していたと考えられる。

第四項　女講中の経済力と実行力

会計簿の分析から、大原浜女講中が経済的に自立し、主体的に様々な事業を実施していた実態が明らかになった。信仰的講集団としての側面だけではなく、婚礼への関与、他の集落組織との対等な関係、産育への向き合い方など、若い嫁たちの工夫と戦略が窺えた。例えば、大原浜女講中の特徴である産婆とのかかわりは、お産をめぐる人と人の関係に組織が介入したものである。大原浜住民であり元女講中講員でもあったオサンバサンとの関係は、お産を通してのかかわりだけではなく、日常的な近所づきあいがあった。オサンバサンの家は農地を持っていたため、田植えと稲刈りの時期には多くの女性たちがテツダイに出かけていた。彼女との間に築く個人的な信頼関係は、ケアの場面であるお産において重要な意味を持つこともあるが、個人によって関係の距離感が異なることで、当事者間や妊産婦同士の間に緊張をもたらさないとも限らない。実際には女講中への加入が助産の条件でないにもかかわらず、嫁たちの間に「産婆に看てもらうため女講中に入る」という共通認識があったのは、公平に産婆とのつながりを持つための暗黙の協定だったと考えられる。このように女講中には、女性同士のつきあいやつながりに、ルールや秩序を与える働きがあった。そして、それはそれぞれの集落の実情に即して形作られていた。女講中が女性同士の関係を統制することで、個々人の衝突や葛藤を一部回避あるいは解消していたと考えられる。

他方で、収入手段である長持渡しや共有物の貸出は、牡鹿半島の女講中で共通して行われていた。既述のとおり、周辺島嶼でも、田代島・江ノ島でそれぞれ女講中や地蔵講と呼ばれる女性の講集団が嫁入道具を運び、礼金を取る事例が報告されている〔瀬川　一九七二a　三八二〕〔岡田　一九六九　一二一〇〕。このことから、女性による長持渡しは牡鹿郡浜方地域に分布していたと見られる。なお、長持渡し自体は他の三陸沿岸部でも行われているが、親族間のやりとりであって、牡鹿半島のように女性の講集団がかかわることはない〔東北学院大学政岡ゼミナールほか　二〇〇八　九八～一〇〇〕。膳椀や婚礼道具についても、女講中によるのは牡鹿郡浜方のみで、契約講が共有膳などとして管理されていたことが多い(22)。

表8では、旧牡鹿郡浜方（大原浜）と三陸沿岸部（南三陸町）、旧牡鹿郡陸方（石巻市立町）を、婚礼に関する行為・感覚

【表8】 婚礼に関する行為・感覚の比較(牡鹿半島と周辺地域)

	女性の講	長持渡し	さんさ時雨	婚礼道具・膳
牡鹿地区 大原浜	女講中	あり 女講中	どちらかというと 女性が唄うもの	女講中が管理 婚礼衣装あり
戸倉地区波伝谷 (南三陸町)	観音講	あり 親族	女性が唄うものと はされていない	契約講が管理 婚礼衣装なし
立町 (石巻市)		新郎友人による 余興として定着	女性が唄うものと はされていない	

について比較した。女講中が介入している諸要素は、南三陸町や旧石巻市では男性や契約講、家の役割となっている。牡鹿半島は、男性と女性、あるいは同族結合と講組結合の二元的に社会を捉えたとき、周辺地域とも異なっていることが分かる。

注意しなければならないのは、女講中をこの地域における特殊な事例と見なし、女性の地縁や講研究、コミュニケーション、社会との相互関連などの検討から離してしまうことである。例えば、嫁入道具を女性が運搬する事例は、牡鹿地区だけでなく全国の沿岸部に散見される(23)。松岡利夫は、牡鹿半島や淡路島由良における婚礼時の女性人足について「男衆が船乗り稼業として留守がちなところから、かわって女房衆が部落の婚礼に協力奉仕する」として、海村の女性たちが男性の代替を担った可能性を示唆した〔松岡　一九六九　二二七〕。

農山村でも女性集団が婚礼にかかわりを持つ地域はある。熊本県の地方では、若い男性たちが地蔵を盗み出し婚礼の場に置く慣習を、既婚女性たちが引き継ぎ婚礼の余興芸としておこなっている。集落の地蔵が婚礼の場に現れるという一点を除いて、趣旨や実施方法は全く異なるものであり、婚礼に対する考え方や人的ネットワークの在り方の男女間の違いが明らかである〔戸邉　二〇一三〕。民俗学における婚礼研究に根差したジェンダー観を見直し、看過されてきた女性の婚礼へのかかわりを検討することで、共同体や社会関係に対する女性側の視座を明らかにすることが可能である。

女講中による婚礼へのかかわりは、三陸沿岸部や牡鹿郡陸方では見られず、牡鹿郡浜方に集中していることから、漁村的特質だけが要因ではないと思われる。明治末期に契約講が実業団として一新したように、女講中にも婦人運動や農村更生運動の影響がなかったとはいえない。「女講中会計簿」において、戦前の「主婦会」が女講中とともに長持渡しをおこなったと受け取れる記録が見られたように、女講中が官制組織と全く関連がなかったわけではないからである。膳椀の所有についても、確認できた膳椀の購入年代や保管環境から、それが始められたのは早くても明治期と考えられる。ただし、これらを検討する資料は十分ではない。

女講中の経済的基盤であった長持渡しと膳椀・婚礼道具の貸出は、昭和四〇年代以降低迷していく。その大きな要因は、婚礼の外部化である。例えば大原浜では、自宅での婚礼が主流である一方で、早くから集落内の旅館を利用した婚礼が行われていた。この時点では、旅館で行う婚礼でも自宅と同様に、長持渡しも道具の貸出も行われていたが、昭和三〇年代後半より集落外の旅館やホテルで行う婚礼が増えていった。嫁入行列が姿を消し、料理等を集落内で用意する必要がなくなると、婚礼における女講中の役割も急速に衰退した。第一章のグラフ1・グラフ2を見ると、昭和三三年以降は長持金収入がほとんどなくなっており、唯一確認できる昭和三八年の長持金も一件のみである。代わりに、御祝儀の平均額は上昇しており、年間総額としても昭和二〇年代に比べ低いわけではない。このことは、花嫁を送り出す長持渡し、すなわち集落外の嫁ぎ先との応酬がほとんど行われなくなり、花嫁を迎える長持渡し、嫁入道具を集落内の婚家に送り届ける行為だけが続いていたことを示している。大原浜女講中の収入は昭和五〇年頃までにほとんどなくなり、講員の持ち出しで活動を続けながら、昭和五五年頃に講を解散した。こうした経済活動の停滞や社会的役割の喪失も、女講中衰退の要因といえよう。

おわりに

大原浜女講中の経済的自立及び主体的な活動の展開は、女性の講集団に対する娯楽的・従属的・補助的という評価が必ずしも妥当ではないことを示すものである。長持渡しや道具の所有・貸出は、大原浜以外の牡鹿地区集落の女講中にも共通する活動であり、そこで得た収入は信仰活動のほか、契約講や青年団への寄付という形で、間接的に集落行事にも貢献した。ただし、いかに活動が活発化したとしても、女講中の役割は契約講のように政治的な権威や実務能力に裏付けられたものではない。女講中の講員たちが暮らしの上で第一義とするのは、家を守り、子を産み育てる嫁としての役割であり、集団行動はその延長にあるものである。女講中の社会的役割は、必ずしも契約講との相対性から表出するものだけではなく、女講中そのものとして社会に位置付けることが必要である。

竹内利美は、性の秩序（男女集団の対応関係）、年齢の秩序（子供契約から年寄契約までの年齢に区切られた組織）に注目し、牡鹿半島における年序集団体系を示した。そのうち、竹内が着目した事例の一つ、男孫を連れてくる年寄契約は、契約講すなわち男性側においては家の後継者、直系の家意識を示すものである。一方で、産育を性別役割として担ってきた女性側の視点では、講に子供を連れてくるのは、幼子で目を離すことができないからである。戦後は小学校のイベントにも女講中で参加しているし、子供会の主催も女講中だった[24]。このように子供とのかかわり方をめぐっても、男女集団の非対称な実態は明らかである。男性集団を基準として女性集団の社会的役割を捉えようとしても、部分しか見ることはできない。女性側から見た社会や集団の論理と合わせて初めて、集落社会の有機的な社会関係の全体像を捉えることができる。

契約講とは異なる秩序が女講中にあるとすれば、それはどのようなものか。序章の末尾で述べた通り、牡鹿半島では庇護を期待できる同族関係を、「私的」な関係としている。個人ではなく家同士の関係を指しているため、ここでの「私的」とは個人に帰属するワタクシとは異なる。一遍通りの規定があるのではなく、相手との相互関係において物事が決められていく、という点においてプライベートな関係に近い。対して、「公的」とされる契約講は、規約の元に規定され、個人や家の意見・都合が挟まれることのない、公平な互助組織と位置付けられている。「私的」なつながりと「公的」なつながりは連関することも介入することもなく、二つの異なる社会関係として併存する。女性もまた、家と集落の構成員であるため、これらの社会関係と無関係ではない。しかし、女性が男性を主軸とした論理の中で主体的に行動することは難しい。女性たちの社会秩序と女講中の行動原理は、「私的」「公的」の二元的な集落社会構造とは別にあったといえる。

女講中は、一部契約講を模倣しているが、「私的」な領域である婚礼への関与は、契約講と立場を異にするものである。男性には取り上げられにくい婚礼や産育の経済的な問題は、自分たちで解決していく必要があった。女講中を中心とする女性たちの結びつきは、契約講と対称を成すものではなく、女性の生き方・役割の文脈において、女性主体で展開されてきたといえる。

年齢秩序についても、竹内利美は女講中と契約講の脱退年齢に注目し、男女の対称性を示唆したが、女講中をはじめとする講集団を規定するものとして、年齢は弱いといえる。女講中の脱退年齢は、三八歳もしくは四二歳としている集落が多く、その年齢自体には契約講との関連性が窺える。しかし、加入者数の増加を理由に脱退年齢を三三歳としていた小渕から分かるように、脱退年齢は引き下げてもよいものだった。若い嫁たちの講という状況を守るには、嫁入と同時に仲間入りという決まりを遅らせるより、脱退年齢で制限する方が合理的である。嫁という家の中での立場と年齢の要素を併せ持つ女講中と女性たちの秩序については、次の章で詳しく考えてみたい。

本章では、男性側からだけではなく女性側からの視点を含むことで村落社会の全体像を明らかにした。逆に、契約講を参照することで、集落における女講中と契約講の異同が鮮明になり、女講中及び女性同士の結び付きの主体性を捉えることができた。女性を対象に研究すれば女性研究になるのではなく、男性との相対的な関係に留意し、双方向的あるいは重層的に研究することが必要であるといえる。

註

（1）末成道男は、年齢ではなく年齢層による社会秩序として「相対的年齢層序制」を提示した〔末成　一九八五〕。世代階層制との違いは、世代グループを年齢による社会秩序として捉えた理念型という点である。このため、男女の対応関係を通して社会の総合的な秩序を捉えようとする世代階層制と異なり、シュルツの年齢階級制理論が反映され、男性の組織形成が分析の対象となっている。

（2）年齢階梯制理論は、ドイツの民族学者シュルツが提唱した男子結社の年齢階級制（Altersklassen）理論を基礎としている〔江守　一九五四〕。シュルツの年齢階級制では、男性のみの社会制度と考えられ女性は除かれていたが、若者組と娘組の対応について調査研究が進められていた日本の民俗学・文化人類学では、男女の区別にかかわる村落類型論として発展的に取り入れられた。

（3）山村調査は郷土生活研究所によって実施された、最初の全国的民俗調査である。柳田國男によって作成された調査項目『郷土生活研究採集手帳』には若者宿や娘宿にかかわる項目があり、その調査は瀬川清子が担当した。瀬川清子はこれ以降全国的に未婚男女の調査を進め、後年『若者と娘の民俗』にまとめた。なお、山村調査のほかでも柳田の問題提起に触発された地方の民俗学徒によって婚姻に関わる報告は集積され、昭和八年の『旅と伝説』では婚姻習俗特集が組まれた。

(4) 寝宿婚は、婚姻形態と村落構造の関連から類型化が進められた。有賀喜左衛門は、親方子方関係において親方の監督の下、親方の家で婚姻を結ぶ「親方取婚」を婚姻形態の類型として提出し、寝宿婚はこの類型に含まれると考えた〔有賀　一九六八〕。他方で、大間知篤三は婿入婚から嫁入婚への過渡期の婚姻形態として、婚舎が一時的に嫁方に置かれる「足入婚」として位置付けた〔大間知　一九七五〕。更に、婚舎が寝宿に置かれる形態を寝宿婚と名づけ、家ではなく村落の人びとに婚姻を承認されることが重要であったとした〔大間知　一九七五〕。有賀と大間知の論争は、どの時点を婚姻成立と見なすかについての理解が両者の間に統一されなかったため総括に至らなかった〔八木　二〇〇一〕が、大間知が提出した足入婚は、婿入婚と嫁入婚の中間形態として一般的に認識されている。

(5) 「明治大正史世相篇」第八章〔柳田　一九六三b〕。

(6) 柳田國男が用いた「若者組」「娘組」などの表現は、民俗語彙ではなく学術用語であることが指摘されている〔福田　二〇〇四　二二〇〕。

(7) 寝宿の喪失に対する現場の反発として、瀬川清子によって紹介された次のエピソードが有名である。「長崎県五島の久賀島で、他国の漁師がはいり込むようになった時に、学校長が村の若者たちの要請を入れて、娘宿を閉鎖させた。そのわかれの会に娘たちが、「先生わるっかいな、宿をよせば、祝言(婚姻)さえんじゃないか、よい家の娘は家にいても結婚できるが、私らは相手みつけられん」といったそうである。そして一年したらまた復活した、ということである」〔瀬川　一九七二a　二九七〜二九八〕。興味深いのは、閉鎖を「要請」したのが「村の若者たち」であり、「他国の漁師」から娘たちを独占したい「若者たち」と、結婚の機会が遠のくことに焦る「娘たち」の明確な意識の差が浮き彫りになっている点である。

（8）本書四九頁、村落構造の二類型。

（9）「牡鹿半島表浜漁村の事例」には「本稿の資料はすべて江馬の蒐集整理によるところであり、竹内がそれにもとづいて編述した」と附記がある〔竹内ほか　一九五九　一一一〕。「資料」が論文の付録である契約講規約三篇を指すのか、江馬が調査自体を担ったのかについては明らかではない。同様の附記は「伊豆半島漁村」の事例や、「若者契約の展開過程」にもある（「伊豆」は江馬ではなく勝又猛）。

（10）竹内以降、牡鹿半島に年序集団体系村落としてのイメージが定着したこともあり、『牡鹿町誌』上巻の集落誌にはほぼ全ての集落の階梯図が掲載されている〔牡鹿町誌編纂委員会　一九八八〕。ただし昭和五〇年代には、ほとんどの年齢集団が衰退した集落が少なくなかったため、図の意味を為していないものもある。自治体誌の作成に当たって、最新の研究動向とのすり合わせが必要であることを示している。

（11）女講中に関する言及の違和感については、註（9）のように、調査者と執筆者が別であることに起因する可能性がある。

（12）消防団・青年団・婦人会ほか官制組織の展開については、『牡鹿町誌』中巻に詳しい〔牡鹿町誌編纂委員会　二〇〇五〕。婦人会については第二章でも述べたが、各集落の婦人会は戦後に牡鹿町婦人連絡協議会（以下、町婦連）の末端組織として機能し、行政区を経由して町から補助金を得ていた。牡鹿町の石巻市編入（平成一七年）を受けて町婦連は解散し、各集落の婦人会も石巻市婦人連絡協議会に参加せず活動を停止した。しかし、集落によっては男女双方から婦人会の存続を要望され、集落内の組織として活動を続けた婦人会もある。

（13）各集落の金石文からは、「契約」「契約講」「実業団」「神風講」のほか、「鍬柄講」「若者中」の名称が確認できる。現在の住民は基本的に「実業団」と呼んでいるが、「元は契約講という名前だった」と認識している。

(14) 牡鹿地区の契約講は、「長男が入る」のように語られることが多く、集落によっては規約に「長男」と記したところもある。長男がカトクとして育てられ、同義に扱われるためであり、家の継承と村落組織の相関関係については長男単独加入制村落として捉えられてきた〔福田　一九九〇〕。先行研究は契約講の加入資格を「長男」としているものが多いが、牡鹿半島では姉家督相続が行われていたことから、実態としては異なるといえる。また、長男が学業や就職によって牡鹿半島を離れ、戻る予定がない場合、次男以下をカトクとして育てることに比較的柔軟であった。長男に固執しないことで、結果的に早くカトクを確定することができたといえる。姉家督の再検討を図った永野由紀子は、末子相続と長子相続の違いは、誰が相続するかではなく、いつの時点で決まるかにあると指摘している〔永野　二〇〇八〕。この捉え方は、牡鹿半島のカトク決定にも当てはまるといえる。すなわち、年齢によって契約講の加入・脱退が決まる牡鹿半島では、長男にこだわるより、早くカトクを確定させることで、その家の契約講員不在期間短縮に結び付けていたと考えることもできる。

(15) 小渕では、新たに移住してきた外来者が加入するために、幹事を通して契約講の役員である評議員に伺いを立て、役員会議で認められる必要があり、「移住(年数)が足りない」と見送られることもあったとされる(平成一九年一〇月、大里正樹氏調査による)。他方で、給分浜では「二三男も独立して世帯を持ったばあいは講員の了解をえて加入金をだせば加入でき」た〔平山　一九六九〕。いずれにせよ、契約講加入をめぐる排他性は永続的なものではなく、分家・別家も次の世代では旧戸と変わらず加入していることが多い。女講中も同様である。

(16) 暦の改正後も、昭和三四年まで牡鹿地区では日常的に旧暦を使用していた。

(17) 大原浜湾の大謀網は、給分浜・小渕の大曽楽を加え、全部で四つだった。

(18) 大原浜女講中の世話人選定に当たっては、「学歴が高い人」が考慮されたとしばしば聞かれる。ここでいう学歴とは、高等科卒よりは女学校卒、新制中学卒よりは新制高校卒という相対的なものである。高い教養のほか、計算能力や文字の美しさが求められたといえるが、「学歴の高い人」は実家・婚家ともに裕福である可能性が高く、集落内における家格も比例したと思われる。他方で、小学校高等科が最終学歴の者も世話人になっており、人柄や地元育ちであることが重視されることも少なくなかった。

(19)　聞取り調査では、ヤドではないトメがトメ内で集金し、ヤドのトメへ約二〇〇円をお礼として渡したという話が聞かれた(昭和一六年生、女性)。世話人を介していないため、会計簿には記載されなかったと見られる。他方で、同世代の元講員から集金は一切なかったという話も聞かれており、詳細は不明である。

(20)　小牛田山神社への参拝は、総参講とも代参講ともいえる。女講中は山神講と地蔵講を行う集団だが、元講員の間には「若い人が山神講を組む」という認識があり、この通念上の山神講員だけで参拝するなら総参講である。しかし既述のとおり、ヤドや生活センターで行う山神講には全ての講員が参加する。一部の講員たちが大原浜女講中として参拝を行うのであれば、代参講といえる。

(21)　散宿所は、大原浜北端にあり、契約講の講員はそこに集まって昼寝をしたり、酒を飲んだりした。二月の御神木祭で使用する山車が保管されていた。昭和四〇年代に入ると、契約講の解散や火災によって、散宿所としては使われなくなった。跡地には御神木祭の山車を収納する倉庫が建てられたが、平成二三年の東日本大震災で損壊し、撤去された。山車の保管場所は、現在は集会所前の倉庫に移された。

(22)　農具を共有する鍬柄契約など、契約講は物を共有する互助組織としても展開してきた。三陸沿岸の南三陸町戸倉では「契約講の総会をはじめとする各種行事の飲食に使用」するための共有膳があり、契約講員であれば婚礼のために無料で借りることもできる〔東北学院大学政岡ゼミナールほか　二〇〇八　八五〕。内陸農村部である登米市南方町では

「結婚式に用いる赤だる（酒だる）二つ、銚子（鉄瓶）二つ、三三九度の大小の盃（木杯）三つは共同用具で、契約講（大正企業会六親講）の所有物で講中長の家に保管」し、「享保四年二年十八日」の墨書がある長持に収められている〔文化庁　一九七二　四二〕。

(23)　女性が集団で婚礼に関与するものとして、花嫁の友達十数名が行列に同行する（熊本県有明湾沿岸）、一六～一七歳の少女が長持を担いで花嫁に同行する（福島県相馬郡）などの事例がある〔瀬川a　一九七二　三一三～三一四〕。報告者の瀬川清子は、未婚女性によるこれらの事例を「つれ嫁」ではなく「嫁入り行事への介入」として紹介している。また、旧牡鹿町・女川町の長持渡しについて言及した松岡利夫は、淡路島においても同様に既婚女性たちによる嫁入道具の運搬があったと指摘している〔松岡　一九七三　二七四～二七五〕。これらの事例は、男性の代替あるいは男性の行為と同じ文脈で考えられ、行為者と花嫁が共有する女性同士の結び付きに議論が向かうことはなかった。

(24)　女講中が解散した集落では、子供の母親たちによって子供会が継続された。

第四章　女性の一生と講集団

はじめに

牡鹿半島の既婚女性は、家における立場に応じて、アネ・ガガ・ババの三つに分けることができる。若い既婚女性のうち、家を継承するカトクに嫁いで次のガガになることが想定される人は、アネと呼ばれた。ガガは家政を司り、アネに対し多くの影響力を持つ。そしてババは労働の多くから退きつつ、最終的な決定を行う。実際にはババと呼び捨てられるより、敬称を伴ってバンツァマと呼ばれることが多いので、本章でもバンツァマと記述する。牡鹿半島の家は一般に死に譲りで相続するため、よほど高齢にならない限り、バンツァマはその家の女性の中で最も上位の存在となる。

アネ・ガガ・バンツァマの地位は、それぞれ女講中・観音講・念仏講と対応しており、女性の一生と講集団は相関関係にあったといえる。したがって、女講中の講員であることは、その集落の成員というだけではなく、家及び社会における自らの立ち位置を示すことでもあった。講集団が衰退した後も親族名称は用いられており、家・集落社会双方において、現在も既婚女性のライフステージは三段階として認識されているといえる。

講集団と親族名称が相関していたことは、結婚し子供をもうけて家の跡取りを育てるのが、女性が全うすべき生き方として集落社会においても規定されていたことを意味する。そこで、アネ・ガガ・バンツァマに分けて暮らしの諸相をえがき出すことにより、牡鹿半島における女性の一生と講集団の関係と全体像を明らかにしたい。

ただし、次の点に注意したい。個人の立ち位置は、アネ・ガガ・バンツァマのいずれか一つに常に落ち着くわけではない。例えば、カトクと結婚すればアネになるが、姑のいない家だった場合、初めから全ての家政をとりしきり、ガガやバンツァマの役割までこなす必要がある。また、過渡期にはそれぞれがアネ・ガガ、ガガ・バンツァマの両義的役割を担う場合もあり、呼称と実際の暮らしが常に対応しているとは限らない。

したがって、アネ・ガガ・バンツァマを所与のものとせず、多様な既婚女性の在り方に留意する必要がある。この点を踏まえ、本章では、未婚のムスメ時代を含め、牡鹿半島における女性の人生の見通しと実情を紐解いていく。

第一節　ムスメたちの集まり

第一項　嫁ぐための備え―「手伝い娘たち」と習い事―

牡鹿半島では、男性は一五歳から契約講に、女性は結婚後女講中に参加し、これより前の講集団はない。竹内利美は、小網倉浜の「子供契約」を子供仲間として取り上げているが、男子のみであり(1)、女子については明確な集団を作ることはなかったと述べている〔竹内　一九九一　四〇～四一〕。他方で、「手伝い娘たち」について次のように説明している。

姑連の「観音講」に随伴するもので、未婚の娘連が、半ば自主的半ば強制的に、その手伝いに参会するのである。

このいわば奉仕団は、年頃の娘達でしめられる。そして彼女達の結婚話が具体化するのはこの姑達の寄合の話題にのぼってからというのが、一種の不文律になっている。「観音講」の寄合の席上には、いつも嫁にやる話が出る。そして、そのきっかけは「どこどこの家の娘が今年は寄合の手伝にみえたから、そろそろ嫁に出すべえ」といったことにあった。だから、一方年頃の娘が手伝いに出てこない時には、「どこそこの娘ッコはいい年をして手伝いにもみえねえ」と非難されることにもなるのである。

〔竹内ほか　一九五九　九七〕

昭和二〇～三〇年代では、女性は二二～二三歳、男性は二七～二八歳くらいで結婚するべきであると考えられていた。ある女性（昭和二八年生）は、父が早逝したために母が都市部で働くことになり、祖母と二人で暮らしていた。その祖母に幼い頃から家事を教えられて育ったため、早くから結婚の申し出が舞い込み、その中から同じ集落の漁師を選んで高校卒業と同時に嫁いだ。牡鹿半島では未婚男女の恋愛をスキズキといい、あまり好まず、結婚は家同士が決めるものだった。そして、結婚適齢期の男女の情報を交換し、結婚話の土台を作ることをナイショギキといい、ガガやバンツァマたちがその役割を負った。したがって、「早くから結婚の申し出が舞い込み」というのは異性の人気が高かったことを率直に示すというより、祖母を通じて彼女の情報が広まり、魅力的な嫁として様々な家（特にガガやバンツァマ）から求められたということを意味している。この女性の結婚年齢は同世代の女性の中でも早く、また結婚に至る経緯も同世代より上の世代に近いものであるが、一〇代後半の女性たちが嫁候補として位置付けられ、既婚女性たちからチェックされていたことを示す事例といえよう。

結婚を意識する未婚女性にとって、何より身に着けておかなければならない技術が裁縫だった。結婚すれば、自分が家族の衣類を調達・管理しなくてはならないためである。嫁のうちは特に、古い着物をほどいては仕立て直し、雑巾やおしめになるまで布地を使い尽くした。また、娘が年頃になれば、黒留袖や訪問着・喪服など晴れ着をいくつも作り、嫁入道具として持たせる準備をした。このように和裁は女性の生活上、必要不可欠な技術であり、牡鹿地区では結婚する前に和裁を習いに行くのが当たり前だった。ムスメの習い事といえば和裁のことであり、鮎川町では婦人会が「裁縫学園」を設立し、大原浜では個人が和裁教室を開いていた。

谷川浜の女性（昭和一七年生）は、地元には和裁を習えるところがなく、また親戚である縁で、大原浜の和裁教室に数週間下宿した。ほかの生徒は通いで、下宿生は自分だけだったが、「先生」の身の回りの世話をしているうちに他の家事も身についていったという。習いに来る娘たちは大原浜のほか周辺集落からも来ていたため、地元以外に知り合いができる機会にもなった。

なお、和裁はいざというときには身を立てるための手段となった。行商の習慣が希薄な牡鹿半島では、女性が単身で稼ぐことのできる職業は、産婆（助産師）か和裁の先生だった。ある女性は、自宅に近隣の未婚女性を集めて和裁を教えていた。「先生」と慕われたこの女性は、足に障害があり、生涯未婚を貫いた。和裁教室は彼女が自立して生活していくための唯一の手立てだったといえる。またある女性（大正九年生）は、同じ集落の男性と結婚したが、体に障害があり、農作業や集落の共同作業では十分に働けなかったため、得意の縫物を多く引き受けることにしていた。仕事にしていたわけではないが、わざわざ頼みにやってくる人も多く、若い女性に教えることもあったという。和裁は女性の一般的な教養であると同時に、この技術を高めることで、職業や代替労働になり、ある種の信頼や尊敬を得ることができたといえる。

高校進学率の上昇や洋装の普及とともに、女性の和裁技術は必須素養から趣味に変わっていった。婚前に同年代の女性同士で集まる場も、手伝いや習い事から学校へ移っている。

第二項　青年団

未婚女性の年齢集団はなかったが、明治後期より青年団活動が全国的な広がりを見せるとともに、牡鹿半島においても、処女会や女子青年団など官製組織が各集落に発足していった。牡鹿半島における最初の青年団は、明治二七年二月に結成された大原浜青年会と見られ、夜学会や公共事業への協力、講演会等の催しが行われた〔牡鹿町誌編纂委員会　二〇〇五　六一〇～六一四〕。このほか、給分浜でも夜学会が結成され、他集落でも小学校に実業補修学校が付設されたことで青年教育の場が整えられていった。ただし、これらの青年団や青年教育は男性を対象としており、青年女子の活動は大正に入ってからだった。契約講の調査をおこなった平山和彦によれば、給分浜では大正元年頃に女子青年団の前身にあたる処女会が組織され、一三歳から二〇歳ごろまでが加入していたという〔平山　一九八八　一七〇〕。給分浜以外でも、泊浜青年団婦女会・大原浜処女会・寄磯浜女子青年団について大正七～一二（一九一八～二三）年にかけて活動記録の初出があり、牡鹿地区では大正初期から女子の青年団活動が行われていたと見られる(2)。特に、大原浜・給分浜・小渕の処女会では修養会を開くなど、学習活動についても熱心だったとされている〔牡鹿町誌編纂委員会　二〇〇五　六一九〕。戦時色が濃くなるにつれ、男女それぞれの青年団は戦時訓練や勤労奉仕活動の中に取り込まれていった。

終戦を迎え、若者たちが集落に戻り始めると、再び自主的な青年団活動が盛んになっていった。以前と同様に、義務教育を終えた頃から結婚するまでの若い青年たちによって構成されたが、戦前と異なる点として、男女が混合となったことが挙げられる。とはいえ、女性が男性を押しのけて自己主張することを好ましく思わない気風は依然としてあり、女子団員は裏方に回っていた。そうした中で、昭和二一年に愛郷団として復活した大原浜青年団では、副団長の役職に女性が立候補し、就任している。男女混合とはいえ、演芸会では男女別々に歌や踊りを披露し、夜学会も男女で学ぶ内容は分かれていた。(3) 女性副団長は「何もしないままではいけない」という思いから、女子団員にも表舞台での活動を働きかけた。例えば、地元小学校のほか石巻の映画館や鮎川町からの依頼で愛郷団が弁論会を行うことがあったが、これに女子団員を参加させ、「話せない、無理だ」という団員にはこっそり原稿を作ってあげたという。戦後、食糧不足に苦しむ大原村では、集落の活性化に青年団が重要な役割を果たしているが、(4) 男子の行動力だけではなく、女性の現状を変えていきたいと願う女子の意欲もあった。

一方で、彼女たちは裁縫を習いに出かける年頃の女性でもあり、結婚への関心は並々ならないものであった。第二章で述べたとおり、大原浜では未婚女性たちが婚礼衣装を懸念し、愛郷団から女講中に対し、衣装の購入費用として二〇〇〇円を寄附している。婚礼衣装購入の一件については、個人や実業団(契約講)からも寄附金が贈られているが、購入の合計金額三七三〇円であるため、半分以上の金額を愛郷団が負担していることになる。この時期、大原浜以外の集落でも女講中による婚礼衣装の購入が行われており、それらにも青年団が関与した可能性はある。

青年団は昭和二〇年代に盛んに活動し、義務教育終了後すぐに男子が漁業に従事する漁村では、昭和四〇年頃まで夜学会が行われた。青年団活動は未婚女子たちにも集落のために働くことの意義を共有させた一方で、彼女たちは常に、間もなく嫁に行く身であることを意識していたと見られる。

第二節　アネと女講中

第一項　アネの仕事—嫁の求められ方と婚姻圏—

牡鹿半島は基本的に長男単独相続であり、嫁入し二〜三世代同居を行うのが一般的な婚姻の認識である。したがっ

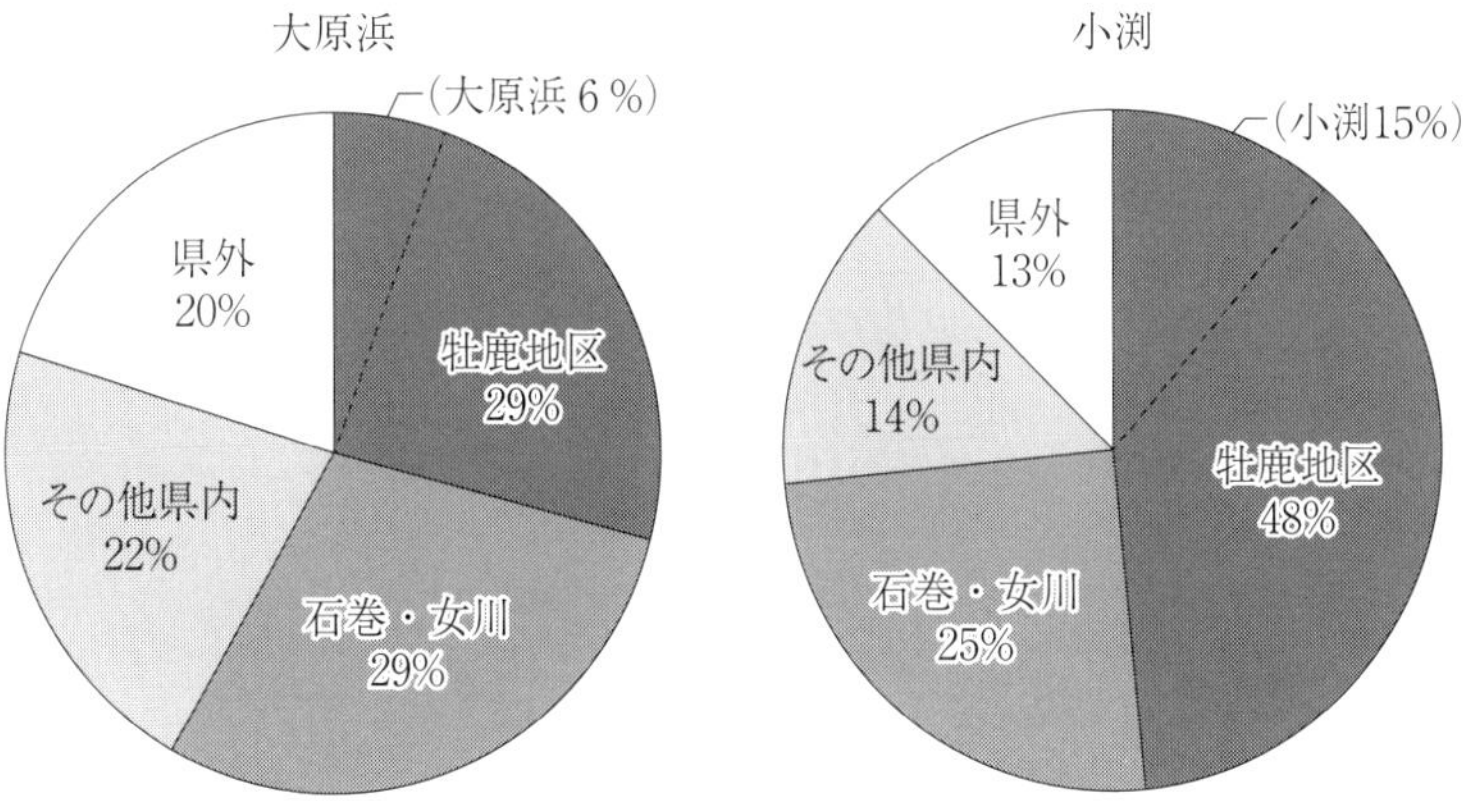

【グラフ３】　昭和20年代における婚姻圏の比較(大原浜と小渕)
『牡鹿町誌』(上)を参考に作成〔牡鹿町誌編纂委員会　1988〕。

て、次三男や女子は他出するものとされているが、長男が独立を希望したために早くから次男がカトクとして指名されたり、弟がいても長子である姉が婿養子を迎えて家を継いだりした例が少なくない。結婚相手がカトクであるか否かは嫁ぐ側によっても大きな関心事であり、カトクの妻になれば「アネ」「ネーサン」と呼ばれた。娘が婿をとって家を継ぐ場合は、その娘はカトクでもあるが、日常的にはアネと呼ばれた。アネは、婚出した他の娘たちやカトク以外に嫁いだ嫁とは異なり、跡取りの出産と婚家のために働くことを期待された。女講中に入ることができたのは、こうしたアネたちであった。

婚姻圏は、同時期の牡鹿地区内でも違いが見られ、階層制の強い集落ほど広がりを持つ傾向にあった。藩政期に網元を頂点とする階層制社会の大原浜と、同じ表浜の漁村の小渕を比較してみよう。グラフ３は昭和二一～三〇(一九四六～五五)年における大原浜と小渕の婚姻圏である。大原浜は、牡鹿地区(旧鮎川町・旧大原村)、石巻・女川圏、宮城県内が同じくらいの割合であり、大原浜内での婚姻は全体の一割に満たない。大原浜では未婚の男女が異性と親しくするのを好まず、縁組も親同士の合意によって決められた。牡鹿半島の婚姻について調査した松岡利夫によれば、「マケ(マキ)の良し悪しがまず問題とされ、家相応の娘が村うちで求められないとなると、他村からもらう」ことになり〔松岡　一九六九　二一〕、階層制の強い大原浜では早くから村外婚に移行していた。昭和二〇年代の婚姻では、相手の顔を知らないまま結婚し、結婚式当日に初めて会ったという例も少なくない。どの人が夫なのかわからず、白足袋を履いている人(花婿の正装)を見つけてやっと相手の顔を知ったという話もあった。一方で、小渕は牡鹿地区内の婚姻が約半数で、さらにその三分の一が小渕内における婚姻である。昭和二〇～三〇年代後半では「同級生二〇人のうち二人くらいはナレアイ(スキズキで結婚した人のこと)だった」と言われており、少数派ではあるがスキズキによる恋愛結婚が見られた。

牡鹿地区全体の傾向として縁組は親に委ねられてきたが、集落によって認識に違いがあり、一様ではなかったといえる。徒歩圏内で交流も盛んな集落であるにもかかわらず、大原浜では「スキズキ」「ナレアイ」の語が通用しないことからも、集落の性質の違いが窺える。小渕では、娘が嫁いでいくと、友人や親戚などが中心となってワネッケブルメという女性だけのを開いた。大原浜と小渕を比較すると、大原浜は家の階層を重視し、小渕は個人同士の結合を重視する傾向があったといえる。

さて、嫁ぐ側が嫁ぎ先の条件を気にしたように、貰う側も嫁選びには慎重であった。家柄や親戚づきあい、人柄とともに、労働能力は特に重要な点だった。縁談のきっかけとして、A家から嫁を貰ったB家が、代わりに娘をA家に嫁がせる、いわば嫁の交換も珍しいことではなく、嫁は労働力として大きな期待を受けていた。在町の大原浜に比べ、漁村の小渕の婚姻圏が狭かったのも、漁家の娘を嫁にして即戦力を得ようとする意識が働いていたことも関係している。

労働力の期待とはいえ、女性が行商や海女・機織りなどの換金可能な労働を担うわけではなかった。牡鹿半島における男女の役割分業は明確で、農業を主に営む家以外では、陸仕事《おかしごと》は全て女性の役割とされた。陸仕事は、文字のとおり陸地における仕事全般で、船仕事と対比される。すなわち、男性が水揚げした魚介類の選別・加工・出荷や、田畑の管理は全て女性に任されていたのである。女性の陸仕事については、田代島で昭和二三年に聞取り調査をおこなった瀬川清子が、次のように記している[5]。

> 三五町歩を女手一つで耕す。傾斜地なので朝起きるとこやしかつぎで、それも肩と背だけでする。夫は家にいる時には飯炊き、子守をして畑に手を出さぬ。
>
> 〔瀬川　一九七二a　三八三〕

半島部では、男性の炊事や育児はほとんど聞かれなかったが、田畑を女性の領分とし、男性が一切手出ししなかった点については同じである。特に、平野部の集落では広い田畑を所有する家が多く、牡鹿郡浜方一の浜百姓《はまびゃくしょう》の村といわれる谷川浜では、一戸当たりの経営面積が平均四ヘクタールを超えていた（昭和二〇年代）[6]。田畑の広さにかかわらず男性が漁業など他の仕事に従事していれば、陸仕事は女性の担当となり、基本的にはアネに任された。田植えや稲刈りの時期には人手を借りることになり、その交渉・差配もアネが仕切った。親戚やシンルイの嫁同士で助けあうこともあれば、報酬で人の手を借りることもあった。

大原浜のある家では、水田が五反、畑二反を所有し、それらをアネ（昭和三年生）が管理していた。この女性は、春秋の繁忙期にはテマドリ（手間取り）・テッタイ（手伝い）を頼み[7]、二～三日間、午前一〇時から午後四時まで働いてもらったという。基本的にはモッベン（弁当持参）だが、最終日にはオフルメと称して赤飯や紅白餅を馳走した。ただし、二～三日終日働いても、報酬は米一升程度なので、「大原のテマドリ泣かせ」と呼ばれたという[8]。

一方で、田畑が狭い集落では漁業への依存度が高いため、アネは田畑仕事のほかに漁業の陸仕事に多くの時間を割くこととなった。漁獲物の冷蔵保存が未整備の昭和三〇年代までは、水揚げ後すぐに仕分けて加工する必要があった。例えばそれがシラスであれば、釜茹でにした後出荷となった。小渕では、女性たちは船が戻るのを待ち構え、素早く仕分けた後、天秤棒で自宅まで運んだ。港と家を何度も往復し、茹で上げた後、共同の干し場に運んで天日干しにし、乾燥させた。加工したシラスは石巻の業者が引き取りに来た。(9) 釜茹でのための水汲みや薪拾いも加わり、きわめて重労働であるため、特にアネの仕事とされた。牡鹿半島の女講中が長持渡しをできるのは、こうした重労働により足腰が強いため、という住民もいる。

更に、高度経済成長期には、養殖漁業の本格化や民宿営業の要請によって、多角経営を始める家が増えた。給分浜の漁師に嫁いだ女性(昭和二八年生)は、牡蠣養殖や民宿経営で試行錯誤した経験について次のように述べている。現在は帆立貝とナイロン製の縄を用いるが、嫁いだ頃は藁製の縄網をコールタールで固めた自家製の縄を使って、種牡蠣は牡蠣殻につける方法をとっていた。コールタールを煮詰めたり、牡蠣殻に穴を開けたりする仕事は、アネである彼女の仕事だった。また大姑と姑が始めた民宿業も手伝った。アネは従来の労働の傍ら、新しい試みへの手伝いも求められた。そこには、無償の労働力としてのアネの実態が浮かび上がっている。

また、大原浜の商店に嫁いだ女性(昭和二二年生)は、嫁ぎ先に女中がいたため、嫁いだ当初はのんびり家事に慣れようとしていた。しかし「嫁が来たのだからやってもらえばいい」と思い直した舅姑が女中を次々に暇に出したため、急に家事を一手に引き受けることになってしまった。舅姑が経営していた商店の仕事も、夫が勤め人だったため次の経営者として見込まれ、手伝うようになった。

アネに期待される労働は、当初は奉公人や交換結婚によって互換可能なものである。しかし、すぐに、養殖漁業の取り組みや民宿・商店の運営のような、家経営の根幹にかかわるものに携わることになる。アネは主婦となる訓練の過程で、マルチタスクな能力を身に付けていくことになった。

他方で、牡鹿半島における男女の区別は、仕事上の分業に限らず、そこに暮らす人びとにとって当たり前の思考として定着している。その中には「妻は夫の後をついて歩く」「男性が女性に頭を下げるべきではない」という男性優位的な思考もあり、時には家の序列で女性の側が上位であっても、相手が男性であれば女性が下手に出る必要があった。また、アネは他の嫁に比べて安定した社会的地位にあるとはいえ、経済的に婚家に依存した状況で、姑であるガガに従わなければならなかった。

同じ集落の男性に嫁いだ女性(昭和三年生)は、姑との暮らしに耐えきれず、何度も婚家を飛び出して実家に帰ったという。このため、夫以外から「引出嫁《ひきだし》ご」と陰口をたたかれることになったと語る。また、実家の遠い女性(昭和八年生)は、姑の命令により女講中などに参加できず、嫁ぎ先集落に慣れることができなかったという。アネは低い立場に置かれてはいたが、次の代を担う存在としてなくてはならない存在だった。

第二項　女講中について

以上のように、昭和二〇~三〇年代の嫁の生活は非常に慌ただしく、実家への帰省が許される盆や正月を除いては働きづめであった。だからこそ、彼女たちにとって講のある日は貴重な楽しみであり、姑もアネを快く送り出してやるべきものとされていた。

女講中には、嫁入から三八歳あるいは四二歳まで加入する。山神講と地蔵講を信仰する講集団であり、山神講の縁日である一二日と、地蔵講の縁日である二四日に講が行われた。表9は、各集落の女講中の一覧である。講の開催月は集落によって異なっていたが、表9を見ると、一月一二日、一月二四日、三月一二日、九月あるいは一〇月に設け

組織						解散時期
代表者	代表の決め方	代表管理物	規約	仲間入り	新入りの役割	
トメガシラ（トメごと）	年長者					
世話係	年長者（＋学歴）	判子、会計簿	なし	嫁入後最初の講		昭和55年頃
トガシラ（トメごと）	年長者		なし	嫁入後最初の１月	米・味噌を集める	
トメチョウ（トメごと）	年長者		なし	嫁入後最初の１月	オメツキ	平成15年頃か
						昭和20年代前半か
		規約、掛軸	「講則」（昭和27）→紛失			平成15年頃
役員	年長者５名ほど	掛軸など				平成８年頃
トシガシラ会計		掛軸、記帳		嫁入後最初の１月		平成10年頃か
講頭		会計簿	「会則」→流出（平成23）		１月24日に女獅子・大漁踊り	
						平成10年

【表９】 各集落の女講中

	講日（昭和30年代）		場所（ヤド→集会所に変化）		
	地蔵講	山神講	ヤド	集会所	加入規則 （昭和30年代）
小網倉浜 （清水田浜含）	1/24、5/24、 7/24、10/24	1/12、3/12	輪番（トメ） 上・里・東	昭和53年 老人憩いの家	42歳まで
大原浜	1/12、1/24、3/12、3/24、 4月、6月、8/24、10/12、 10/24、11月、12/12、12/24		輪番（トメ） 北・中・南	昭和51年 生活センター	38歳まで
給分浜	1/24、7/24、 9/24	1/12、3/12、 10/12	輪番（トメ） 中町・立町・ 横町	昭和53年 老人憩いの家	数え37歳の 12/24
小渕	24日	12日	輪番（トメ） 狩又・水沢・ 清水・中里	昭和56年 公民館小渕分館	38歳までの 長男の嫁 ※1
十八成浜	正月、3/12、 7/24（カボチャトメイ）、 10/12		3月は金剛田、 7月は東、12月 は西、正月はト メイで回り番		
鮎川浜 （北・南）			北：東泉院 南：ヤド		
新山浜	1/24、3/24、 9/24	1/12、3/12、 5/12、7/12、 10/12	3つの班で回す	昭和52年 生活センター	40歳まで
泊浜	22日	12日	班ごとに回す	昭和53年 老人憩いの家	42歳まで
谷川浜	1/24、2/24	3/12、9/12、 10/12		昭和8年以降 ※2	42歳まで
大谷川浜	1月24日 毎月24日			昭和37年 公民館大谷川分 館	40歳頃まで
寄磯浜 （前網浜含）			崇徳寺 （地蔵講・観音講・念仏講）		

昭和30年代の活動内容を中心とした聞取り調査による。

十八成浜・鮎川浜については、昭和30年代には既に解散しており、表作成にあたって『牡鹿町誌』（上）の記述を引用した〔牡鹿町誌編纂委員会　1988〕。

※1　加入者が多かったため、脱退年齢を33歳に引き下げて加入者を制限した時期がある。
※2　昭和8（1933）年の三陸大海嘯後に建設された震災記念館を集会所として使用。同建物は昭和30年に牡鹿町公民館谷川分館として移管された。

られたところが多い。一月は地蔵講・山神講の両方を行う集落が多く、通常のお膳に寿司が加えるなど普段とは異なる特別な講として行われた。最も多かった大原浜では年間一二回の講が行われており、女講中のことを地蔵講と呼ぶことも多かった。

女講中は加入順による序列を重視した。新人は講を行う際にその準備を担ったり、後述するように、集落によっては特別な役割を負ったりする場合もある。講の代表は最年長者が務め、会計や物品の管理を担当した。代表者の呼び名は、表9のように集落によって異なる。なお、谷川浜では代表者であるトシガシラのほかに会計の役職があり、会計が書記や調理を担当していた。このように役割を分担して、役職を複数設けている女講中もあった。

各集落には二〜三の「トメ(当前)」という区分があり、集会所ができる前までは、トメごとに順番にヤドを回した。すなわちトメチョウ(当前長)やトガシラ(当頭)とは、トメにおける代表の意味である。

ヤドで講を行う場合は、ヤドで煮炊きから共食までが行われる。昭和四〇年代の泊浜では、代表者である会長の自宅をヤドとしていた(10)。ヤドが汁物を用意することになっており、講員はそれぞれ一〇〇〇円ほどを会費としてヤドに渡した。赤飯や天ぷら、ササギの煮物、寒天などを作り、膳の形に整え、山神塔や地蔵像に供える。ヤドでは床の間にお掛図を掛けて、蝋燭を灯し、赤飯と汁物を供える。それぞれが拝んだ後、共食する。これらは午後から行われ、夕食後もヤドでゆっくりと過ごすことが許されていた(昭和四三年結婚、女性)。同じく昭和四〇年代の大原浜では、泊浜と違い世話人とヤドは関係がなく、北・中・南のトメが順番にヤドを回していた。ヤドに決まると、組の中で食料を集め、ヤドでないトメは約二〇〇円をお礼として宿のトメに渡した(昭和一六年生、女性)。他方で、新山浜のように各自がお膳を作って持参し、ヤドでは飯と汁物だけを用意するところもあった。どのように食事を用意するかは集落によって異なっていたが、「ナマグサはなし」「オショージン」である点は共通しており、畑で採れる野菜を中心とした精進料理だった。刺身などの魚料理が用意される契約講の直会とは、この点で異なる。

なお、冬に甘酒や玉子酒を作ることはあったが、ほとんどの集落で女性の講に酒が出ることはなく、牡鹿半島では女性が酒をたしなむこと自体があまり歓迎されることではなかったと見られる。ただし、女性の講で飲酒した例も若干あり、昭和四三年に女講中へ入った女性によれば、泊浜の地蔵講では供えた御神酒を下げて講員でいただいたという。新山浜の女講中では、共食時の飲酒が許されており、昭和四一年に新山浜に嫁いできた女性(昭和二七年生)は、次のように語っている。

地蔵講のときは、オシュートサンは離れにいて、(嫁たちの)話を聞かないようにする。自分たちもそうしてもらってきたし、お互いにいいと分かってっからね。(講員同士も)講でしゃべったことは誰にも言わねえ、暗黙の決まりなんだ。他言無用だって。

だけど、酔っぱらって自分の醜態を見られてしまうのは(その限りではない)。すごい人もいんだ。私の上の人たちは酒好きが多くてね、呑むわ呑むわ。サントリーのダルマを一本空ける勢いで呑むんだ。あるとき、すっかり酔っぱらった先輩が、庭に出て、崖から落ちてしまった。下が畑だったので大丈夫だったが、着物はくずれて、帯もドロドロ。御膳も畑にぶちまけてしまった。そういう人の面倒を下っ端のうちは見ないといけねえし、とんでもないところに嫁いでしまったなぁと思ったよ。

(カッコ内は筆者による補足)

強烈な先輩の姿を目に焼き付けたためか、この女性の世代は自然と飲酒が控えめになったという。新山浜に生活センターができると、講を行う時間帯が早くなり、共食の場から酒も消えていった。平成元(一九八九)年の時点では、早朝に地蔵像や山神塔を掃除をした後、全員で料理を作っていたという。一旦解散して身支度を整えた後、午後から再び集まって、お掛図（神仏の図像。一般的に掛軸）をかけ、オトーミョウ（お燈明）を上げ、午前中に作った精進料理をいただく。オトーミョウが消えた頃、供えていた魚の刺身をいただいた（オショージアゲ）。さんさ時雨を唄った後、各自自由に過ごし、夜の八時頃までに解散した。

新山浜以外の女講中でも、集落に集会所が作られてからは、ヤドの場所も個人宅から集会所に移っていった。これにより、ヤドも単に煮炊きの担当を指す語になっている。集会所は、公民館分館や生活センター、老人憩の家など公共施設であり、講で使用する道具類や女講中の膳椀などもそこに保管された。それ以前は、集会所の設置が早かった谷川浜を除く集落では、膳椀等は女講中の倉庫に収蔵し、お掛図や会計簿などは代表者の自宅に保管されていた。倉庫は女講中解散後もそのまま道具を収蔵していたが、東日本大震災により流出あるいは撤去され、給分浜に残るのみになっている。

女講中の運営において、男性の契約講のような厳格な規約は見られないが、女講中にも規約を記した文書が存在したことが伝えられている。新山浜女講中では、加入した新人は昭和二七年作成の「講則」を読み学ぶことが行われていた。「講則」には、女講中には四〇歳までいること、年九回行う講の日付、三月一二日には小牛田の山神社に参拝することなどが記載されていたとされる。この文書は、昭和四一年に新山浜に嫁いできた女性によって確認されているが、その後平成元年までの間に失われており、現存していない。大谷川浜女講中にも、全一〇条から成る「会則」が存在したとされる（昭和六年生、女性）。新人たちで回し読みしたため傷み、洞福寺（谷川浜）の住職に修繕を頼んだこともあるという。解散後も集会所脇の女講中倉庫で大切に保管してきたが、東日本大震災の折に倉庫ごと流出した。話に聞く限りでは、新山浜女講中・大谷川浜女講中の規約文書は、講の開催や講員の規定の記載がある点で、契約講の規約と形式的に類似しているように思われる。大谷川浜女講中は、後述するように契約講との共同性が強く、元講員（昭和六年生、女性）が「心配事があれば、地蔵講は何でも実業団（契約講）に相談した」と語るほど、密接な関係にあった。女講中が契約講規約を参考にして「会則」を作成した可能性もある。

女講中の規約文書は、牡鹿地区全ての集落にあったわけではない。全国的にも、女性の講集団が自ら規則を文書化していた例は少ないことから、貴重な事例だったといえる。

第三項　女講中への仲間入り

女講中への仲間入りは、女講中の年中行事に組み込まれていた。仲間入りそれ自体は、嫁が菓子や果物などの手土産を持参して、姑に連れられて講で挨拶をするだけで、儀礼などはない。ただし、嫁いですぐに仲間入りするのではなく、翌年一月の講で仲間入りする集落が多かった。大谷川浜では、新人が仲間入りするその年最初の地蔵講を「初地蔵」と呼び、次のような催しをおこなった。

初地蔵では「地蔵隠し」が行われた。地蔵隠しとは、女講中が祀る鶏足神社の階段下の地蔵二軀を、実業団が納屋などに隠し、女講中がそれを探し出す習俗である。時には新築の家屋の床下など難しい場所に隠され、見つからない場合には、どこに隠したか教えてもらうこともあったという。大谷川浜女講中では地蔵が消えることを「お伊勢参りに行った」といった。見つけ出した地蔵像は、旅の垢を落とすようにきれいに磨かれた。その後、仲間入りしたばかりの新人講員が地蔵像を背負い、元の場所に戻した。大谷川浜の地蔵隠しについては、大谷川浜青年契約会（実業団）の「会議記録」に「昭和五二年一月二日　女講中の為にしていた「地蔵様隠し」を廃止する」と記載があることから、その頃まで続けられたと見られる〔牡鹿町誌編纂委員会　一九八八　八一五〕。

【写真7】　谷川浜の化粧地蔵（筆者撮影）

左：化粧前。津波にさらされても白粉はほとんど落ちていない。（平成23年12月撮影）
右：化粧後。新しい着物に取り変えられ、口紅が塗られた。（平成26年7月撮影）

隣の谷川浜でも、地蔵隠しは昭和一〇年頃まで行われていた。実業団が洞福寺前の地蔵像を隠し、女講中が探し出すところまでは大谷川浜と同じで、谷川浜の場合は負けた方が食事を用意するという決まりになっていた。また、見つけ出された地蔵は、新人の講員によってきれいに化粧を施され、彼女たちが用意した新しい涎掛け等の衣装を着せられると、元の場所に戻された。地蔵隠しが行われなくなった後も、地蔵の化粧は地蔵講が解散する平成一〇（一九九八）年頃まで行われた。また、地蔵講解散後は有志によって、涎掛けの交換と化粧が年に一回行われている(11)（写真7）。

地蔵を隠す習俗については、『牡鹿町誌』の十八成浜集落誌にも記述がある。これによれば、十八成浜女講中は日程によりヤドが決まっていたが、正月だけはトメごとにヤドをまわし、「この時、地蔵隠しが行われ、当時の青年団が東光院跡にある地蔵尊を隠し、それを女講中が捜し当て、元の場所に安置するまで講中は宿に戻ってお膳に座ることが出来なかった。ところが他の当前の青年達が又隠しをやるので青年たちの地蔵様の奪い合いが激しく、その為に女講中が地蔵様を捜し出すのが大変だったという」ことである〔牡鹿町誌編纂委員会　一九八八　三五一〕。十八成浜の女講中は、昭和二〇年代前半には解散したと見られ、地蔵隠しを詳しく知る人は現在いないが、この記述からは、谷川浜・大谷川浜に見られた男女間の競争だけではなく、トメごとの男性同士の競争があったことが窺える。

地蔵隠しでは、男性集団と女性集団が、嫁を迎える側と嫁に行く側、地蔵を隠す側と探す側という関係で表れている(12)。探し出した地蔵をきれいにする役割が新人講員のものであったことからも、集落成員として加わる通過儀礼であることが窺える。この儀礼を行えるアネと、女講中に入れない嫁の明確な差が、地蔵隠しによって示されたといえる。女講中への仲間入りが年中行事に組み込まれることで、婚礼を済ませ集落へのお披露目を行うのとは別に、女講中に入ることが正式な住民として認められるもう一つの指標だったといえる。

第四項　山神信仰と安産の祈り

一月の地蔵講とともに女講中にとって大きな行事が、三月の山神講である。三月一二日は小牛田町（現美郷町）の山神社に参拝する日とされてきた。小牛田まで出掛けるのは、妊娠を望む二〇代の若い講員だけである。山神社は木花佐久夜比賣命を祭神とし、妊娠・出産の神として宮城県内のほか山形県・福島県に信仰圏を形成している。妊娠を希望する女性は、小豆の入ったお手玉ほどの「まくら」を受け取り、自宅の神棚に上げる。妊娠し、無事に出産すると、新たに「まくら」を作って、受け取った「まくら」と一緒に、山神社に奉納する。牡鹿地区から行く場合、昭和四〇年代までは、バスや巡航船で石巻に出た後、鉄道で山神社最寄りの小牛田駅に向かった。移動だけで一日がかりになるため、参拝後は鳴子温泉で一泊するのが代参講の通例となっていた。若い嫁たちにとって、家族を離れて一息つくことのできる貴重な旅行であり、休み日でもあった。乳幼児を持つ母親たちにとっては、たくさんのおむつを背負っての子連れの旅となった。宿に着くと休む間もなくおむつを洗う母親たちの姿は「まさに芋の子洗いだった」と、元講員たちは振り返っている。

小牛田山神社の参拝記録「山神代参婦人講中一覧表」(昭和三九年～現在)[13]には、過去に御膳講をおこなった集落として、新山浜・鮫浦・小渕・十八成浜・前網浜・給分浜・泊浜の記載がある。御膳講とは、山神社に御膳を奉納・共食する講であり、特に新山浜・小渕・給分浜・泊浜では、ほぼ毎年御膳講をおこなっていた。牡鹿地区最後の記録は、平成一七年の小渕となっている。御膳講を行わずに参拝だけ行うことも可能であり、例えば、大原浜女講中は昭和五四年頃に解散前最後の参拝をしている。このとき御膳講は行わなかったため、「一覧表」に記載はない。参拝のみを含めると、より多くの集落で女講中による小牛田山神社参詣が行われていたと考えられる。

ところで、女講中の発生は山神信仰の広がりと関連していると考えられる。女講中という呼称は、藩政期の牡鹿郡浜方(十八成組・狐崎組・女川組)に相当する牡鹿半島及び周辺島嶼において用いられてきた。管見の限りでは、「女講中」が登場する最も古い記録は鮎川浜北における享和二(一八〇二)年建立の山神塔である。山神塔は各集落に一基ずつ建てられており、その成立年代は享和二年～文化二(一八〇五)年に集中している(表10)。このことから、現在の女講中が山神信仰と関連して立ち上がったといえる。

この時期における山神信仰の拡がりについては、天明二～八(一七八二～八八)年に東北地方を襲った天明の大飢饉との関連が指摘されている[渡辺　二〇〇一]。生活の困窮により堕胎や間引きが後を絶たず、仙台藩は何度となく間引き禁令を出したが、芳しい効果を得ることはできなかった。仙台藩は間引き禁令に加え、係役人を設置し、養育料の給与や産育の倫理的教化活動などを行わせた(赤子養育士法)。特に広域的に行われたのが僧侶や神官による教化活動であり、宗教者たちが各地を回って説法や冊子の頒布が行われた。山神信仰もこうした教化活動に利用されたと見られ、「いわば産死による人口減少が、山神信仰を導入することによって、仙台藩の赤子養育仕法を援用しながら、山神信仰（山神講）が農村内部に浸透していった」〔渡辺　二〇〇一　一三八〕とされている。赤子養育仕法の実施期間は明和五（一七六八）年～慶応三（一八六七）年とされており〔谷田部　一九八三　二四三～二四四〕、牡鹿半島の山神塔建立や女講中の結成とも無関係ではないと思われる。

【表10】　牡鹿地区の山神塔一覧

集落		石塔の内容		
		石塔	年	寄進者
小網倉浜		山神塔		
大原浜		山神塔	享和３(1803)年	女連中
給分浜		山神塔	文化２(1805)年	若女中
小渕　※１		山神		
十八成浜		山神塔	文化２(1805)年	若女中
鮎川浜	北	山神	享和２(1802)年　※２	女講中
	南	山神	享和３(1803)年　※２	女講中
新山浜		山神塔	享和２(1802)年	
泊浜		山神塔		
大谷川浜		山神	享和２(1802)年	
寄磯浜		山神		

※１　平成20年に調査。平成23年、津波により流出。
※２　平成23年、地震により倒壊。
　　　石塔欄の「年」は『牡鹿町誌』（上）参照〔牡鹿町誌編纂委員会　1988〕

以上のように、女講中の根幹には山神信仰に基づく「産」の祈りがある。小牛田参り以外の通常の講でも、木花佐久夜比賣命の神像を掛け、祈りをささげた。このときも、講員は乳幼児を連れて参加する。跡取りを期待されながら子宝に恵まれないアネたちにとって、子を抱く同世代の仲間の姿は憧れでもあり、焦りにも繋がった。そうした妻を気遣い、率先して山神を拝む夫もいた。遠洋漁船の乗組員だった男性(昭和一四年生)は、「嫁が来て一番困っことが、赤ちゃん出来ないこと」だったが、漁でほとんど家に帰れない自分が「どうしたらいいかなぁっつったら、神頼みしかない」と考え、結婚から五年たった頃、帰るたびに集落の山神塔にお参りすることにした。男性が山神塔をお参りし始めると、すぐに妻の妊娠が分かったという。安産祈願のため男性はその後も参拝を続け、無事出産した後は御礼参りをした。結果として、この夫婦は二人の子供に恵まれている。

女講中の信仰のうち、山神講が「産」の信仰であるのに対し、地蔵講は「育」の信仰といえる。山神社が若い年代から特に篤い信仰を寄せられるのに対し、地蔵信仰は子育てを行う全年代から信仰を集めている。しばしば地蔵講が女講中そのものを指して呼ばれるのも、そのためである。

各集落の地蔵像は、女講中が信仰対象として建てたものと個人が幼子の墓として建てたものの二種類があり、小渕や谷川浜・泊浜などの集落ではこれらが隣り合って置かれている。小網倉浜の虫食い地蔵や給分浜の夜泣き地蔵のように、子供の「かんの虫」に効き目があるなどの伝承を伴う地蔵像もある。

「育」の信仰は、女講中を脱退する年齢になっても、子育てが続く限り途切れるものではない。女講中を抜けた後も、お供えを上げたり衣装を奉納したりと、個人的にお参りを続ける女性は少なくなく、孫のために高齢になっても拝み続ける者もいる。女性の信仰のうち、山神講と地蔵講が明確に区別されるのも、牡鹿半島の特徴といえる。

第五項　女講中の演芸

女講中の行事の中には、地蔵隠しのように集落における一つのイベントとして位置付けられていたものも少なくない。それらは演芸の形をとり、集落ごとに異なる展開を遂げた。まず、具体的な事例を並べたい。

大谷川浜では、一月の地蔵講において、地蔵隠しだけではなく獅子振りや唄・踊りの演芸を見せていた。獅子振りとは、集落の正月行事である春祈禱で契約講が行う悪魔祓いの門付であり、牡鹿半島のほか三陸沿岸部に広く分布している。(14)獅子振りは不幸のあった家をとばして集落を廻っていくが、大谷川浜の春祈禱では、二四日に集会所(15)で改めて獅子振りが行われた。一月二四日に行う理由は明らかではないが、この日は女講中の地蔵講だけではなく、秋葉講の縁日でもある。秋葉講は火災の多かった牡鹿半島で信仰を集めた代参講であり、この日はヤドに集まって飲食が行われていた。(16)

大谷川浜の場合、獅子は契約講だけではなく、女講中も一回り小さな女獅子を所持しており、(17)昭和三〇年代までは一月二四日の契約講の獅子振りの後に、女講中による獅子振りも行われていた。すなわち、一月二四日は契約講と女講中が合同して行う演芸会のようなものだったといえる。女獅子を舞うほか、女講中では大漁踊りなどの唄や踊りを披露した。これらは新人講員の役割だったことから、新しいアネたちの顔を集落中に披露し、打ち解けさせる通過儀礼の意味もあった。この日のために、新人たちは先輩から獅子振りや踊りを習い、練習を重ねたが、本番では人前で踊る恥ずかしさから消極的になってしまい、その様子を見かねた熟練の壮年女性が飛び入りで芸を盛り上げることもあったという。

同じように、小渕でも一月二四日に新人講員が芸を披露する慣習があった。ただし小渕では初地蔵ではなくオメツキと呼び、地蔵信仰との関連は薄いものになっている。オメツキとは思いつき、すなわち即興芸の意味である。オメツキと呼ばれる即興劇は現在の石巻市域に分布しているが、その担い手は契約講や青年団など男性である[18]。小渕女講中のオメツキはそれとは異なり、嫁入や、船の新造、家の新築など、祝い事のあった家を訪れ、祝いの内容に合わせて唄や踊りを披露するというものであり、オメツキの名もそこから来ている。新人講員たちは、髪を島田崩しに結い、水引をかけた二本の杵を持ち、奴姿（男性の帯・股引）に身をやつした[19]。オメツキの移動中に唄う道中唄の「やっこふり」や、新築祝いの定番「壁塗り」など、先輩から後輩へ伝えられてきた芸もあり、新人たちは薪拾いの合間などに集まっては練習したという。なお、先輩から教えられる芸の一つに「ザルジシ」があり、ザルに獅子の絵を描いた紙を貼り、獅子振りを真似て踊る、という内容だった〔下村　二〇〇九　六六〕。大谷川浜女講中の獅子振りと関連しているのか、オメツキという発想から契約講の獅子振りを模倣したにすぎないかは明らかではない。小渕女講中のオメツキは昭和一〇年頃まで行われた。

女講中の獅子振りやオメツキは集落にとって数少ない娯楽であり、子供から老人までが見に集まった。女講中に入ることのできなかったアネ以外の嫁たちが女講中行事を目にする唯一の機会でもあった。客たちは「お花」を女講中に渡し、それらは女講中の活動資金になった。

谷川浜・十八成浜の地蔵隠しを含めると、形式は異なっても、女講中が芸を披露し宴会を行う習慣は牡鹿半島で広く行われていたと想像できる。三陸地方における女性の演芸は、川島秀一によると、大漁・不漁時における漁師家族の呪術的役割から来ているとされる〔川島　二〇〇一〕。船主や船頭の妻たちにとって「不漁の呪術的な原因を究明し、それを祓うために」巫女を訪ねたり、景気付けの宴会をおこなったりすることは、重要な役割だった。川島が挙げている事例の一つに、桃浦（荻浜地区）における「タル入れ」があり、妻たちが船主の家に船員を集めて宴会を開き、大黒様の踊りを踊ったり、縁起を担いだ余興を見せたりしたという。瀬川清子の報告にも、桃浦と同じ荻浜地区の離島・田代島で行われていた類似の宴会の例が挙げられている。

「漁がないから浜祭り（磯祭り）すべえ」といって、村のオトナたちを招待する。女らが嫁入りの長持ちをかついでもらった祝儀を貯えておいた金があり、足りないところは寄付を仰ぐし、招かれた人はハナをくれる。浜に舞台をして舞台の上で船主役人を招いてご馳走して踊るのが、磯浜祭りである。〔瀬川　一九七二a　三八二〕

この「浜祭り（磯祭り）」は、田代島南東部の集落の仁斗田では昭和三〇年頃まで行われていた[20]。現在の仁斗田港は、当時浜辺であり、浜祭りの際にはそこに畳を敷き、舞台を作ったという。「村のオトナ」とは、男性、特に船乗りなど水産関係者たちであり、彼らを招いて御膳料理を馳走し、「魚売りの芸」などの余興を見せて接待した。なお、「女らが嫁入りの長持ちをかついでもらった祝儀を貯えておいた金」というのは、女講中が婚礼時に嫁入道具を運ぶ、長持渡しで得た御祝儀のことであり、浜祭りが女講中の持ち出しによって主体的に行われていたことを示している。

小渕のオメツキでも大漁踊りなど漁に関連した演芸が盛り込まれていたように、女性の宴会と演芸には漁の予祝儀礼的な意味があったといえる。川島秀一は、三陸沿岸部に女性だけの大黒舞が伝承されている集落が点在することに着目し、「「タル入れ」などの儀礼の場に踊られていたものが、芸能として成長したに相違ない」と指摘している〔川島　二〇〇一　一六五～一六六〕。宴会の場から離れ、女性の唄や踊りが独立したことは、それ自体に呪術的な意味付けが付与されたといえるだろう。

ただし、荻浜地区では不漁時の景気付けとして宴会が行われるのに対し、牡鹿地区では講集団の年中行事に宴会が組み込まれており、牡鹿半島内でも女性の宴会の位置付けが微妙に異なっている。十八成浜でも「浜祭は、むかし正月二四日に行う婆さん達の行事であった」〔牡鹿町史編纂委員会　一九八八　三五八〕と伝えられているが、田代島と同じ浜祭りという名称であっても、むしろ小渕や大谷川浜の習俗に近いと思われる。牡鹿半島では女性の演芸が、漁だけではなく集落の安泰に向け、広く捉えられていたといえる。

女講中は、年中行事における演芸のほか、婚礼時に長持唄やさんさ時雨を唄うなど多くの場面で演芸を披露してきた。牡鹿半島において、女講中が特に祝いや祈りの場面で活躍が多いのは、いわばハレの活性化を女性の唄や踊りに期待する心性が強いことが一端にあるといえよう。

第六項　女講中が育てるアネのリーダー的資質

最後に、女講中が嫁を選抜し、リーダーを育てていた点について述べる。女講中の場合、脱退は年齢で決まっているものの、仲間入りの契機が結婚なので、若く嫁入した者は年長者と一緒に座らねばならなかった。友だちと一緒に仲間入りしたいがために、一年ずらして加入した例もあった。しかし、同年に仲間入りした者は座順を年齢順にしており、また、代表者の選出には年齢が重視されたので、年齢は秩序を形成する重要な要素であったといえる。

最年長であることに加え、女講中の代表者選出に重視されたのは、人となり、特にリーダーシップであった。意見をまとめたり、新しい方法を提案したりするほか、信頼を集めるような人物が推された。大谷川女講中で講長を務めたことがある女性・Fさん（昭和六年生）を例に見てみよう。初地蔵に向けて新人講員たちに大漁踊りや唄を教えていたが、どうしても上達しない人がいて、つきっきりで練習したことがあった。唄や踊りなどの演芸は、薪拾いなど人目につかないときに嫁たちで一緒に練習することが多かった。しかし練習に時間がかかってしまい、Fさんは「薪の量が少ないと叱られてしまうかもしれない」と新人を心配し、自分の薪を持たせて帰らせた。彼女が筆者にこの話をしたのは、自分の姑や夫たちが寛容で、薪の量が少ないからと叱られる恐れがなかったことを自慢するためだったが、話には続きがあり、その日のうちに新人の姑が薪を持って訪ねてきたという。薪を縛る紐が違っていたため、嫁が薪を与えられたことに気づき、謝罪しに来たのだった。これに対し、「うちは大丈夫だすけ」と薪を受け取らなかったそうである。こうした優しさや寛容さは、下の世代からも上の世代からも信頼を集めた。

大原浜では、指導者の資質として学歴が重視されていた。牡鹿半島には高校がないため、バス通学が可能になる昭和四〇年代後半まで、高校に進学する人はまれだった。高等女学校や新制高校を卒業した者は教養があると見なされ、女講中で最年長になったとき、代表者である世話人に選ばれやすかったといわれる。大原浜の世話人は会計の役割も担っていたため、経理に明るく、字の上手な人が好まれ、その結果、学歴の高い者に期待が寄せられたと見られる。先ほどの大谷川浜の女性も、新制高校を卒業し、大谷川浜には教員として赴任してきた高学歴者だった。

男性やガガに対し、アネの地位が低かったことについて既に触れたが、女講中の活動では契約講と対等にやりとりするものがあったことからも、男性とも対等に話し交渉することが不可欠だった。女講中は、講行事を先輩から伝えられてきたとおりに行う静的な側面だけではなく、周囲と折衝しながら新しい行動を起こす動的側面を具えていた。特に、女講中の代表を務めるような各世代のリーダーは、ほかの講員を率いるリーダーシップと行動力を備えていった。その一例として、新山浜における集会所建設運動を挙げたい。

新山浜出身のGさん（昭和一九年生、女性）は、昭和三九年に同じ集落の男性の家に嫁ぎ、女講中に仲間入りした。新山浜では鮎川小学校新山分校を集会所として使ってきたが、Gさんが小学三年生のときに閉校し、昭和四〇年からは新山浜開拓パイロット生産組合の事業所として使われていた。新山浜開拓パイロット生産組合とは、純漁村からの脱却を目指して農業用地の開拓を進めた地元住民による組合組織で、国や県、町に働きかけを続けた結果、昭和三六年に国営開墾事業のモデル地区に指定されている〔牡鹿町誌編纂委員会　一九八八　六七〇〕。しかし事業は難航し、組合は昭和四六年に新山浜養蚕組合に転換した。

この頃の新山浜では、老朽化した建物を撤去し、分校跡地に集会所を建設する機運が高まっていた。女講中でも議論が行われ、当時まだ若手講員だったGさんも、新しい集会所を求めて、様々な公的機関への働きかけに加わった。仙台にある農業改良普及センターへの陳情にも参加したという。これらの運動の結果、昭和五二年、分校跡地に新山浜生活センター（以下、集会所）が落成した。新山浜女講中では、ヤドで講を行い、役員がお掛図や御膳を管理していたが、これを機に、全て集会所に移している。Gさんは後に女講中の役員となり、脱退後は婦人会会長、民生委員、PTA役員などを務めている。また、新山浜で火災が起きたときには婦人防火クラブを立ち上げ、東日本大震災後は各地で公演活動に応じるなど、自らが被災したときにも防災や普及活動に取り組んでいる。

女講中の代表を経験した人のほとんどは、後年も婦人会の会長や観音講の代表を務めるなど、生涯まとめ役になることが多い。Gさんもその一人である。他方で、女講中に入れなかった嫁が、婦人会など集落組織の中心人物になる例は稀である。女講中や婦人会を経ることで、集落におけるある種の公人としての位置取りを得ていったといえる。

第三節　ガガたちの集まり―観音講と婦人会―

第一項　集落におけるガガ

年月の経過とともにアネはガガと呼ばれるようになるが、自身や子供の年齢による明確な目安はない。牡鹿半島の家産継承は基本的に死に譲りであり、世代交代の儀礼的な習慣もないためである。他方で、アネとしての年数を積み、家事・家業から祖先祭祀、家同士のつきあいまで一切任せられるようになると、年老いた姑に代わって、アネが家のことを仕切るようになる。また、子が結婚し、一家に夫婦がもう一組増えると、アネという呼び名は若い嫁に移る。女講中も同じ仕組みであり、たとえ脱退年齢に達していなくても、嫁が来れば女講中を抜けなくてはならなかった。アネがガガになるのはこうした時期であり、年齢的には四〇～六〇代の女性となる。

ガガは家を管理し、次のガガとなるアネを監督する立場である。ただアネを教育するだけではなく、アネが女講中で活動するにも、仲間入りに付き添ったり、出かけている間に子の面倒を見たりと、ガガの協力が不可欠だった。講のある日は、「今日はジゾッコ(地蔵講)だべ、行ってきさい」とアネに小遣いを持たせて送り出し、アネの代わりに夕方の家事を引き受けた。また、ガガは自宅が女講中のヤドになると、姑は離れや台所など座敷から離れたところに移り、講の間は姿を見せないようにした。女講中がガガに気兼ねなく過ごすための気遣いであり、自身も女講中にいた経験から、それが互いの関係を良好に保つ秘訣だと知っていたからである。

また、家におけるガガの日常の役目として重要だったのが、家の者に衣食が行きわたるよう気を配り、管理することだった。牡鹿半島では貰い子が一般的に行われていたが[21]、彼らの養育や、大網子や奉公人の世話もガガの差配によった。他方で、生計を共にするわけではないが、経済的に裕福な網元や船主、同族関係で上位になる本家やダイイチシンルイの家は、エボシオヤやナモライオヤ、タノマレシンルイになることも多く、そうした家のガガは夫とともにオヤとしてコの後見に当たった。前節で、女講中を通じてリーダーシップを発揮していくアネについて述べたが、ガガになると、より家の管理や周囲との関係に配慮することが求められたといえる。網元や本家など上位層の家のガガのほか、高学歴や教職経験などによりいわゆるインテリと見なされる女性、集落で生まれ育った跡取り娘なども、経験・知識の豊富さから発言力・影響力を持ち、リーダー役に発展することが多かった。

「オサンバサン」と慕われた大原浜の産婆(明治二九年生)も、リーダー的存在として一目置かれた人物だった。オサンバサンは、父の代で商売が成功した富裕な家の一人娘として生まれた。屋号は中興の祖となった父の名が付けられ、父は区長を務めるなど大原浜の中心的存在でもあった。教育熱心な家風により、彼女自身は尋常小学校高等科を卒業したあと上京して、産婆になるため就学した。帰郷したのち資格を得て、正式に産婆として開業した。この間に婿養子を迎えて家を継いでおり、早くからアネと産婆の二つの立場から集落の人びとと接してきた。出産は「ヒを食う」といい、漁師は産の忌を嫌った。オサンバサンは漁師に遭遇しないよう速やかに帰宅し、忌が明けるまで三日間家に籠もった。このように、産婆の仕事のため出かけることが多かったのに加え、産の忌のために家の外での行動がままならなかったため、オサンバサンはカトクとなった次男が結婚すると、嫁にすぐ田五反・畑二反の管理を任せたという。嫁(昭和六年生、石巻市出身)によれば、農繁期にはテマドリ(臨時の手伝い)を頼んで作業していたという。テマドリの手配や謝礼は、ガガであるオサンバサンに教えられた。広範囲かつ密接な人間関係の形成は、産婆として多くの母子とかかわりを持っていたことも関連していよう。発言力ある家の跡取り娘であり、学歴、技術職の条件を備えた彼女は、同世代のガガ達の中でも特に信頼と発言力を得ていた。女講中・観音講・梅花講の全てに加入し、観音堂を大永寺に移転するときにも尽力した。信仰活動のほか大原浜婦人警火会の会長など、社会活動にも参加していた。

集落の人びとと密接な関係を持ち、また経験豊かで広い視野を持つ女性は、女性だけではなく男性からも信頼を得た。ただしその信頼は、女性の領分においてであって、既存の性別役割を超えようとすると激しく抵抗に遭うこともあった。

ある集落で、正月飾りの処理方法をめぐり争論になったことがあった。それまで、各家が正月に飾った注連飾りなどは、小正月が終わると集落の神社の裏手に置き、「神様に返す」のが習いとなっていた。しかし、プラスチックなどを含んだ既製品が普及するにつれ、正月飾りが土に返らず積み重なっていくようになった。この状況を問題視した住民が行政区の総会に議題を提出したのだった。その住民はHさん（昭和五年生）といい、隣集落から嫁に来た女性だった。Hさんはその世代には珍しく女講中には入らずに結婚後も仕事を続け、定年を前に退職した後は町の福祉活動に尽力した。仕事柄、人前で発言することにも慣れていたため、周囲からも一目置かれる存在だった。Hさんは、ごみの不法投棄状態にある現状の処理に代わり、行政区の総会「どんど焼き」を提案した。どんど焼きとは、正月飾りや書初めを持ち寄って燃やし、一年の健康と幸福を祈る小正月の祭りである。どんど焼き自体は、仙台や石巻など都市部の神社で行われる小正月行事として住民たちも知っており、それまで土に返してきたものを燃やすという方法の転換には、ほとんど異論はなかった。争点となったのは、主催者や場所など、具体的な実施方法についてだった。

集落の行事として行うからには、行政区か契約講（実業団）が主導するのが自然な流れである。集落全戸から一人ずつ参加する行政区の総会は大部分が男性だったため、Hさんは「合理的だ」とすぐに賛同してもらえると思っていたという。しかし、話し合いが進むにつれ、Hさんが発言するたびに「所詮女の言うことだ」「女のくせに」と、次々に反論されていき、結局その日は決定に至らず解散した。このことはHさんにとって大きな衝撃となった。話し合いを繰り返し、最終的に、契約講がどんど焼きを主催することで決着がついた。結論が長引いた理由について、Hさんは区の総会に女性の参加者がわずかしかおらず、しかも彼女たちはほとんど発言しないため、女性である自分の提案が反感を買ったのだと考えている。

嫁ぎ先集落における嫁としての生活も長くなり、経験を積んだガガたちは、男性とは異なる目で集落を俯瞰するようになっていた。ガガたちの行動は他者との葛藤を招くこともあったが、ガガは時に真っ向から反発し、時にその社会規範を利用しながら自分の意思を発信してきた。

第二項　観音講

ガガたちの集まりとして、観音講が行われてきた。明確な年齢規定のある女講中に対し、観音講は女講中・念仏講の中間にあることから年齢規定を曖昧にしていた集落が多く、五〇代頃、講員に声を掛けられて入ったという人が多い。また、女講中加入が義務的だったのに対し観音講は任意だった。このように緩やかな集まりだったため、年齢層の重なる婦人会に吸収される形で早くに講活動を終えた集落が多く、実態については不明な点も多い。

牡鹿半島における観音信仰としては、給分浜の十一面観音像とそれにまつわる言い伝えが知られる(22)。この十一面観音は遊佐マキの氏神的存在であり、観音講の展開に直接かかわるものではないが、給分浜の端郷である小渕では、この十一面観音を参拝して観音講を実施していたとされる〔上久保　二〇〇九　一二三四〕。谷川浜・大谷川浜では、秋葉塔や山神塔と同じ場所に観音菩薩の石塔が祀られており、大原浜では三熊野神社境内に観音堂を擁していた(23)。このように、それぞれの集落の観音菩薩像は観音講とかかわりが見られるが、例外として、泊浜の聖観音像は、観音講ではなく集落の守り神という位置付けである。講の日に観音講員が拝みに訪れるのは、聖観音像後方のお堂に安置されている、オシャカサマという石仏である(24)。牡鹿半島におけるガガたちの信仰体系や観音講の展開については、まだ明らかになっていない部分も多い。ここでは、現在も行われている寄磯浜観音講を例に、講の実施の観点からガガたちにとっての講の意味について考察する。

寄磯浜では、女講中の地蔵講・観音講、年配者の念仏講のいずれも崇徳寺《すうとくじ》（寄磯浜）で行われてきた。平成一〇（一九九八）年に女講中が解散した際、使用していた茶碗類が崇徳寺に寄進され、観音講で使用されている。崇徳寺は集落ほとんどの家が檀家になっており、住民との結びつきが強い。寄磯浜の観音講は、寺が主催する梅花講と違い講員主体の講でありながら、寺側が大きく関与していることが特徴といえる。講員は寄磯浜の既婚女性だけだったが、東日本大震災以降は端郷である前網浜も参加するようになった。

観音菩薩の縁日は一七日であり、元々は一～九月の間で年に九回実施していた。講員の減少とともに回数を減らしていたが、東日本大震災後は新暦一月一七日、五月一七日、九月一七日に行う取り決めをした。

寄磯浜では、嫁や姑と加入する講が重複しないように調整するため、女講中と念仏講の中間にある観音講にははっきりとした年齢区分は設けられていなかった。現在は念仏講がないため、七五歳を脱退年齢としている。これは、加齢によって「おつとめ」が果たせなくなる前に、正式に講員を終えたいという講員側の希望によるものである。他方で、崇徳寺は講員でなくなっても亡くなるまで檀家であるという考えから、観音講の読経の際に脱退者を含め講員の名を読み上げている。また、役職などはないが、新入りを「一年生」と呼び、年数を経るごとに「二年生」「三年生」と呼ぶ。講の炊事や準備は一年生の役目だが、平成二六年一月の講では一～二年生合同で炊事をしていた。

寄磯浜観音講の内容は、次のとおりである（写真8）。当日、朝八時半頃から一年生によって精進料理の支度が始められる。オボキ・うどん・天ぷら・野菜のおひたし・漬物が用意される。米は講員全員が持寄り、それ以外の食材や調味料は崇徳寺が講費から用意する。また、一月の講では稲荷寿司を注文する。料理が出来上がると、本堂に会食の用意が整えられ、精進料理が御神酒とともに本尊に供えられる。このとき、講員それぞれが用意してきた餅も供えられる。本来はきなこ餅とされるが、冷えても食べやすいように海苔餅にする人も多い。一一時頃から、住職による観音経読経が行われる。その後、全員で御詠歌を詠唱する。それが終わると会食が始まり、御神酒やオボキが下げられ、オボキは一人一口分ずつ配られる。オボキや餅を食べることで、風邪をひかなくなるといわれている。

食事が済むと、速やかに後片付けを行い、一二時過ぎに解散する。震災後に現在の体制になる前は、食事の後も寺に残り、夕方までおしゃべりをして過ごしたという。現在は、それぞれ忙しい中集まっていることを考慮し、参加し

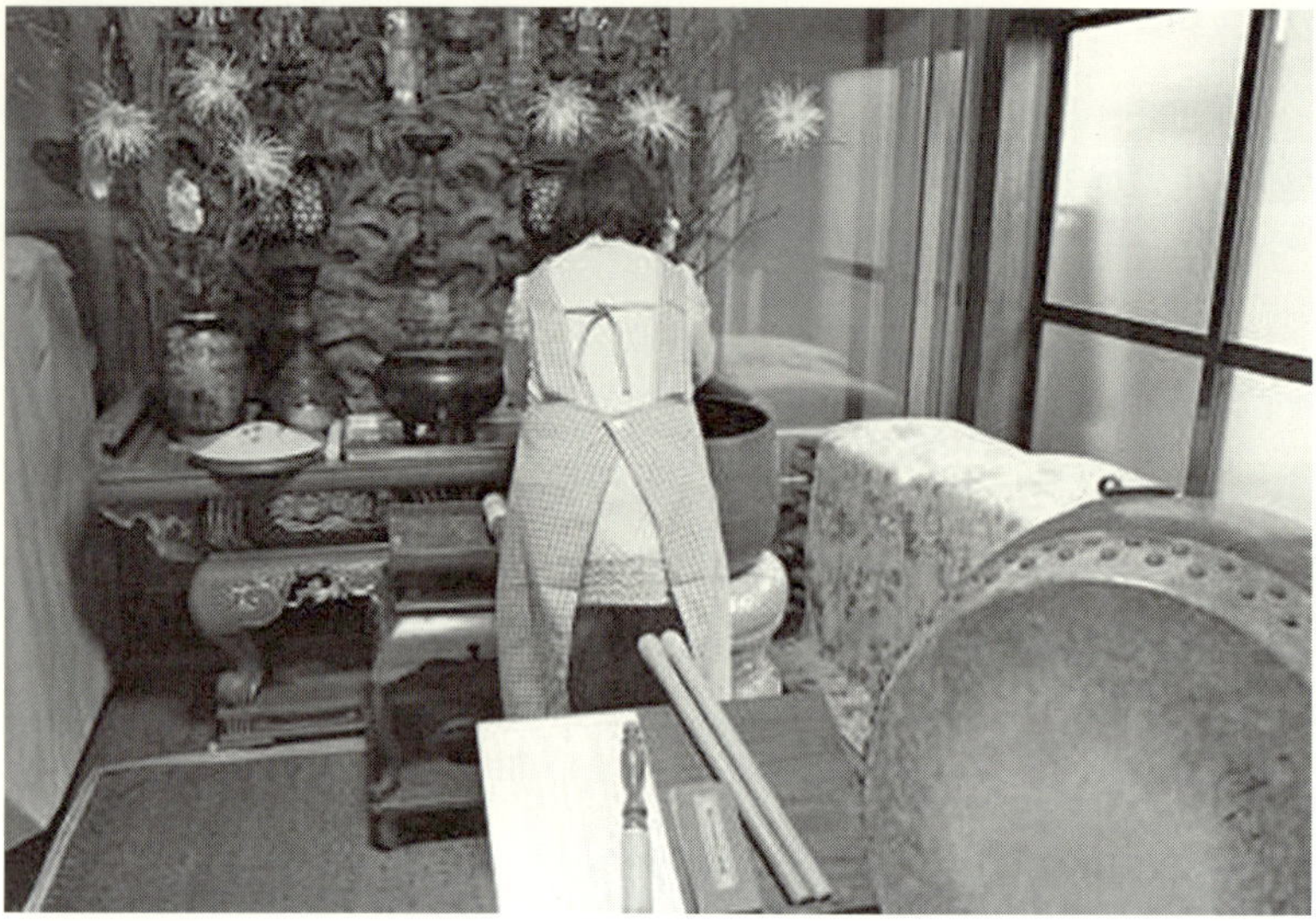

①準備の合間を縫って、個々人が観音様を拝む。左手に見えるのはオハネリ(米)。

②本尊に供えられたきなこ餅や海苔餅。重箱や弁当箱に各々の家印が印してある。

③住職による読経。この後、講員だけで御詠歌を詠唱する。梁に貼ってある紙が御詠歌。

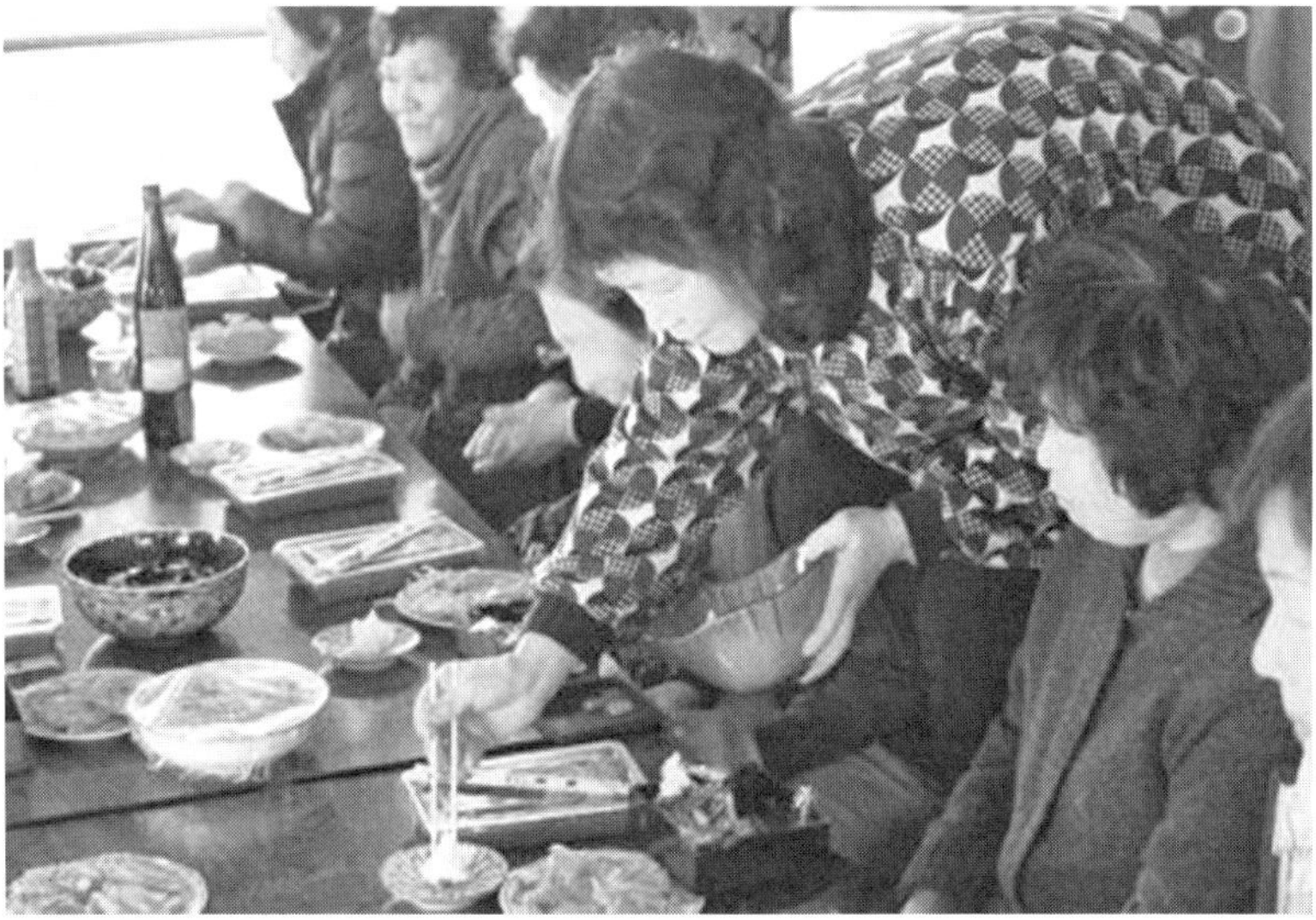

④オボキが下げられ、一口分ずつ配られる。「一年生」が調理した精進料理を共食する。

【写真８】　寄磯浜観音講（平成26年１月17日／筆者撮影）

やすいようにお昼に終了することにしている。現在の寄磯浜観音講は娯楽的な役割より、多くの人が顔を合わせるための定期集会の側面が大きく、講に対する社会的要請が表れている。

観音講の活動は、このような信仰的講の実施が多くを占めており、女講中のように集落の年中行事にかかわったり、強い経済的機能・社会的機能を有したりしたわけではない。これは男性も同様であり、四二歳以下の契約講が村株の管理や集落の自治・運営を行い、上位年齢層の庚申講などはその監督的立場であったことは、竹内利美や平山和彦の研究によって既に指摘されてきた。アネ・ガガの力関係は講集団の社会的役割の重要さに比例せず、ガガがアネを監督下に置いていたことは明らかである。

第三項　婦人会―主婦の奉仕活動と自己実現のその後―

牡鹿半島におけるライフステージとしてガガを見たとき、観音講はその象徴である。他方で、出産・育児・家事などに奮闘するアネの時期を終え、暮らしに余裕のできた年代として見ると、社会教育・生涯学習に取組む主婦の姿もまた、ガガの側面の一つであることが分かる。

主婦とは家において家事や育児を担う存在であり、若くても年配でも主婦ということができるが、民俗学では、嫁入した者がすぐに主婦になるのではなく、衣食の管理など家の経営を任された存在を特に指してきた。財産等の権限はバンツァマとなった姑が握り続けているものの、民俗学的な観点ではガガはまさに主婦であり、アネは主婦見習いということになる。

主婦になれば家に対する責任は増すが、嫁の頃に比べ時間を主体的に使えるようになった。戦後の社会教育政策に乗じて、主婦は余暇を趣味や学習に当てるようになるとともに、地域社会における奉仕活動の担い手としても活躍していった。全国組織である婦人会もまた、主婦たちの活動の場の一つであり、現在も女性の地域集団として活発である。

牡鹿半島では戦前から婦人会活動が見られたが[25]、上層部からの指示に基づく末端組織として動いており、集落ごとの主体的な活動が活発になったのは戦後からである。昭和二二（一九四七）年の教育基本法、二四年の社会教育法制定とともに、宮城県が社会教育の体勢を整え、牡鹿地区でも公民館活動や青年団活動が活発になっていった。婦人会は、宮城県婦人連絡協議会（県婦連）の発足を受けて昭和二六～二七年にかけて各集落で結成され、昭和三〇年の牡鹿町合併により、牡鹿町婦人会連絡協議会（町婦連）の下部組織として組織編成された。この経緯により、牡鹿地区の婦人会活動は、町婦連として、集落組織としての両面から展開していった。ここでは泊浜婦人会の資料から、婦人会活動がガガたちにとってどのようなものであったか見てみたい。

泊浜老人憩いの家喜楽園（以下、集会所）に保管されていた婦人会関連資料の中に「泊浜婦人会会則」（平成一三年二月四日）がある。「牡鹿町婦人会連絡協議会会則」とは別に泊浜婦人会が独自に設けていたもので、組織・会の目的・収支に関してなど全一三条から構成されている。会は会長・副会長・幹事・会計を役員としている。興味深いのが、「第七条　会長は最高年齢者を持って選挙で決します」、「第十条　任期は六十歳の総会をもって退団する事とします」という規則で、既存の年齢集団の影響が窺える。また、年度ごとに小冊子としてまとめられた総会資料（昭和五九～平成八年、平成一一～一二年）には、収支報告や年間活動が報告されている。年間活動として報告されているほとんどが外部研修や牡鹿町のイベントであり、泊浜婦人会単体での活動は敬老会や集落の清掃くらいである。支出項目に見える募金活動や防火訓練も、牡鹿町や町婦連の指導によると思われる。これらの資料から、泊浜のガガたちにとって婦人会とは、集落を超えて同世代が繋がり合う機会であり、牡鹿町を単位とした社会奉仕活動だったことが分かる。日帰りや泊りがけの研修も多く、アネだった頃には小牛田山神社参りくらいしか許されなかった遠出の機会が、ガガとなってからは多くめぐってきていたことが窺える。

また、泊浜婦人会総会資料の収支報告には、実業団（契約講）・地蔵講（女講中）・青年会・消防団など集落組織と「御祝儀」を互いに贈りあった形跡がある。御祝儀は、各団体の年始総会に三〇〇〇円あるいは五〇〇〇円を贈る内容である。御祝儀を交換することは経済的意義だけではなく、互いに認め合うことで集落組織としての格を保ったといえる。このことから、婦人会が町婦連組織の一部としてだけではなく、集落組織として位置付けられていたことが分かる。

第四節　高齢期の集まりと信仰活動

第一項　バンツァマの階段

ガガとバンツァマの境目にも明確な年齢の区切りはないが、孫が生まれ世代交代が進んだ頃、バンツァマと呼ばれるようになる(26)。一八～二〇歳が結婚適齢期とされた昭和二〇年代までや、二〇代前半の結婚が一般的だった昭和四〇年代までと比べると、初婚年齢の後退が進んだ現在は、バンツァマの年齢層もあがったといえる。昭和期は、アネは二〇～三〇代、ガガは四〇～六〇代半ば、念仏講に入り始める六〇代後半以上はバンツァマだったが、平成二四（二〇一二）年に再出発した寄磯浜観音講では七五歳までを講員としているように、現代は「高齢者」の認識も上がっており、隠居のバンツァマとなるのはそれ以降といえる。

バンツァマは婦人会からも退き、家同士のつきあいや家業もガガに任せるようになる。ガガはバンツァマに伺いを立てたり最終的な決定を委ねたりはするが、バンツァマは隠居の身分として趣味的な範囲で家業に参加したり、孫の面倒を見るにとどまる。

ところで、アネ・ガガ・バンツァマは相対的な親族名称であることから、一般的な認識と、家族、特に孫から見るとずれが生じる場合がある。例えば、大谷川浜の定置網漁師に嫁いだ女性（昭和六年生）は、嫁入時、夫と姑、その母親である大姑の四人家族だった。つまり、この女性がアネ、姑はガガ、大姑はバンツァマということになる。間もなく女性は子宝に恵まれ、四人の子を含めた八人家族になった。子供たちから見れば、女性の姑は祖母、大姑は曾祖母に当たる。牡鹿半島では曾祖父母を「オッピ」と呼ぶことから、大姑はバンツァマではなくオッピと呼ばれるようになった。このように最も年齢の若い者に合わせた呼称の変化から、高齢期の中にもいくつかの層があり、オッピに至るまで隠居も段階的に進められるものであることを示している。

第二項　念仏講―オガミと和讃―

これまでの女性の講が現世利益的であるのに対して、高齢期に入ると祈りの方向は大きく転換する。牡鹿半島では、観音講より年配者の講として念仏講が行われ、そのうち鮎川浜では不動講と呼ばれていた(27)。念仏講の多くは昭和二〇～三〇年代までに解散しており、不明な点も多い。女講中や観音講に比べると、寺院との結びつきが強く、観音寺（鮎川浜）や、崇徳寺（寄磯浜）など、寺院で念仏講を実施していた集落も少なくない。昭和一九（一九四四）年に谷川浜に嫁いだ女性（大正一〇年生）によれば、念仏や御詠歌はアネのときに住職夫人に教えてもらうものだったが、この女性の世代は習いそびれ、バンツァマの年齢になっても念仏講を引き継ぐことができなかったという。

念仏講と密接なかかわりを持つ寺もあった一方で、バンツァマの自主的な集まりと捉えて介入しない寺もあった。

女講中や観音講は、集落に集会所が建設されるまで、トメごとにヤドを回して集まっていたが、念仏講の場合は各集落に所定の集会所があったようである。『牡鹿町誌』上巻には、十八成浜では「女講中の上級集団である念仏講も昔は念仏小屋という講中が集まる場所（旧小学校脇、今の成寿園）もあったが、今では無くなっている。その後、相沢はまよさんや及川寿夫氏の婆さんたちが五人ほどで念仏を唱えていた」とある〔牡鹿町誌編纂委員会　一九八八　三五一〕。涅槃やお彼岸の時に小屋に集まるほか、家々を廻って経を上げることもあった。谷川浜の念仏講は、昭和二〇年代まで各集落を巡礼していたという。各家を訪れ経を上げ、集めた寄付金で洞福寺（谷川浜）に柱隠しを寄進したとされる(28)。このように、念仏講のバンツァマたちの活動は集落の人びとの暮らしに密着していたため、「念仏講」ではなく「念仏バアサン」などと呼ばれることも多かった。

小渕では、墓地に向かう途中の道沿いに念仏小屋が置かれていた（写真9）。この小屋には、念仏講で使う数珠や太鼓・鉦のほか、葬儀の道具や念仏講の奉納旗などが保管されてきた(29)（写真10）。道具や裂の寄進は、個人や念仏講・梅花講等講集団である。興味深いのが、昭和五九年四月に寄進された「祭壇、五具足、金襴打敷一式」の寄進者一覧に、「小渕梅花講員」「梅花講及び念仏講員」「念仏講員」が連名で記載されている点である。念仏講と、檀那寺で御詠歌を習う梅花講が別の組織集団として区別されながら、梅花講が念物講の後継を担っていることを示している(30)。念仏小屋や道具についても、梅花講が念仏講解散後管理しており、念仏講の社会的役割の一部も引き継いでいる。

念仏講は、バンツァマたちの信仰集団としての側面に加え、重要な社会的役割があった。「オガミ」すなわち弔いや供養における読経等の役割である。裏浜にも檀家を抱える陽山寺（十八成浜）によれば、僧侶の到着に時間がかかるため、枕経を念仏講のお婆さんたちが代わりに上げていたという。ただし、道路整備によって枕経までに僧侶の到着が可能になった後も、念仏講のオガミが続けられていることから、必ずしも代行的役割だけではなかったと思われる。

【写真９】　小渕の念仏小屋（平成20年２月／大里正樹氏撮影）

【写真10】　念仏講の数珠・太鼓・鉦（平成20年２月／大里正樹氏撮影）

念仏講のオガミについては、現在では詳細を知ることはできないが、梅花講員である女性（昭和一五年、小渕出身）が、自分たちで行うためのオガミの覚書を残していた[31]。覚書は、実際に行われた通夜・追善供養のオガミが記録された「法要」「葬式前」と、年中行事の「初念仏」「涅槃」「春のお彼岸」の五種類に分けることができる。そのうち、「法要」の覚書には「平成一八年八月一九日」と日付が入っていた。「葬式前」は通夜を指していると思われ、次のように記されている。

ジュズ回してから
一　十三仏
二　開経偈《ママ》
三　三宝和讃　一六ページ
四　正法和讃　二〇ページ
五　無常和讃　二一六ウラ
六　秋葉和讃
七　くさのえ　三〇ページ
八　舎利礼文
九　回向（願はくは）
　　葬式前の時

「葬式前」の覚書に見られる「ジュズ回してから」は、「数珠繰り」「百万遍」とも呼ばれ、念仏講の集まりや葬祭で行われた。百万遍とは、複数人で輪になり、太鼓と鉦に合わせて大きな数珠を持って回す宗教行事である。一巡すると一万回読経したことになり、一〇回繰り返すことになっている。十八成浜の陽山寺には、念仏講解散時に返されたという数珠が保管されており、百万遍を行うのに使用されたと伝えられる。

なお、牡鹿地区で百万遍を行う集落は数多いが、念仏講だけに限らない。大原浜では、二月の御神木祭で、実業団（契約講）が百万遍を行う。大数珠を体にかけられると近いうちに結婚するといわれており、未婚男性に数珠を掛けようとたびたび中断されるのは、バンツァマの百万遍には見られない点である。また、昭和一九年に谷川浜へ嫁いだ女性によれば、谷川浜女講中では地蔵講の際に百万遍をしていたという。女講中所有の大数珠はズゾサマと呼ばれ、「ズゾの念仏、一遍申せば、極楽浄土、これはお池の蓮華の花よ、結んで開いて、シハイゴンズの来光は、宵に明星、夜中に法華経、暁明星ナンマイダ」と唱えながら一巡し、これを一〇回繰り返した。谷川浜の場合、アネの時から読経の練習をして老後の念仏講に備えたといわれており、牡鹿半島における百万遍は必ずしもバンツァマそのものを連想するものではなかったといえる。

第三項　祈りを守る―女性の講集団をめぐる現代的状況―

アネ・ガガ・バンツァマの三つの世代は、それぞれ信仰に基づく講集団を形成・維持していた。集団の形は必ずしも超世代的に継承されていくわけではなく、ほかの講集団と結び付いたり、解散したり、新しく発生したりと変容する。講員にとっては、仲間とどのように結び付くかが第一義であり、つきあいづらさが伴うのであれば、グループの形を変形・縮小するのも一つの方法である。その結果、女性集団の年齢幅は時代とともに縮まり、別世代との接触の機会は少なくなってきているともいえる。

他方で、伝統的な講を解散する場合には、集まりの目的である信仰をどのように始末するかが課題となる。集落の神仏であり暮らしの一部になっている信仰を放置するのは後ろめたいことであり、現在までそれを繋いできた先輩たちにも申し訳ないという気持ちが働く。神仏の像を寺社に返すことで、集団での信仰を終える手続きを済ませ、仲間内では、それ以後個人で神仏を祀っていくことを合意する。しかし、講を解散するに至った状況で、個人でお祀りを続けようというのは、外側から見ると心もとなく感じられるようである。女講中・観音講・念仏講の信仰は、それぞれアネ・ガガ・バンツァマの立場に即して行うものであり、いつまでも若い講集団に属することは聞こえの良いことではなかったが、現代的状況として、自分より若い世代の信仰を守ろうとする動きが表れている。

小網倉浜には「虫食い地蔵」と呼ばれる石仏があり、子供のかんの虫によく効くとして、若い母親らの信仰を集めてきた(32)。小網倉浜の女講中は、旧暦一月・三月・五月・七月・一〇月の地蔵講と、旧暦一月・三月(山神社参拝)・九月の山神講を行い、地蔵講の日には、おはぎを虫食い地蔵や周囲の石仏石塔に供えた。しかし、昭和三〇年代よりカキ養殖を行う家が増えると、繁忙期に講を行うのが難しくなっていった。講の回数は年間五回まで減り、平成に入ると解散となった。女講中解散後、地蔵の管轄は行政区に移り、祀る者がいない状態になった。これを問題視した六〇～七〇代の世代(当時)が中心になり、平成二〇年頃から、カキ養殖の繁忙期を避けて旧暦五月二四日と一〇月二四日に「お地蔵様のお祭り」を行うようになった。参加者は全員女講中の経験者であり、祭祀は写真11のように女講中時代の方法に従っている。

祭りの日は、午前九時頃から集まり、地蔵を飾る準備を始める。幟は東日本大震災時に流出したため、平成二四年に新しく製作した。地蔵や石塔に着せる衣装を着せ、花やおはぎなどを供える。おはぎや菓子は地蔵の口元につけ、

【写真11】　小網倉浜の「お地蔵様のお祭り」(平成26年６月21日／筆者撮影)
地蔵(左)に着物・羽織・涎掛けを着せ、地蔵以外の石塔(右)にも涎掛けを付ける［上］。おはぎなど供え物を地蔵に食べさせる［下］。

残りはその場で食べる。[33] 屋内に移って共食することはなく、彼女たちはそれを「地蔵講ではないから」と説明する。祀り手の多忙により、揃ってそれ以上の時間を確保することが難しいという事情もある。それでも共同して地蔵講の日にお祭りを行うのは、かつての女講中として祀ってきた地蔵に対する信心や愛着、そして祀り手のない寂しさからである。その気持ちをお祭りの参加者たちは「(地蔵を)粗末にできない」と述べる。ガガやバンツァマの年代が共同で地蔵を祀るなど、年齢階梯制とともに年を取ってきた彼女たちには想定しなかったことである。育児の当事者ではない彼女たちにとって虫食い地蔵とは、単に信仰対象であるだけではなく、ともにアネとして過ごした頃の思い出であり、仲間と共同で祀ることに意義を見出しているといえる。

小網倉浜の「お地蔵様のお祭り」のように、想定される世代とは異なる人びとによって神仏への奉仕が行われることは、近年少なくない。例えば、小渕の地蔵は平成一七年に屋根を設置されており、それを発案・実行したのは、念仏講(梅花講)の人びとである。[34] 小渕女講中は少し前に解散しており、祀り手のいなくなった地蔵を整備するために、バンツァマたちが動いたようである。個人で地蔵を磨いたり涎掛けを奉納したりする例も多いが、仲間たちと行うことで連帯感を取り戻すとともに、集落の信仰は失われていないと表明してもいることが窺える。

このようにバンツァマがアネやガガの信仰を引き継ぐほか、解散する講が財産や所有物を他の女性集団に譲る例がしばしば見られる。例えば、鮎川浜観音寺で保管されているお膳は、元々は観音講のもので、それから女講中・不動講へと所有者が移ったと伝えられている。集会所が作られる昭和五〇年代初期より以前には、モノの引き取り手を探すことは、解散するにあたってまず考えなければならないことであり、行政区や契約講(実業団)に委ねるより、他の女性集団に直接譲渡することが多かった。牡鹿半島において、アネ・ガガ・バンツァマの段階とその講集団は、集落の社会制度そのものであったが、信仰やモノの担い手をめぐって他の世代層が代わりを務めたことは、「女性」として共有・保管しようとする働きの強さを示唆している。

おわりに

牡鹿半島における女性のライフステージと、女講中・観音講・念仏講の講集団及び集落の女性グループを通して、一生という個人的な見通しと、集落社会あるいは牡鹿地区に通念的な価値観や社会制度を見てきた。これにより、いくつかの点が浮き彫りとなっている。

まず、家における地位・講集団それぞれの階梯における力関係が単純には比例していない点である。家においては、隠居ながら最終決定権を持つバンツァマ、家政を仕切るガガ、それに従う嫁(アネ)という力関係があるのに対し、女講中・観音講・念仏講では、女性の中心的な組織は女講中である。女講中は収入源も持っていたため、経済的にも姑たちの観音講より優れていた。ライフステージとその帰属講集団のこうしたズレの背景には、女講中に実務を任せたい観音講側の思惑も少なからず影響したと思われる。しかしそれ以上に大きいのは、女講中が男性の契約講に対応する集落組織として見なされていることである。四二歳を定年とする契約講は、集落社会の自治や運営を担ってきた。その契約講の年始行事に対応して女講中でも行事が行われるなど、女講中は契約講と相互に連関していた。この文脈では、契約講が集落の中心的組織であるならば、女講中も女性の中心的位置に立つことになる。ただし、女講中は信仰を基盤とし、契約講は集落運営を目的としていることから、対称的ではないことに注意しなければならない。

「女性の一生」というテーマは、女性の人生を相対化し節目に沿って全体を描く、民俗誌的・文化誌的意義を持つ。また、家における女性の役割を明らかにするための分析視角としても用いられてきた。他方で、「性別による役割期待が明確であった民俗社会」を描写するだけでは不十分であるという批判も為されている〔加賀谷　二〇一〇　一八一〕。本章では、親族名称や集落の講集団をめぐって、ここから排除される人びとがいるだけではなく、呼称と講集団の対応関係にすら、ずれやゆらぎが起きている点に着目した。女講中・観音講・念仏講の階梯制は、契約講に類する集落制度であり、アネ・ガガ・バンツァマの線が牡鹿地区全体の社会通念として認識されていることを示しているものの、運用面においては、人が制度に従うだけでなく、制度を人に合わせる柔軟性を持ち合わせていた。講集団は女性の結びつきの一部にすぎないが、地縁社会で暮らしていくための工夫が図られていた。その意味で、講集団は女性たちのつきあいの指標だったといえる。

註

（1）竹内利美によれば、子供契約の加入年齢は決まっておらず、カトクである一五歳以下の男子によって構成された。したがって、契約講との連続性が強い。他方で、恒常的に村落運営の役割を担う契約講と違い、年寄契約の寄合への参加や盆船づくりなど、年中行事に際し臨時的に組織される集まりだった〔竹内　一九九一　三七～三八〕。

（2）『牡鹿町誌』中巻によれば、大正七（一九一八）年『宮城教育』（宮城県教育委員会編）に泊浜青年団婦女会、大正一二年八月十二日『河北新報』に寄磯浜女子青年団の活動記事が掲載されている。また、大原村では大正一一年度より青年会と同様に処女会のついて単独の経費が計上されている〔牡鹿町誌編纂委員会　二〇〇五　六一八～六一九〕。

（3）わずかな例外として、前述の女性副団長と当時の団長（男性）はともに役職を務めたことで親しくなり、後に結婚している。

（4）夜学会で政治経済から漁業まで自習に励んだほか、演芸会を開き、収益を集落の普請に回した。特に小渕ではいち早く青年団活動が活発化し、楽器の使える者が中心となって「小渕オーケストラ」を主宰し、演芸会のほか大原村や鮎川町の催しにも参加している。『牡鹿町誌』中巻によれば、小渕青年団が大原村の各青年団に呼びかけて大原村連合青年団を結成し、雄弁大会や珠算大会、体育大会を実施した〔牡鹿町誌編纂委員会　二〇〇五　六二八～六四〇〕。青年団は集落の奉仕活動に熱心に参加しただけではなく、娯楽の少なかった時代に集落の人びとに様々な遊興を提供したといえる。

（5）ただし、半島部との交流はあまり盛んではなく、例えば田代島出身の婿は多かったが、半島部と嫁のやり取りをすることはほとんどなかった。

（6）昭和二五（一九五〇）年度の国勢調査によると、一戸当たりの平均経営面積は、谷川浜では四・一ヘクタール、大谷川浜では五・七ヘクタールだった〔牡鹿町史編纂委員会　一九八八　七七四〕。

（7）給分浜では労働力としての養子（モライコ）を指す。大原浜の話者も、テマドリやテッタイとは職業ではなく、分家したばかりで生活費の乏しい人や、夫が勤め人で日中時間的余裕のある人がパートタイムで手伝いに来ることを指すと説明しており、広く「労働を手助けすること」を本意とするものと思われる。

（8）なお、この話者の家では「大原のテマドリ泣かせ」と呼ばれることを引け目に感じ、昼食やおやつを出し、また働いている間は子供の面倒をみてあげたという。これにより、子供たちはこの家に出入りするようになり、話者の夫は後に学習塾を開いている。

（9）平成一九（二〇〇七）年一〇月の後藤知美氏調査によれば、鮎川方面に行商に出ることも一部にあったそうである。

（10）会長の家に不幸があった場合、直ちに次の会長に交代し、会長が管理していた女講中の保管物（お掛図など）も移された。泊浜ではヤドをヤダイとも呼んでおり、昭和六〇年頃からは会長宅ではなく班ごとの輪番になった。

(11) 谷川浜の女性(昭和一七年生)が、現在谷川浜の地蔵の化粧を続けている。平成二三年、津波被害に遭いながらほとんど無傷だったこの地蔵像について、この女性が洞福寺住職と話していた際、女講中解散以降「粗末」になっている、という話題になった。そこで女性は、以前女講中に入っていた頃のように着物と涎掛けを作り、一月に地蔵像を掃除して着せてやり、化粧をした。周囲にも喜ばれたため、女性は毎年続けるようになった。平成二五年、女性の家の墓を直した際、秋彼岸の前に地蔵像の着物も新しく着せ替えたところ、正月より盆など人が寺に多く訪れる時期に合わせた方が良い、ということになり、今後は盆の前に行うことにしたと語られた。

(12) 平成二五年七月に観音寺住職(鮎川浜)から次のような話を伺ったので、紹介したい。谷川浜には女講中と金毘羅講があり、女講中が金毘羅講の掛軸を隠し、探す行事があった。掛軸が見つからねば講を行うことができないので必死に探したと、経験者の古老から聞いたそうである。年代も不明であり、谷川浜でこの話は確認できていないが、隠す・探す関係の逆転が興味深い。

(13) 平成二三年九月一九日閲覧。当資料は現在も継続して記録されている。昭和三八年以前の記録については、神社の火災により焼失した。

(14) 春祈祷の獅子振りは、元々旧暦小正月一五日に行われていたが、新暦の普及とともに一月二日に移行した。また、集落の家を一軒ずつ回って門付していたが、東日本大震災より前に集会所で行う形に変えていた集落も多い。震災の際、獅子頭が流出・損壊した集落も多かったが、各支援団体の援助を受け、他の行事に先駆けて獅子振りを復活させている。他方で、春祈禱の継続については課題も多い。

(15) 大谷川浜の集会所は、牡鹿町公民館大谷川浜分館。公民館が集会所として利用される以前は、実業団も女講中もヤドで獅子振りをしていた。

(16) 秋葉講は金毘羅講や金華山講などと並ぶ男性の講だったが、現在は小網倉浜などの一部の集落でのみ続けられている。「秋葉大権現」「秋葉山大権現」の石塔は各集落に一塔ずつあり、谷川浜(八幡神社下)、小渕(字村)の秋葉塔は享和年間にさかのぼる。山神塔の建立時期と重なる点は興味深く、今後の課題である。なお、谷川浜の秋葉塔は横倒し、小渕は塀や鳥居が失われたが、どちらも石塔自体は現存している(平成二六年一月現在)。

(17) 大谷川浜女講中は公民館分館の横に倉庫を設置し、女獅子も他の道具類とともに保管されていた。東日本大震災の際、倉庫ごと流出し、女獅子は現存していない。

(18) 牡鹿郡陸方地域では次のようなオメツキが行われていた。渡波では、一月二四日の秋葉神社の祭典にて、馬車や荷車の上でオメツキと呼ばれる演劇や作り物が披露されていたという〔石巻市史編さん委員会　一九八九〕。出し物は歌舞伎、喜劇、人情劇などで、社会風刺や町政批判が意図されることもあったとされており、西日本の俄と共通する部分も多い。渡波は牡鹿半島の付け根に位置し、陸路で石巻に向かう場合の経由地でもあったことから、牡鹿半島も無関係ではないと思われるが、演劇による教化活動や社会風刺という観点では、小渕の場合、女講中のオメツキではなく昭和二〇年代の青年団活動にその影響が表れていたといえる。また、宮城県の無形民俗文化財に指定されている「名振のおめつき」(石巻市雄勝町名振地区)は、一月二四日の秋葉神社祭礼の中で、契約講によって現在も行われている。

(19) 装いについては、『牡鹿町誌』上〔牡鹿町誌編纂委員会　一九八八　五一四〕や『フィールドへようこそ！　二〇〇七　牡鹿半島表浜の民俗』〔下村　二〇〇九　六六〕に報告がある。なお、筆者のオメツキ調査は下村とほぼ同時期に実施した。

(20) 平成二二年、筆者調査による。

(21) 牡鹿地区で貰い子が行われてきた背景には、大謀網漁など人手の必要な漁業が行われてきたことがある。彼らは実子と同様に育てられ、成長すると、実家に帰ったり都市に働きに出たりするほか、別家として独立した。血縁関係のない親子関係として、牡鹿地区では名貰い親や烏帽子親の習慣があったが、貰い子は戸籍上も養子縁組していることが多かった。別家は昭和三〇年代まで見られたが、養子に対する抵抗の低さから、障碍児の里親を引き受ける世帯も少なくない。また、労働力確保については外国人研修制度が活用されている。

(22)　一木造りの十一面観音像で、鎌倉時代初期の制作とされる。大正四年に国の重要文化財に指定された。この観音像は代々給分浜後山の遊佐家が祀ってきたもので、遊佐家以外が正月飾りを施すなどすると風や病がはやるといわれている。遊佐家当主の男性（大正八年生）によれば、この観音像は海上を漂い、最初は田代島に流れ着いたのだという。しかしある家がそれを更に流したため、給分浜後山《うしろやま》にたどり着いた。遊佐家の先祖である清七が拾い上げ、一人で担いで現在の場所に下ろすと、観音像はぴくりとも動かなくなった。このため、代々遊佐家が仕えてきたとされる。

(23)　現在、観音堂は大永寺境内に置かれている。大永寺住職によると、三熊野神社の神職だったホウインサマが還俗したのを機に、観音講の希望で観音堂を大永寺に移したということである。このときの観音講の主要メンバーには、前項のオサンバサンも含まれている。また、「女講中会計簿」に「昭和三〇年四月七日／大原観音堂　移転費用　寄付金／千円」とあることから、この年に観音堂の移動が行われたと見られる。当時の観音講員は信仰に篤く、後に大永寺主催の梅花講に参加している。

(24)　オシャカサマの世話を続けている泊浜集落の女性（昭和四三年婚）によると、観音講とオシャカサマは別の信仰である。オシャカサマを拝む日は、正月、新暦二月一五日（涅槃）、春彼岸、盆、秋彼岸であり、世話役がオシャカサマの鐘を鳴らすと観音講の年代の女性たちが供物を持って上がってきた。観音講が行われる一七日頃に供物の上げ下げが行われる（例えば春彼岸では、三月一七日に供物が供えられ、彼岸の終わりに各自下げる）ため、観音講とオシャカサマが結び付いていったと見られる。

なお、オシャカサマに似た一メートルを超える座像石仏は、小渕と鮎川浜にも見られる。禅定印を結ぶ泊浜のオシャカサマに対し、鮎川浜の石仏は宝珠を抱き、子供地蔵と呼ばれていることから、これらの石仏は必ずしも同じ仏を象ったものではない。ただし、花泉町・志波姫町(宮城県)、一関市(岩手県)に分布する「オハル地蔵」とも石仏の形状や信仰形態が類似している。「オハル地蔵」のある地域では小牛田山神社への代参講が行われていることから、「ウバ神様」に通じる産育信仰の表象である可能性が提起されている〔渡辺　二〇〇一　一一五～一一九〕。牡鹿半島の石仏は「オハル」の名や由来譚が伴わないため、「オハル地蔵」との関連性は乏しいが、山神講や地蔵講の信仰とも異なる系統であることから、今後これらの石仏について研究が進められることで、近世から近代における女性の講集団の発生と展開についても明らかにされていくと思われる。

(25)　明治三八年の大原浜愛国婦人会に始まり、その後、昭和八年の昭和三陸大津波後に開始した託児所事業、戦時中の国防婦人会による慰問活動が見られる〔牡鹿町誌編纂委員会　二〇〇五　六一四～六二五〕。男性側が青年団活動や通俗教育に熱心だったのに比べると、戦前の婦人会は宮城県支部など上層部の主導による活動が多かったようである。

(26)　竹内利美は、ガガとババについて次のように述べている。「女が「ガガ」とよばれるのは、この部落では息子が嫁を迎えてしばらく経ってからである。そして、孫がだんだん生れて、一応おしまいとみられる頃には「ババ」と呼ばれるようになる。この年頃が、だいたいこの集団(観音講)から脱退する時期となり、次の念仏講へ移行する。」〔竹内　一九九一　九七〕

(27)　観音寺住職による。鮎川浜は南北に分かれて講集団を組み、南の講集団は観音寺を拠点とした。女性の講のうち観音講が最初に廃れ、所有の膳椀を女講中に寄贈したが、その後女講中も解散したため、不動講に渡った。そして不動講解散時に、この膳椀は観音寺に収められた。

(28) 大正一〇年生の女性の語りによる。

(29) 平成二〇年二月、大里正樹氏の調査による。

(30) 牡鹿地区における梅花講は、曹洞宗寺院である陽山寺（十八成浜）や大永寺（大原浜）で昭和五〇年頃から活発になっていったようである。例えば十八成浜では、念仏講衰退から間をおいて「昭和五六年三月二四日、藤沢あい子さんの指導、阿部さだ子さんや遠藤まき子さん等の世話で和讃を習う集まりが出来、同年一一月一日、会員八名で正式に梅花講として発足しているが、あい子さんがハワイに去ってからは藤沢春雄師の指導を受けている」とされる〔牡鹿町誌編纂委員会　一九八八　三五一〕。十八成浜の念仏講と梅花講に関連はなく、小渕は稀な例である。

(31) 大里正樹氏撮影（平成二〇年二月）の写真記録による。覚書の写真は全部で一一通あり、「葬式前」一通、「法要」四通、「初念仏」一通、「涅槃」「お釈迦様の誕生日」合わせて二通、「春のお彼岸」一通、題無し二通である。それぞれに、作法や経・和讃の順番が記載されている。「法要」には同一の日付・依頼者が記載されており、仲間への配布用と見られる。「初念仏」は一月一七日、「涅槃」「お釈迦様の誕生日」は二月一五日、「春のお彼岸」は三月二〇日とある。

(32) 元文五（一七四〇）年建立〔牡鹿町誌編纂委員会　一九八八　六一九〕。虫食い地蔵に供えられたおはぎは、子供たちが自由に食べてよいことになっていた。小網倉浜の女性（昭和一七年、小網倉浜出身）によれば、地蔵講の日は教員公認でおはぎを食べに行ったという（昭和二〇〜三〇年代）。このことを知らないある女性が、供えようとしたおはぎの重箱に手を突っ込んだ地元の子供たちを叱ったが、その日を境に我が子のかんの虫が治ったとされ、子供が供え物を食べることはむしろ良いこととして受け取られている。また、虫食い地蔵のコケをつまんで子供に舐めさせると良いともいわれており、この話者の若い知人が小網倉浜に来た折にこの風習に倣ったところ、子供の夜泣きが止んだという話が近年のエピソードとして紹介された。

(33) 筆者が持参した手土産もこの場で開けられ、他の菓子と一緒に地蔵の口に塗りつけた。そのあと、筆者らを含めた参加者全員でおはぎや菓子を分け合い、食べた。

(34) 念仏講(梅花講)が発案し、行政区からの寄附金と自分たちの持ち出しによって、屋根を設置した。

第三部　女講中を超えて

第五章　「入れない嫁」から「入らない嫁」へ
―高度経済成長期におけるつながりの変容―

はじめに

女講中は、集落の女性の中心的組織として機能し、行動や権利を統制する側面もあった。他方で、個人と個人の日常的なつきあいは、女講中とは異なる女性同士の結び付きとして、暮らしを支えてきた。本章では、女講中から離れ、個人が形成するつながりに目を向けてみたい。ここでは、単なる情緒的な関係とも異なる個人と個人の関係を、インフォーマルなつながりとして分析する。インフォーマルという語は、分野を問わず様々な社会研究で用いられている。先行研究におけるインフォーマルとは何か検討しながら、女講中のような秩序・規範と複合的に形成される女性同士のつながりの実態把握を目指したい。

昭和三〇年代は、牡鹿地区において様々な転換が起きた時期である。捕鯨やカツオ漁の規模が拡大する一方で、カキやワカメ・ホヤなどの養殖の実用化が進み、獲る漁業から育てる漁業への転換が牡鹿半島全体に拡まっていった。現在、養殖漁業は主要な産業として定着している。行政においては、昭和三〇(一九五五)年に鮎川町と大原村が合併し、牡鹿郡牡鹿町が誕生した。これより、町道やライフライン整備をはじめとする公共工事が加速的に行われ、観光という新たな資源の発掘も取り組まれた。旧暦を使用し続ける集落もこの頃に新暦に切り替えており、暦の使用の統一が図られている。[1] なお、女講中の活動が最も活発だったのもこの時期であり、生活や経済の向上が少なからず影響を与えているのは間違いない。集落によっては、住民が出資して観音堂を建設するなど、集落で祀る神仏への寄進がさかんに行われたのもこの時期である。それぞれの事柄は独立して見えるが、大小はあれ、いずれもこの時代の背景にある高度経済成長と無関係ではない。

急激な経済成長を遂げた、昭和三〇年代から石油ショックが起きる昭和四八年までを、一般的に高度経済成長期と呼ぶ。この間に起きた暮らしの大きな変化として、一つに生活革命が挙げられる。炊事・洗濯・掃除をはじめとする家事労働は、手作業ではたいへんな労働量である。家電製品が家庭に普及する以前には、それをいかに効率よく済ませるかが、嫁たちの工夫のしどころであった。牡鹿半島ではないが、ある女性話者から「朝は農作業や炊事に忙しいので、洗濯は夜のうちに洗い、干しておいた」という経験談を聞いたことがある。したくはないが、そうせざるをえないほど忙しかったということである。そしてその忙しさは、彼女の姑によって助長されていた。嫁入道具として持参した洗濯機を「電気と水を食うから」と、姑が物置にしまってしまったので、昭和五〇年代に入っても家族全員の衣類を全て手洗いしていたそうである。聞取りをしていると、家事を重労働であったと語る人は昭和二〇年頃までの生まれに多く、一方で、戦後に生まれ、昭和五〇年代に嫁いだ女性から聞かれることは稀である。

高度経済成長を挟み、家事労働の時間と労力が大きく軽減された女性たちは、暮らしにもゆとりが生まれるようになった。社会学などでは、農家や自営業中心の社会から被雇用者(サラリーマン)中心の社会へと変化し、その妻たちが専業主婦となったことを「主婦化」「専業主婦の大衆化」と呼んでいる。[2] 専業主婦の大衆化とは、単に専業主婦の増加を意味するだけではなく、「新しい主婦たちの文化」の拡がりにも関連する。[3] 暮らしに余裕ができたことによって、料理に手をかける、おしゃれに気を使うなどの「遊びの部分、趣味的な部分」が膨らんでいった。

価値観の変化には、女性の高学歴化[4]や就業経験も関連しているように思われる。女子の中等教育進学率は、昭和一五年では二二パーセントだったが、新制高等学校の女子進学率は昭和二五年は三六・七パーセントに増加し、高度経済成長期終盤の昭和四五年には八二・七パーセントと、男子進学率とほぼ同じになっている[5]。それに伴い、女子が卒業してから結婚するまでの間、地元の会社や工場に働きに出る女性も増えた。趣味の合う友人を見つける機会が増え、結婚後も引き続きつきあいが行われた。また、娘時代と結婚の間にこれらの経験が挟み込まれることで、実家と婚家以外の社会における経験と知識を身に付けることとなった。

いろいろな世代の女性に話を聞いていると、しばしば、昭和初期生まれの女性が「私らは若いときシュウト(姑)さ仕えて、今は嫁さ小さくなってる」とつぶやく場面に出会うことがある。小学校高等科卒業後、実家の農業を手伝ったのち嫁いできた彼女が教えられてきた「嫁」とは、「シュウトさ仕え」る者だった。一方で、婚前に就学・就業を経験し嫁いできた息子の妻は、自分にはない経験と知識を持っており、それに従わざるをえない。息子の妻にそのような意図はなくても、そのようなギャップを抱かせるのに十分だったといえる。戦後、特に昭和四八年までの高度経済成長期は、暮らしぶりのほか、女性のライフコースや人間関係がそれまでより広く多元的なものに変化した。専業主婦が理想的なモデルとして登場し定着しただけではなく、世代によって主婦としての在り方・方向性に差異があったことに留意しなければならない。

牡鹿半島もまた、こうした女性の価値観の変化と無縁ではなかったはずである。昭和三〇年代の女講中は経済的に最も充実し、活発に活動していたものの、昭和五〇年代から衰退傾向に入る。収入源を失ったことによる衰退であることは既に述べたが、当事者である女性たち自身に起きていた変化も大きな要因といえる。集落における社会規範、女性の意志、産業の要素が連関し、結びつきや集団形成に与える影響を時系列に基づき明らかにすることで、牡鹿地区の女性が求める女性同士の結びつきの変容を捉えたい。

第一節　嫁のライフコースと女講中

第一項　女講中による嫁の分類―アネと「入れない嫁」―

基本的に長男単独相続である牡鹿半島では、女子は嫁に、次三男の男子は家を出て独立した。平地が少ないために分家を増やすことが難しく、子一人に財産が集中することを促してきた。弟がいても長女がカトクとして婿を取り家を継ぐケースもあり、昭和三〇年代まで大原浜や鮎川浜でその実例があった。また、長男が他出の意思を示した場合、早くに次男以下をカトクと定めた。長男にこだわるより、早い段階でカトクを決め、家としての安定を図ろうとする傾向が強いといえる。カトクを早く決めることは、一五歳で加入する契約講とも合っていた。

家の財産相続は、集落としても無関係ではなかった。給分浜は、牡鹿半島の中でも古い集落である一方で、他の集落に比べると近世から現在にかけての戸数の増加が少ない。分家を増やさないようにする傾向があったためである。分け与える土地が少ないという点は他の集落も同じだが、網元や船主の資産家が家を継げない次三男を、網子や船員として自らの経営体に取り込んできたため、土地さえわずかでも手に入れられれば、暮らしていくことはできないわけではなかった。しかし半農半漁の給分浜では、土地の拡散は死活問題であり、漁業規模もそれほど大きくないため、分家の創出は重大な決断だった。分家や別家、移住者の定住は、契約講で審議された。集落に家が増えることは、集落の共有財産もまた分配しなくてはならなくなるためである。

契約講では、自治や祭祀・防災・道普請などを行うほか、網株(大謀網漁)や共有林株を管理していた。契約講員になれば集落で発言することができるし、株があれば、漁業や共有地における利益を得ることができる。このため、集落としては家が増え、契約講の講員になることに慎重だった。創出されたばかりの分家や別家のような新戸が契約講に加入するためには、旧戸から株の譲渡あるいは購入し、総会で加入を認めてもらうことが必要だった(6)。昭和四〇年代には「二三男も独立して世帯を持ったばあいは講員の了解をえて加入金をだせば加入できる」(給分浜)〔平山　一九六九　九八〕ようになったが、年二回ある総会での承認は容易ではなく、特に移住してきた外来者に対しては厳しく、「移住(年数)が足りない」と見送られることもあった(小渕)(7)。

女講中の講員もまた、契約講と同様の加入資格がもうけられていた。カトクが結婚すると、講員がアネである嫁を女講中へ誘うために訪れる。後日、嫁は講の日に、姑や母など近親者に連れられ、手土産持参で仲間入りした。カトク以外の男性に嫁ぎ、分家や別家を創設した女性の下へは誘いがなかったし、連れて行ってくれる人もいなかった。アネであるか否かによって、集落には女講中に「入れる嫁」と「入れない嫁」の二通りの女性が混住していたことになる。

小渕では、昭和三〇年代まで「入れる嫁」「入れない嫁」の区別が徹底していた。小渕は、元々は給分浜の端郷だったが、近世江戸廻米船をはじめとする廻船の寄港地であり、明治期には気仙地方から大謀網漁の大網子を雇い入れていたため、人の出入りが激しい漁村だった。工場誘致や漁業者数の増加に伴い、戦後は特に人口の増加が著しく、昭和一〇(一九三五)年には九一戸六二八人だったのが、昭和二五年には四〇戸九六〇人、昭和四〇年には一七七戸一〇三五人と、平成に入るまで増加してきた(8)。

こうした事情を背景に、女講中についてもアネに女講中への加入を義務付ける一方で、新戸の妻は除かれていた。女講中の脱退年齢も、ほとんどの集落が三八〜四二歳なのに対し、昭和三〇年代の小渕では三三歳と低かった。講員の人数を、できるだけ少なく保とうとしていたわけである。こうした中で、多数派かつ主流派の「入れる嫁」と少数派の「入れない嫁」の関係は、どのようなものだったのだろうか。

花代さん（昭和一五年生）は、小渕で生まれ育ち、親の勧めで同じ集落の漁師の家に嫁いだ。(9) 相手はカトクで、花代さんは舅姑と同居し、漁家のアネとして暮らしてきた。花代さんは嫁いですぐに女講中に仲間入りし、定年前には当前長（トメチョウ）を務めた。女講中を脱退した後は、観音講や婦人会に加入し、バンツァマとなって第一線を退くまで、小渕女性の中心で活動し続けた。

ちよ子さん（昭和一一年生）もまた小渕で生まれ育ち、幼い頃から花代さんとは友達として親しくつきあってきた。ちよ子さんが小渕の漁師に嫁いだ後も、二人の交際は続いた。ただし、ちよ子さんの夫は次男だったため、分家し、ちよ子さん夫婦は家の初代として核家族の生活を始めた。ちよ子さんの下に女講中から誘いが訪れることはなく、本家のカガである夫の母が女講中に連れていってくれることもなかったため、ちよ子さんが女講中に入ることはなかった。若いうちは生活に忙しく、その余裕もなかったが、子育てを終え壮年期に差し掛かっても、気後れしてしまい、婦人会や観音講などに加わることはなかった。

ちよ子さんが上位の講や婦人会に入りそびれたことは、「入れる嫁」が本来在るべき嫁のライフコースであり、そうではない者を取り除く、潜在的な差別化といえる。「入れない嫁」は講行事などへの参加ができないために、そこで生じる利益を得ることができず、社会関係資本というべき人脈づくりや発言権の面で、「入れる嫁」より大きく出遅れることとなった。

ただし、それによって日常のつきあいが断たれるわけではなかった。花代さんとちよ子さんがそれぞれ嫁いだ昭和三〇年代は、小渕ではまだ水道・ガスが整備されておらず、水汲みや枯れ枝集めは嫁の仕事だった。特に漁師の家ではシラスやエビを釜茹でにしてから出荷するため、嫁は燃料となる枯れ枝を大量に貯えておく必要があった。枯れ枝集めのために、嫁たちは連れ立って山へ入ったが、女講中の加入に関係なく同じ年頃の者たちで協力することが多かった。許されている共有地に適当な枯れ枝がないときは、嫁たちはこっそりと立ち入り禁止の山に入ることもあり、これらの秘密も女講中ではなく、同世代の私的な仲間たちの間で共有されていた。花代さんとちよ子さんは結婚後も友人として助け合い、そのつきあいは現在も続いている。女講中による区別は、嫁たちの関係を分断するものではなかったといえる。

牡鹿半島の女性の間では、「入れる嫁」「入れない嫁」の区別について、単にそう決められているからではなく、両者の生活上の違いによるものとして解釈されてきた。その違いとは姑との同居である。昭和三〇年代の牡鹿半島の嫁の一般的な仕事範囲は、陸仕事と家事、そして育児だった。小渕では漁獲物の加工までが女性の仕事であり、花代さんやちよ子さんがおこなっていたように、水揚げされたエビやシラスは、天秤棒で各家に持ち帰り、釜で茹であげたのちに天日で乾燥させ、石巻の水産業者に引き渡した。田畑の管理には男性は関与せず、農繁期の人手の確保まで嫁が仕切った。その一方で、女講中としても地蔵講や山神講の集まりのほか、膳椀や婚礼道具の貸出など様々な役割があった。集落により異なるが、講行事も年六〜一二回程度あり、そのたびに炊事も休まなくてはいけない。したがって、女講中講員には姑の協力と理解が欠かせなかったのである。花代さんの場合、講のある日は姑が炊事等の仕事を代わり、ヤドが回ってきたときは、その調理も手伝ってもらえた。夫婦二人の世帯ではこうした助力が得られないため、たとえ規則がなかったとしても加入は難しかった、というのがこの世代の女性たちの考えである。

「入れる嫁」たちが女講中を通して結びつきを強め、集落の女性のリーダー的な存在として経験を積んでいくのに比べ、「入れない嫁」たちは家の仕事に追われ、社会とのつながりが希薄にならざるをえなかった。小渕のちよ子さんは、生まれ育った土地で嫁となったために、切れることなく若い嫁同士の結び付きを維持することができた。女講中以外の場で展開されるインフォーマルなつきあいによって、「入れない嫁」も知恵や知識を借りることができ、差はありつつも排除されることなく日々の生活を送ることができた。

第二項　「入れない嫁」の過渡期―姑個人の判断の介入―

女講中をめぐるアネと「入れない嫁」の明確な区別は、集落社会への参画を線引きされていた。それは集落社会の秩序であると同時に、姑不在という状況的な事情によるものでもあった。したがって「入れない嫁」とは、個人の意志や判断によってそうなるのではなく、自動的に行われる区別だったといえる。

しかし同じ頃、小渕に近い大原浜では「入れる嫁」「入れない嫁」の区別に姑の意向が大きく反映されるようになっていた。牡鹿郡陸方地域出身の逸子さんは、昭和三一年に大原浜の家に嫁いだ。勤め人の夫はカトクであり、逸子さんはアネとして女講中に入ることのできる立場だったが、姑は逸子さんが女講中の集まりに出かけるのを嫌がった。家事や田畑仕事、子育てに専念することを望まれ、逸子さんは女講中に仲間入りすることができなかった。姑自身は社交的な人であり、女講中はもちろん婦人会や観音講で精力的に活動した。「女講中会計簿」には逸子さんの姑の名前が散見され、女講中に寄附を贈った形跡もある。ただし逸子さんの名前は見当らず、講員として活動しなかっただけではなく、非講員としてできる関与（道具の貸出など）もなかったことが窺える。

智恵子さん（昭和八年生、仙台出身）(10)も姑に止められて女講中に加入しなかった。夫は職人の二代目で、住み込みの弟子を含めると、嫁いだときは一一人家族の大所帯だった。夏には二〇人近くまで増える年もあり、姑は大家族を切盛りする女将さんになることを智恵子さんに求めた。智恵子さんは姑の意向に従い、女講中には入らなかった。

在町である大原浜の職業構成は多様であり、勤め人の割合も高かった。嫁の役割も家ごとに異なり、一律の社会規範によって嫁を統制するのではなく、姑の判断が尊重される傾向が強かったといえる。このために、同時代の小渕では義務だった女講中加入は、大原浜では任意加入となり、逸子さんや智恵子さんのように、アネであるものの仲間入りを許されない「入れない嫁」が現れた。つまり、嫁の立場からすれば「入れない」のだが、女講中側からは「入らない嫁」が出現したように見える。これまでは、嫁を講に送り出してやるのが姑の役割であり、姑自身に対する社会的な評価にも繋がっていた。大原浜女講中における「入れない嫁」から「入らない嫁」への変化の過渡期には、この世代の姑たちをめぐる価値観の転換が密接に関連していたといえる。社会的なルールより家の事情を優先する風潮の出現は、やがて個人の選択に繋がっていく。

第三項　仕事と女講中―ライフコースの固定から選択へ―

漁業のさかんな牡鹿地区では男女の性別役割分業が明確であり、田畑を管理し家事を行うのが一般的な嫁の在り方だった。行商のように女性が単身で働きに出かける業態に乏しく、家の再生産労働や家業の補助に徹していた。ただしそれは結婚してからのことであり、未婚女性が勤めに出る習慣は、昭和初期には既に定着していた。『牡鹿町誌』上巻の大原浜集落誌には次のような記述がある。

昭和九年に増築された二階建の電話交換室は今だに外観は損なわれずに残されて居る。戦時中はこの二階で遠藤(旧姓石森)まさ子さん(寄磯浜)、吉田こと子さん(大原浜)、佐々木フミ子(故人)等のうら若き交換手たちが、空襲に脅えながらも二〇数個の加入電話を守り続けていたという。

〔牡鹿町誌編纂委員会　一九八八　五四八〕

電話交換室は、大原浜にあった大原村郵便局の二階に置かれていた。電話交換手をはじめ、役場や郵便局等公的機関の事務や受付など、女性向けの働き口が多かった大原浜には、集落外からも職を求めて未婚女性がやって来た。仕事中に負傷し働けなくなった父に代わり、配給所で物資の運搬を行い家計を支えたという女性（昭和三年生、大原浜）もいたが、彼女のように肉体労働に就く人は稀で、多くは内勤だった。

女性が勤めに出るのは、ほとんどは義務教育期間を終えてから結婚するまでの数年間だけであり、結婚後もその仕事を続ける女性となると、昭和二〇年代まではきわめて稀だった。[11] 遼子さん（昭和六年生）が小学校教員として大谷川浜に赴任したのは、昭和二〇年代前半である。ほどなく地元大谷川の男性との間に縁談が持ち上がったが、男性の家業である定置網漁と農業をこなせる自信がなく、一度断ったという。しかし、男性とその母たち（姑と大姑）が家事などは一切やらなくてよい、教員を続けてよい、と繰り返し申し込んできたため、嫁ぐことに決めた。しかし、婚家の申し入れに反し、遼子さん自身は結婚するからには仕事を辞めるべきと考えていたため、結婚を機に退職したという。前項の大原浜の「入れない嫁」のように、姑の求めに応じて嫁の仕事に専念するという場合もあったが、逆に姑が嫁の職業を支援しても、嫁の側にその意識が低かったようである。結婚はそれだけ大きなライフイベントであり、事情がない限り、仕事に執着するものでもなかったといえる。

この頃の牡鹿半島の女性は、義務教育を終えると和裁の師匠の元に通い、裁縫の技術を身に付けた。地元に師匠がいなければ下宿して、炊事や掃除も教え込まれた。中学卒業から結婚までは、相手の有無にかかわらず、いわば花嫁修業期間であり、就職もその延長にあるものとして捉えられていたようである。

このような女性の単線的なライフコースに変化が起こり始めたのは、やはり在町集落からだった。小学校教員だった恭子さん（昭和五年生）は、昭和二〇年代に嫁と勤務を両立させていた数少ない女性である。石巻実科高等女学校に入学した恭子さんは、担任教師に進められ、教員を目指した。しかし、入学から卒業まで戦中・戦後の混乱期にあり、教員免許を取ることなく給分浜の実家に帰ることとなった。女学校出の女性が少なかった当時、恭子さんは地元で代用教員としての職を得ることができ、その後教員免許を取得した。改めて正規の教員として赴任した先で、同じく教員である後の夫と知り合った。夫はカトクだったので、恭子さんはアネとなったが、結婚後も教員を続けることを望んだ。夫と舅・姑がこれを受け入れたので、当時としては珍しい共働き夫婦となった。舅も勤め人だったので家業というべきものはなかったが、嫁として家事に手を抜かないことを求められたので、朝早く起きて夫と自分の弁当と全員の朝食を作り、帰ってきてからも炊事や片付けに明け暮れた。平日にできない家事は、日曜日にまとめて済ませた。このような嫁業と通勤の両立は、五〇歳で退職するまで続いた。

恭子さんは女講中に入ることはなかった。仕事を休んでまで講に出かけることは考えられなかったし、日曜に講が行われたとしても、平日できない分の家事を済ませるため、出かけることはできなかったからである。当時の大原浜女講中は、勤める女性に対応する余地がなかったといえる。当時、仕事を持つ既婚女性は稀で、例外は産婆や助産師くらいだった。和裁を教えて生計を立てる女性もいたが、彼女らは未婚者や寡婦など独身者であり、嫁としての働きと両立しているわけではなかった。ただでさえ重労働な嫁の役割に加え、別に職業を持つような既婚女性の在り方は想定されていなかったわけである。

皆が同じ境遇だからこそ、嫁たちは同じ価値観を共有し、女講中は憩いの場になりえたが、姑判断による「入れない嫁」や仕事を持つ既婚女性の登場により、女講中の秩序は、昭和三〇年代の大原浜において「特に支障がなければ入るもの」に軟化していった。「支障」すなわち、仕事を持っていれば入らなくてもよい、という文脈が成り立ち、女講中は徐々に標準的ライフコースから選択肢の一つという位置付けに変わっていった。昌子さん(昭和二三年生)や美奈子さん（昭和二五年生）が大原浜に嫁いできた昭和四〇年代半ばには、仕事を続ける嫁は珍しい存在ではなくなっていた。鮎川浜出身の昌子さんは、電話交換手として大原浜に通勤し、下の階にある郵便局に勤めていた大原浜の男性と知り合い結婚した。結婚後も郵便局に勤務したため、女講中には入らなかった。美奈子さんは最初の二～三年だけ女講中に入ったが、勤めが平日であるため講行事にほとんど参加できず、やめてしまった。

結婚後も仕事を続けた恭子さん・昌子さん・美奈子さんに共通するのは、嫁ぎ先が舅の代から既に勤め人である点である。家業を持たないため、専業主婦として姑が家におり、多少なりとも家事や育児を分担することができた。舅姑の側としても、舅の定年退職以降も収入を維持できることは大きな安心だった。実際に、嫁の月給は全額姑が管理し、嫁にはわずかな小遣いが渡される程度だった。他方で、同時期に女講中の秩序が厳格だった小渕は、漁業を生業とする家が多く、労働を家成員で分担するため、貴重な労働力である嫁が勤めに出ることは難しく、その必要性も低かった。

このように、女講中加入の可否を決めていたのは、嫁の好みによるものではなく、嫁の働き方をめぐる家、特に姑の意志が背景にあった。捕鯨基地として急速に発展した鮎川浜や、遠洋漁船の乗組員家庭が多かった十八成浜では昭和二〇年代のうちに女講中が衰退していることからも、大原浜と同じような変化が早くに訪れたと見られる。

第二節　選択される帰属集団―女講中から婦人会へ―

第一項　漁村における女講中の意義のゆらぎ

昭和三〇年代という時代は、都市部だけではなく、第一次産業を主体とする地方村落にも変化を促した。昭和三〇

（一九五五）年、鮎川町と大原村が合併し、牡鹿町が誕生すると、牡鹿町は漁業と観光を町の産業として掲げ、各種公共工事に次々と着手した。捕鯨により栄えた鮎川浜と近世からの中心地である大原浜のある表浜から工事が先行し、両集落の間にある十八成浜・小渕・給分浜の集落もその変化に直面した。この項では小渕・給分浜を中心に、急な開発に対し、集落住民、特に女性がどのように巻き込まれ、それが女講中活動にどのような影響をもたらしたかを見ていきたい。

リアス式の入り組んだ地形のため、牡鹿半島への陸路は困難な山道であり、太平洋側の裏浜では戦後しばらくの間、巡航船が石巻・女川への主要な交通手段だった。表浜では昭和初期からバスが運行していたが、悪路のため自動車の普及が進まず、流通を妨げていた。鮎川浜に至る金華山街道の改修工事は、半島部だけではなく石巻や渡波等周辺町村にとっても長年の課題だったといえる。牡鹿町誕生後、町は半島全体の交通格差をなくすため、町道の建設・延伸を進めていった。女川町と鮎川浜を直線で結ぶ有料道路コバルトライン[12]も、町に人と物を呼び込むための構想もその一つであり、昭和四三年に着工された。

道路建設に際して浮上した問題が、工事関係者の宿泊施設の不足だった。鮎川浜や大原浜以外の集落には、外来者が滞在できるような施設がほとんどなかったためである。そこで、町は各集落に対し工事関係者の宿泊を打診した。これに応じ、昭和三〇年代後半から漁業者を中心に民宿を開業する家が現れ始めた。

その一つに、利子さん（昭和二八年生）の嫁ぎ先がある。給分浜にある嫁ぎ先は、カキを中心とした養殖と定置網漁とした元網元の家であり、民宿も経営していた。民宿経営は、昭和四四年に家を新築した折、コバルトライン建設に携わる作業員のために、大姑と姑が始めたのがきっかけだった。利子さんは養殖や定置網の陸仕事に加え、民宿のサービスにも関わることになった。嫁いだ当初は、生活スペースである母屋に客を泊めていたが、民宿経営が軌道に乗り、本格的な旅館化が進んでいった。昭和五七年に宴会場を増設し、平成七(一九九五)年には、母屋の建替えと同時に宿泊施設も新築した。これを機に姑は民宿経営から退き、利子さんが女将となった。

客商売である民宿の仕事は、時間の融通が利かない。利子さんは姑に連れられて女講中に入りはしたものの、日中は客室の清掃や夕食の仕込みをしなくてはならないため、講に時間を合わせることができず、一年半ほどでやめてしまった。嫁の休み日となる講が彼女の中で重要なものではなくなってしまったことについて、利子さんには二つの理由があった。まず、仕事に対する責任と誇りである。安易に姑に代わってもらうのも気が引けたし、成功も失敗も自分次第である。もう一つは、女講中の集まりが彼女にとってはあまり息抜きにならなかったことである。利子さんが嫁いだ頃、女性の結婚適齢期は二二〜二三歳であり、一八歳で嫁いだ利子さんは女講中の中でも一際若かった。利子さんにとって女講中は、「上は三七歳の人までいるわけでしょう。二〇やそこらで嫁いだ若い人では話も合わない」のであり、娯楽どころか緊張の場だったと語る。女講中は嫁が嫁ぎ先社会に溶け込むきっかけになりはしても、嫁の娯楽という魅力はゆらぎだしていた。

利子さんは女講中を客観的に分析し、仕事を選択した。漁業を主体とする集落では女性同士の親和的関係による助け合いが欠かせないと前述したが、昭和四〇年代にはそれが変化してきた。道路が整備され、冷蔵技術が発達したことで、出荷の前に小魚を加工しておく必要がなくなり、女性の陸仕事が大いに軽減した。また、ワカメやカキなどの養殖漁業が増加し、収穫期には多くの人員を雇うようになった。主にその労働に当たるのは、幅広い年代の女性たちである。嫁にとってアンペイドワークだった陸仕事は、ペイドワークに変化したわけである。その稼ぎが家のために使われるとしても、自分の働きにより現金収入を得ることで、嫁は利子さんのように自信とやりがいを覚え、家における発言権を得ていった。同時に、嫁同士の結び付きは、生活に密着した緊密な助け合いの関係ではなくなっていった。こうして、加入義務のある女講中に「入らない嫁」が現れ始めた。

他方で、個別化が進むからこそ女講中を重視する集落もあった。小売店の二代目である美恵子さん（昭和一五年生）は、集落の女性を結び付けるものと考え、小渕の女講中の活動を牽引してきた。婿を取って両親の開いた小売店を継いだ美恵子さんは、女講中の当前長のほか、若妻会・婦人会の会長を次々に務め、同世代の嫁たちにとってリーダー的な存在だった。既にオメッツキなどの演芸や講行事は行われなくなっていたものの、唄や踊り、読経、様々な慣習を下の世代に伝えていかねばならないと考えた美恵子さんは、唄の師匠を呼んで稽古してもらうなど、新人講員に覚えてもらえるよう働きかけた。隣の給分浜では昭和五〇年代初めに女講中が衰退したのに対し、小渕の女講中は高いモチベーションを維持し、平成一〇年代中頃まで続いた。

女講中のゆらぎは、漁村における嫁の在り方が一通りでなくなったことより、嫁が仕事にやりがいや報酬といった価値を見出し、それと女講中を比べたときに起きた。女講中が何の集まりであるか問うたとき、信仰や娯楽を魅力と感じるか否かは個人の感覚による。小渕の女講中では、美恵子さんの取組みが講員に集落の一員としての役割と責任を持たせるのに結び付いた。やりがいと自己実現は、社会に参画することの達成感によっても得られる。高度経済成長期における「新しい主婦たちの文化」は趣味的な部分だけに開かれたのではなく、生涯学習や、民生委員・婦人会など福祉活動的側面への延びを併せ持つこともそれを裏付けている。

また、昭和四〇年代より自宅で婚礼が行われなくなったことも、女講中が衰退した大きな要因といえる。長持渡しや婚礼道具の貸出がなくなったことは、それを主たる収入源としていた女講中にとって経済的に大きな打撃だった。そして、宴会が外部化したことで、女性たちは宴会の料理作りなど裏方仕事から解放されたが、同時に女講中として担っていた社会的役割も縮小していった。

第二項　女講中から婦人会への転換—やりがいへの志向性—

以上のように、昭和三〇年代から昭和四〇年代にかけ、集落女性に対する女講中の求心力は徐々に失われていった。女講中に入らない生き方を選んだ嫁たちは、働くことで得られる自己実現や達成感を、仕事以外の場面にも求めた。仕事を理由に大原浜で最初の「入らない嫁」となった恭子さんは、定年退職後も地縁の女性集団には入らずに、小学校教員の経験を生かして牡鹿町の子供たちのための活動に取り組んだ。大原浜でのつきあいも大切にしていたが、親しい友人はこれらの活動を通してつながった人が多かったという。村内婚や積極的な性格の嫁を除き、「入れない嫁」「入らない嫁」ともに集落内の友人関係に乏しい人は多く、嫁いできた嫁同士を結びつける機会としても女講中が大きな意義を持っていたことを窺わせる。一方で、女講中に入らなかった女性が、ライフコースから地縁集団の一切を排除したわけではない。勤めのため女講中に入らなかった美奈子さんは、退職後に大原浜婦人会に加入し、後には会長を務めるまでになっている。女講中には入らなかったものの婦人会には加入したという人は昭和四〇年代には少なくない。女講中ではなく婦人会を選んだ嫁たちは、何に関心を持っていたのだろうか。

牡鹿地区における婦人会組織の始まりは、明治三八（一九〇五）年、旧大原村に愛国婦人会が組織され、当時の大原村村長がその地方委員、夫人が協議委員を務めたのが最初と見られる。大正元（一九一二）年時点における旧大原村の婦人会会員数は五三人にのぼり、大原村より人口の多い旧鮎川村の会員数が三九人だったのに比べると、熱心だった様子が想像できる(13)。昭和一二年頃、大日本国防婦人会が牡鹿半島にも組織され、旧大原村では当時の愛国婦人会会長が国防婦人会の分会長を兼任したことで、ほぼ同じ組織として定着した。ほかに大原村では大正期〜昭和初期に、婦人警火会という消防団の後援会的な独自の組織が存在しており、女性の集落奉仕活動の盛んな様子が窺える。国防婦人会は戦後に解散し、第四章で述べたとおり、県婦連発足を受けて昭和二六〜二七年に各集落の婦人会が結成された。

女講中と婦人会の違いについては、「ブラク」と「ソト」として説明されることがある。ブラクとは、牡鹿半島の人びとが集落を指すときに使うことばである。女講中は契約講とともにブラクの組織であり、ブラクの女性に関する出来事は女講中を中心に対応すべきとされる。他方で、婦人会や青年団・行政区はソトの組織であり、県や町単位組織の末端という位置付けである。例えば、自集落の小学校運動会に協力するのは子供の母親たちである女講中の役割、村や町主催の行事に参加を要請されるのは婦人会の役割、などと住み分けられていた。両者の区別は、女講中を抜け、子育てが一段落した人が婦人会に入るという暗黙の了解の下、構成員自体も世代によって分かれるようになった。女講中の上位の講集団には観音講があるが、縁日の講行事以外では特に活動していなかったので、集団としては、年齢層の重なる婦人会に吸収されていった。

町婦連主導の婦人会活動としては、町・県単位の総会や研修会への参加（一部役員のみ）、鯨まつりや敬老会・文化講演会など町の行事への協力が行われた[14]。集落独自にも様々な活動が行われていた。鮎川浜婦人会では、結婚前に習得しなければいけない裁縫技術を未婚女性に教えるために「裁縫学園」を開いたという〔牡鹿町誌編纂委員会　二〇〇五　六三五〕[15]。泊浜の場合は、総会資料において交通安全教室や防火教室が報告されており[16]、災害への備えが窺える（写真12）。収入には、牡鹿町や町婦連からの支給のほか、町のイベント参加報酬、国民健康保険の集金代行、集落組織からのご祝儀（寄附）が挙げられ、活動費に充てられている[17]。

このように、婦人会は文化や福祉活動への参加、学習活動を主としており、子育てを終えた壮年女性に次の生きがいややりがいを与えることとなった。家族という私的な関係に対してだけではなく、町や集落に対し直接貢献することで社会参加している実感を得、県や町単位の組織に属することで意見交換や学習をし、広い視野を持つことができる。女講中に入らず婦人会に入った女性は、忙しい合間を縫って集まるのだから意味のある活動をしたい、そのやり

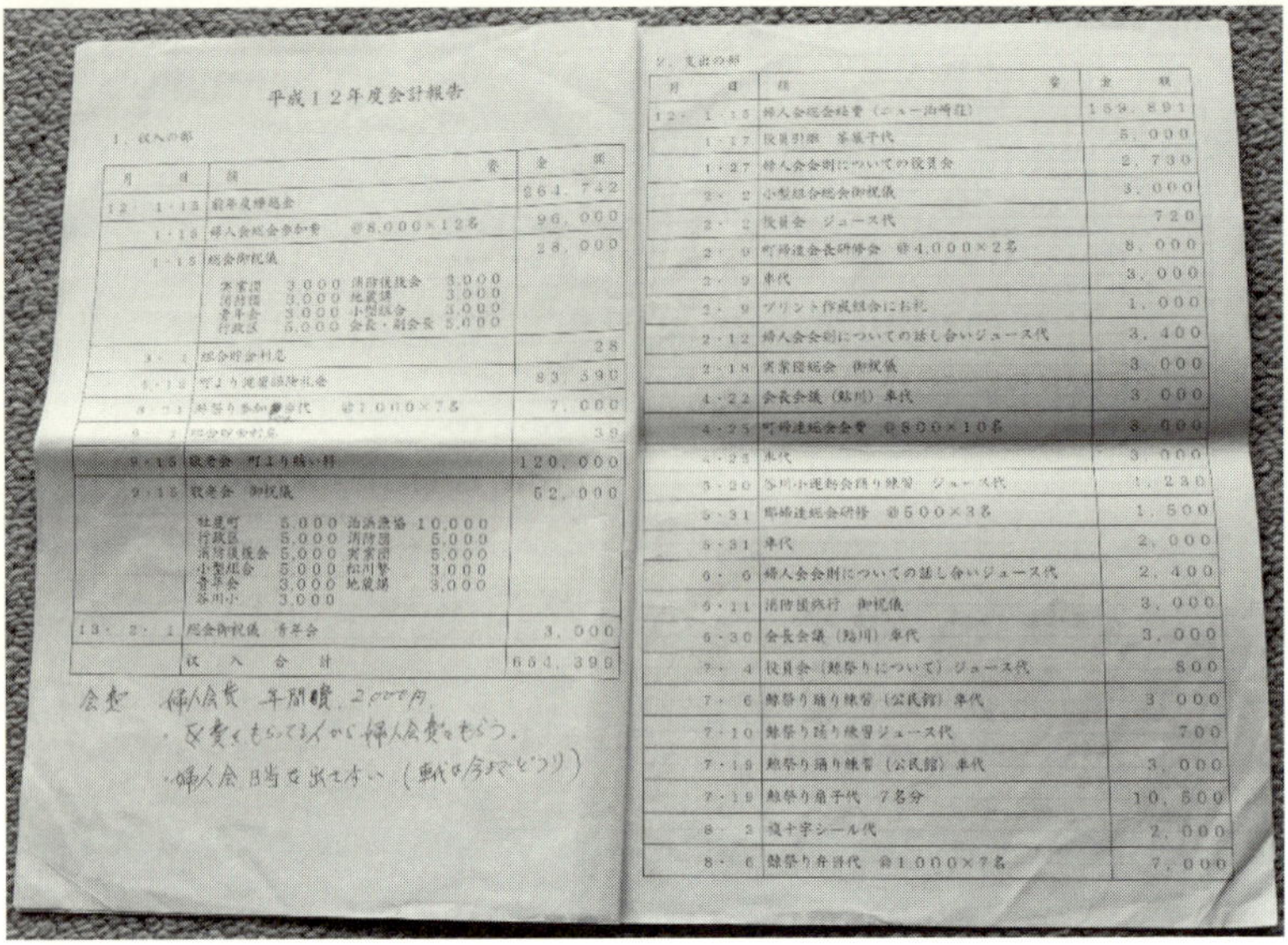
平成１２年度会計報告

１．収入の部

月　日	摘　要	金　額
12・1・13	前年度繰越金	264,742
1・15	婦人会総会参加費　@8,000×12名	96,000
1・15	総会御祝儀 3,000　消防後援会　3,000 3,000　地区協　3,000 青年会　3,000　小型組合　3,000 行政区　5,000　会長・副会長　5,000	28,000
3・1	総会貯金利息	28
5・12	町より運営補助金	83,390
	鯨祭り参加弁当代　@1000×7名	7,000
9・1	総会貯金利息	39
9・15	敬老会　町より賄い料	120,000
9・15	敬老会　御祝儀 牡鹿町　5,000　泊浜漁協　10,000 行政区　5,000　消防団　5,000 消防後援会　5,000　　5,000 小型組合　5,000　　3,000 青年会　3,000　地区協　3,000 　3,000	52,000
13・2・1	総会御祝儀　青年会	3,000
	収　入　合　計	654,399

会費　婦人会費　年間積　2000円
・区費をもらってる人から婦人会費をもらう。
・婦人会日当を出さない（　は今までどうり）

２．支出の部

月　日	摘　要	金　額
12・1・13	婦人会総会経費（ニュー　荘）	159,891
1・17	役員引継　茶菓子代	5,000
1・27	婦人会会則についての役員会	2,730
2・2	小型組合総会御祝儀	3,000
2・2	役員会　ジュース代	720
2・9	町婦連会長研修会　@4,000×2名	8,000
2・9	車代	3,000
2・9	プリント作成組合にお礼	1,000
2・12	婦人会会則についての話し合いジュース代	3,400
2・18	総会　御祝儀	3,000
4・22	会長会議（鮎川）車代	3,000
4・25	町婦連総会会費　@800×10名	8,000
4・25	車代	3,000
5・20	小運動会踊り練習　ジュース代	1,230
5・31	郡婦連総会研修　@500×3名	1,500
5・31	車代	2,000
6・6	婦人会会則についての話し合いジュース代	2,400
6・11	消防団旅行　御祝儀	3,000
6・30	会長会議（鮎川）車代	3,000
7・4	役員会（鯨祭りについて）ジュース代	800
7・6	鯨祭り踊り練習（公民館）車代	3,000
7・10	鯨祭り踊り練習ジュース代	700
7・19	鯨祭り踊り練習（公民館）車代	3,000
7・19	鯨祭り扇子代　7名分	10,500
8・2	赤十字シール代	2,000
8・6	鯨祭り弁当代　@1000×7名	7,000

【写真12】　平成12（2000）年泊浜婦人会総会資料（平成26年６月／尾曲香織氏撮影）

Ｂ５、２枚つづり（４頁）、ホチキス留め。

表紙には会員が家印でメモ書きされている。内容は会計報告。

がいが婦人会にはあって、女講中にはないと考えているのである。

給分浜のアヤ子さん（昭和二五年生）は、やりがいの観点から女講中ではなく婦人会を選んだ一人である。アヤ子さんは裏浜の男性と結婚し、生まれ育った給分浜に居を構えた。アネではなかったものの、当時、給分浜ではアネに限らず誰でも女講中に入ることができるようになっていた。しかし、姑のいないアヤ子さんは、子供の手がかからなくなるまでは家を空けたくないと思い、女講中には入らなかった。すると、同じく給分浜に住む叔母が、家に籠ってしまうことを心配し、アヤ子さんを婦人会に誘ってきた。婦人会に入るには年齢が若かったが、行けるときだけ行けばよいというので、決まった縁日に参加しなければいけない女講中より気軽に感じ、婦人会に入ることにした。アヤ子さんが婦人会で参加したのは、鯨まつりや運動会など町の行事が主で、災害時に炊き出しをおこなったこともある。最も大きい仕事は敬老会で、予算を工面しながら、五〇人以上の高齢者に御馳走を作って接待をした。アヤ子さんは「女講中は自分たちのため、婦人会は人のため」という。子供が小学生になったら女講中に入ろうと思っていたが、途中から入るのに気後れしたこともあって、結局入ることはなかった。一方で、子供が高校生になった後は、自由にできる時間が増えたこともあって、より婦人会の活動に精力的に取組み、会長を務めた。町婦連の解散とともに、給分浜婦人会も解散になったが、アヤ子さんは集落に女性組織は必要と考え、行政区に婦人部を創設した。

アヤ子さんは女講中以外の場に、同じ集落の女性たちとの共同とその喜びを見出した。利子さんと同じくやりがいの追求であり、「自分のため」で終わってしまうことの物足りなさを女講中に見ていたといえる。

他方で、女講中の代表どころか女講中に入ったこともないアヤ子さんが婦人会の会長を務めるほど中心的な人物になった事実も、重要である。前節の美奈子さん（大原浜）とともに稀な例ではあるが、長年の活動が評価されただけではなく、女講中の人材育成の役割が重視されなくなってきたともいえるのではないだろうか。

おわりに

女講中に区別される側であった嫁たちが、女講中を選ぶ側となり、やりがいを求めてライフコースが多様化していった。高度経済成長期を背景とする女性同士の関係の変容について、大きく次の二点が明らかになった。

一つは、つきあいにおける目的の変化である。牡鹿半島にも生活革命の波が押し寄せ、女性が担ってきた労働も質的・量的に軽減された。小渕の女性にとって重要な仕事の一つだったシラスの釜揚げは、道路整備と冷蔵車の登場によってなくなった。水を汲んだり、燃料となる枯れ枝を拾いに行ったりする必要もなくなった。これにより、同世代の女性たちで励まし合い、助け合う時間も一つ減った。助け合うために必要な関係は日々の暮らしにおいて重要度が下がることとなり、つきあいたい相手と時間を設けて一緒に過ごすように変化していった。主婦の大衆化において、遊びや趣味の時間を共有する「友人たちとの交際」は、「新しい主婦たちの文化」を構成する一部である。牡鹿半島においても、友人たちの重要度が高まるほど、必要があってつきあわねばならない相手とのつきあいは、事務的なつながりに位置付けられていった。集落における女性たちの暮らしが多様化するにつれ、女講中への加入は義務感が中心となっていき、主体的な活動の展開は難しくなっていったと思われる。

もう一つは、活動したい内容の変化である。高度経済成長期における専業主婦の役割として、日中会社勤めで留守になる男性に代わり、地域社会における共同作業等への参加があった。家事・育児に専念する既婚女性に限らず、農業や商売を行うため平日家にいる女性もこれに含み、学校のＰＴＡや町内の婦人会はこうした女性を標準として組織されてきた。戦後、農林省主導で進められてきた農山漁村の生活改善事業においても、農業や農家生活について知識・経験の乏しい者も多かった指導者（生活改良普及員）に対し、若い嫁たちを主に組織された生活改善実行グループがそれを支え、精力的な活動を見せた〔富田　二〇一一　三四〕。地域社会における主体的役割を担うことで、女性たちは発言力を獲得していった〔藤井　二〇一二〕。家においても、素朴な労働力である「テマ」から「労働の主体」となり、農村に新たな社会集団を生み出していくエンパワーメントとなった〔靍　二〇〇七〕。

生活革命、高学歴化、主婦論争、生活改善事業及び新生活運動は、模範的な女性の在り方を揺さぶってきた。模範的な女性とは、高度経済成長期に大衆化した専業主婦、いわゆる「三ちゃん農業」の「かあちゃん」すなわち農家女性など、家族構成や労働役割の点で異なる女性も共有する規範である。専業主婦を成立させた「女性は家事・育児を第一の仕事にすべきだ」という規範は、もともとの性別役割を部分的に特化したものであり、舅姑に仕えるという態度もそれに矛盾しなかった。こうした女性の規範を自ら問い直し、社会参加を進めてきた点においては、都市と地方村落に大きな違いはない。そして、社会関係の側面においても、友人たちとの交際を楽しんだり、目的を同じくする仲間と新たな社会集団を形成したりと、主体的なつきあいが図られていく。既存の地縁的つきあいと広がっていく社会関係のバランスは、高度経済成長期における急激な価値観の変化と相関性があると思われる。牡鹿半島における女講中の衰退と婦人会の盛り上がりは、こうした時代の中で起きた出来事であった。そして平成期において婦人会も役割を終え、集落における新たな女性同士の結びつきが模索されている。

女講中や婦人会の衰退について地元で尋ねると、「今の若い人は自由だから」「女の人が忙しくなったから」「女講中は茶飲みするだけだから」などの理由を挙げられる。それらは女講中と婦人会の時代を生きてきた当事者の実感であり、事実ではあるが、十分に説明されているわけではない。本章で明らかにしたように、集落社会と家・個人の均衡がくずれ、女性が仕事にやりがいを見出し、集団化することの意義を自分への還元から社会貢献へと変化してきたことが、高度経済成長期の地方村落における女性たちの変化の背景にある。それは、女性が自らを社会のどこに位置付けてきたかの変化でもある。女講中という地縁集団は、それに加入することで仲間として承認され、集落社会における自分の位置付けを示す指標だった。それに入れなければ、「入れない嫁」という位置取りを得ることになる。「入れない嫁」は「入れる嫁」に比べ、いくつかの権利を持てないだけでなく、姑の後ろ盾がない「入れない嫁」は状況的にも講に参加することが難しい。嫁それぞれの社会参加できる度合いが測られた、仲間入りの仕組みであるといえよう。しかし、高度経済成長期に入り、経済や交通が複雑化していくと、社会的承認を得る場は集落の中だけではなくなっていった。そして、女講中の「入れる」「入れない」という客体的なつながりを、嫁が「入る」「入らない」と主体的に選択することで、成員を規定する集落組織としての性質も希薄になっていった。仕事や地域貢献を通して自己実現を図り、社会的承認を得ていく中で、女性同士の結びつきは既存の地縁集団を超え編成されていくといえる。

註

（1）大原浜では、集落内におけるやりとりは旧暦を使用していたが、昭和三〇年に新暦に切り替えた。

（2）家族社会学等では「家庭維持にかかる費用を夫など他の家族が稼ぎ出すことにより、家事や育児に専念できる人たち」を「専業主婦」とする〔麻野　二〇〇四　一八～一九〕。女性の主婦化は男性の長時間労働を可能にしたとともに、女性を労働市場ではなく家庭に収めたことで、人口過剰時代の「失業者」対策としても機能した〔落合　二〇〇四　二二〕。

（3）歴博フォーラム「高度経済成長と生活革命」（国立歴史民俗博物館　二〇一〇）の討論における、関沢まゆみの指摘〔国立歴史民俗博物館　二〇一〇　一四八〕。

（4）学歴とは学業についての経歴であり、日本では「どの教育段階を終えたか」「同段階でどの程度の学校を終えたか」の二通りの解釈が行われ、後者を「学校歴」と呼んで区別することもある。本章では前者の意味で用い、高度経済成長期における高学歴化とは、新制高等学校への進学率の高まりあるいは一般化として記述する。

（5）戦前の進学率については、小学校（尋常科またはそれと同程度）卒業者のうち高等女学校（実科を除く）・女子高等師範学校（第一部）進学者の占める比率について掲載のある、文部省「日本の成長と教育」（昭和三七年）を参考にした。戦後の進学率については、文部省「文部統計要覧」より、中学校卒業者のうち高等学校及び高等専門学校に進学した者の割合を筆者が算出した。

（6）集落により年代は異なるが、網株は戦前に発足した漁業組合に、共有林株は戦後に発足した森林組合に移管しており、昭和四〇年頃には株の所有と契約講加入は直接的には関連のないものになっている。

(7) 平成一九(二〇〇七)年一〇月、大里正樹氏調査による。

(8) 『牡鹿町誌』上巻によるが、人口の原資料は昭和一〇年のみ「斉藤報恩館時報」一二六号、昭和二五年以降は国勢調査とある〔牡鹿町誌　一九八八　四九三〕。また、産業別就業人口の原資料は昭和一〇年は昭和二七年度「大原村村勢要覧」、昭和一五年以降は「町役場文書」とある〔牡鹿町誌編纂委員会　一九八八　四九四〕。

(9) 第四章グラフ3のとおり、昭和二一～三〇年における小渕の村内婚率は一五・六パーセントであり、近隣の大原浜や給分浜に比べると高い。昭和期を通じて小渕内の婚姻数は、他集落との婚姻に比べ高い数字で推移するが、昭和二一～四〇年には旧荻浜村、昭和四一年以降は石巻中心部との婚姻が同じくらい多い。

(10) 平成一九年一〇月、松岡薫氏・横山美有寿氏の調査による。

(11) 牡鹿半島内には戦前から現在まで後期中等教育以上の学校が置かれたことがないため、交通網の発達以前に進学する者は少数だった。男性の場合、水産関連の知識を得、各種免許を取得するために、昭和二〇～三〇年代にかけて青年団主催の夜学が盛んだった。

(12) 平成七年四月から通行料金が無料になった〔牡鹿町誌編纂委員会　二〇〇五　五八〕。

(13) 『牡鹿町誌』中巻による〔牡鹿町誌編纂委員会　二〇〇五　六一四〕。原資料は『明治四十四年　宮城県牡鹿郡勢一斑』。

(14) 平成十二年の「牡鹿町婦人会連絡協議会総会資料」による。

(15) 「鮎川婦人会裁縫学園」は、昭和二八年四月に創設し、和裁・洋裁のほか、行儀作法や生花の授業が行われた。『牡鹿町誌』によれば「場所は当初の間は警察署の二階が利用され、和裁(講師奥海つる)、洋裁(同阿部きぬ子)、作法いけばなその他の授業が行われたが、生徒は十八成浜や大原方面からも通ってきた。三十一年から公民館に移り、経営は月五〇〇円の授業料と町の助成金で賄ったがそれだけでは足りず、三十四年から婦人会員がお茶や電球の販売を行ってその利益を維持経営費の補いにしたという」とある。更に、昭和四〇年に運営を牡鹿町に移し、鮎川中学校併設になった後、昭和四九年に廃止された〔牡鹿町誌編纂委員会　二〇〇五　六三五〕。裁縫学園の経営や利用の実態について詳細は明らかではないが、鮎川浜婦人会が営利目的ではなく女子の社会教育に早くから尽力した点は注目される。

(16)　平成一二年度の泊浜婦人会「総会資料」による。

(17)　平成一二年度の泊浜婦人会「総会資料」による。

第六章　変容する女性同士のつながり
——平成における牡鹿半島の年序集団体系——

はじめに

女講中盛衰の背景には、昭和という時代、特に高度経済成長期があった。日本の高度経済成長を支えたのは、地方から上京した「金の卵」と呼ばれる若い労働力であった。一方の地方社会では、若者の流出が深刻化し、産業の低迷、過疎・高齢化の悪循環に陥っていくこととなる。高度経済成長期は鮎川浜の捕鯨で栄えた牡鹿町も、昭和五二（一九七七）年の排他的経済水域の制定、昭和五七年の商業捕鯨の一時停止措置以降、賑やかさを失っていった。外部資本だった捕鯨会社が鮎川浜から去り、大きな雇用先が失われたことで、若者世代が牡鹿町を離れていった。牡鹿町発足時には一万三七五三人だった牡鹿町の人口は、石巻市との合併前年である平成一六（二〇〇四）年には五二三九人と、半分以下にまで減少している〔牡鹿町総務課　二〇〇四〕。

　そして、平成期の牡鹿半島を俯瞰する上で看過できないのが、平成二三年に起きた東日本大震災の影響である。震源地は牡鹿半島沖であり、各集落は甚大な津波被害を受けた。集落によっては社会そのものを維持することが困難になり、それまでの集落の在り方やつながりも大きく変更を迫られることとなった。この点を考える際に気を付けなければならないのが、変化の原因は必ずしも災害自体ではなく、元々地域社会に潜在していた過疎の問題という可能性である。牡鹿半島の場合、被災の程度は同じくらいでも、地場産業の盛んな集落は産業を持たない集落に比べて人口減少が少ない傾向があった。集落や牡鹿半島に内包されていた問題が、災害を引き金に表面化した側面もあるといえる。

本章では、こうした平成の時代を生きる牡鹿半島の女性たちに着目し、どのようなつながり方を求め、東日本大震災を機に何が変わったかを考察する。第一節では、東日本大震災以前の婦人会など任意加入の女性団体の活動状況について整理する。第二節では、婚姻圏の拡大と嫁入してくる女性たちについて、第三節では、東日本大震災以降に起きた、集落の女性たちをめぐる変化について述べる。以上を通して、男性集団と異なる論理でつながりを持ってきた牡鹿半島の女性たちを平成という時代の中で俯瞰するとともに、これからのつながり方の可能性について展望する。

第一節　婦人会とその他の女性グループ

加入義務のあった女講中に対し、任意加入を前提とする婦人会は、自主性という点で会員の活動意欲を満たしてきた。また、自分の身や子供にかかわる信仰ではなく、イベントや福祉活動など社会貢献に携わることで、壮年女性の生きがいややりがいにもなった。義務ではない、自主的、という会員のモチベーションは、他方で、大きな負担を負ってまでやりたくはない思いが潜んでいる場合があった。世代が変われば会長や役員も交代しなければならないが、県や町婦連の会議への出席を負担に感じ、集落によっては役員のなり手不足が表面化するところもあった。

こうした状況に拍車をかけたのが、平成一七(二〇〇五)年に施行された石巻市への牡鹿町合併である。旧牡鹿町は石巻市牡鹿地区となり、町の組織やグループは牡鹿地区支部などとして石巻市に組み入れられていった。一方で、町婦連は合併をきっかけに解散し、母体を失った各集落の婦人会も、活動を休止、あるいは解散していった。

女講中・婦人会と、女性集団が次々に解散した集落で問題が生まれたのが、集落の祭り行事である。行政区や契約講などが主催する祭礼などでは、直会の支度は女性の役割だった。また、有事の際の炊き出しなども婦人会が対応してきた(1)。しかし、食事作りの指示系統が失われたことで、誰が直会の準備を主導するのかが曖昧になってしまった。

女性集団の必要性が現実的な場面で再認識されたことで、行政区に婦人部を新設したり、漁協女性部が婦人会の役割を引き継いだりして、女性集団不在の事態を解消しようとする動きが各集落で起こった。例えば、大原浜では町婦連解散後も集落内の組織として婦人会を継続することにした。平成二〇年度の大原浜婦人会の活動予定を見ると、大原浜運動会や祭礼への協力(主に炊事)のほか、敬老会の実施や会員向けの体操教室などが年次活動として計画されており、町婦連時代とそれほど変わらない役割や活動が継承された。

各集落で婦人会あるいは類似組織が継続・再結成したのは、会員が強いモチベーションで活動を望んだというより、集落において「女性の役割」を担う枠組みがないためにその受け皿として必要になったといえる。その一方で、女性が自分たちにとって必要あるいは自分たちがやる意義があると考え新たに発足させた組織は、明確な目的を持つものが多かった。

新山浜の婦人防火クラブは、一九九〇年代に当時四〇代の女性が中心となって発足した。新山浜で起きた火災をきっかけに、男性による既存の消防団だけではなく、「女性ならではの視点」を生かした防災や救護活動を行う目的だった。彼女たちが考える「女性ならではの視点」とは、日常の近所づきあいで培った「隣の一人暮らしのおばあさんは足が弱く薬が手放せない」、「あの家は勝手口から寝室が近いはず」といった知識と女性同士の連携である。結成された婦人防火クラブは、消火や避難の訓練、外部研修の受講などを行い、集落の防災活動に貢献してきた。このような女性の消防組織は、遠洋漁業により男性の不在が顕著になる網地島など島嶼部では大正期から盛んだったが、半島部ではほとんど例がなく、当時の牡鹿町も新山浜の取組みを歓迎していた。しかし、世代交代の時期に差し掛かると、後継が定まらず、平成一〇年代中頃にクラブは解散となった。

男性の消防団は、歴史的に契約講と密着しており、また行政と連絡関係にあるため、牡鹿地区消防団の末端組織として組織化されている。しかし婦人防火クラブは初めから独立した有志団体として組織されたため、時間の経過とともに火災の記憶が薄まる中、目的や意義が下の世代や他集団に共有されにくかったと思われる。

もう一つ事例を挙げたい。平成二三年三月の東日本大震災以降、被災地では漁協女性部などが地元女性の窓口となって、外部からの支援を受けながら活動を展開する例が多く見られた。牡鹿半島では、鮎川浜・新山浜の漁協女性部が、一般社団法人つむぎやの支援を受け、手仕事ブランド「マーマメイド」を立ち上げた。マーマメイドでは、網の補修糸を使ったミサンガや鹿角アクセサリーを作成・販売し、平成二六年からは食堂ぼっぽらを開業した。アクセサリー等の制作は、震災初期における収入手段の欠如及び避難生活の閉塞状況を、即時的な収入の確保及び手仕事による気分転換として打開した。また、食堂の開業は牡鹿地区に人が戻ってくることを意図して、また女性たちの継続的な雇用先として、先々を見据えた復興事業となった。地元の拠り所となり、また牡鹿半島を外部に発信していくため、取組みを続けている。

新山浜婦人防火クラブと鮎川浜・新山浜のマーマメイドは、時期や背景が異なるものの、集落の問題を女性が持つ発想や技術で改善しようと図ったものであり、目的が明確で限定的である。漠然とした女性の地縁組織より、参加しやすいといえる。高度経済成長期以降の社会貢献への関心の強まりと同様に、集落への利益を意図しているが、地縁組織としての位置付けに変化が見られる。

第二節　婚姻圏の拡がりと外国人嫁の定着

第一節　結婚をめぐる環境の変化

産業衰退と人口減少は、家族形態にも影響を与えている。牡鹿半島では、親世代と子世代の二世帯あるいは三世帯同居が一般的であり、特に漁業や水産加工を営む家族経営の家では、嫁は重要な労働力として期待されてきた。家業を継ぐカトクにとって、親世帯との同居や家業への従事に同意する女性との結婚が望ましいところである。昭和期には、子が適齢期になると、親が牡鹿半島内で結婚相手を見つけてくることが多かったが、時代が下がるに従い、当事者の要望が優先されるようになった。以前は好まれなかった晩婚や恋愛結婚が増え、就学や就職で出た都市部で結婚相手を見つけ、地元に連れ帰る例が見られた。これにより、昭和四〇年代以降は漁村でも半島外との婚姻が増え、石巻や仙台、北海道と拡がりを見せている。

しかし、当事者が自力で理想に適う結婚相手を見つけることは簡単ではない。都市部で出会った相手が同居や家業を了承するとは限らないし、そもそも家業に従事しながら都市部で相手を探すこと自体が難しい。一方で、地元の女性は就学や就職によって一度地元を離れ、戻らずにそのまま現地の男性と結婚することも多く、牡鹿半島内で相手を探すことも困難な状況となっている。このため、希望の有無にかかわらず、独身男性の高齢化が進んでいる。

こうした状況の下、昭和六〇年頃から外国出身の女性が牡鹿半島の家に嫁ぐケースが少しずつ増えている。日本の農村に嫁ぐ外国人妻については、昭和五〇年代中頃より「農村花嫁」として知られている(2)。家業を継ぐ若い男性が結婚できない問題は、牡鹿半島に限らず日本各地、特に農村で表面化し、嫁不足を外国から補おうとする発想が行政ぐ

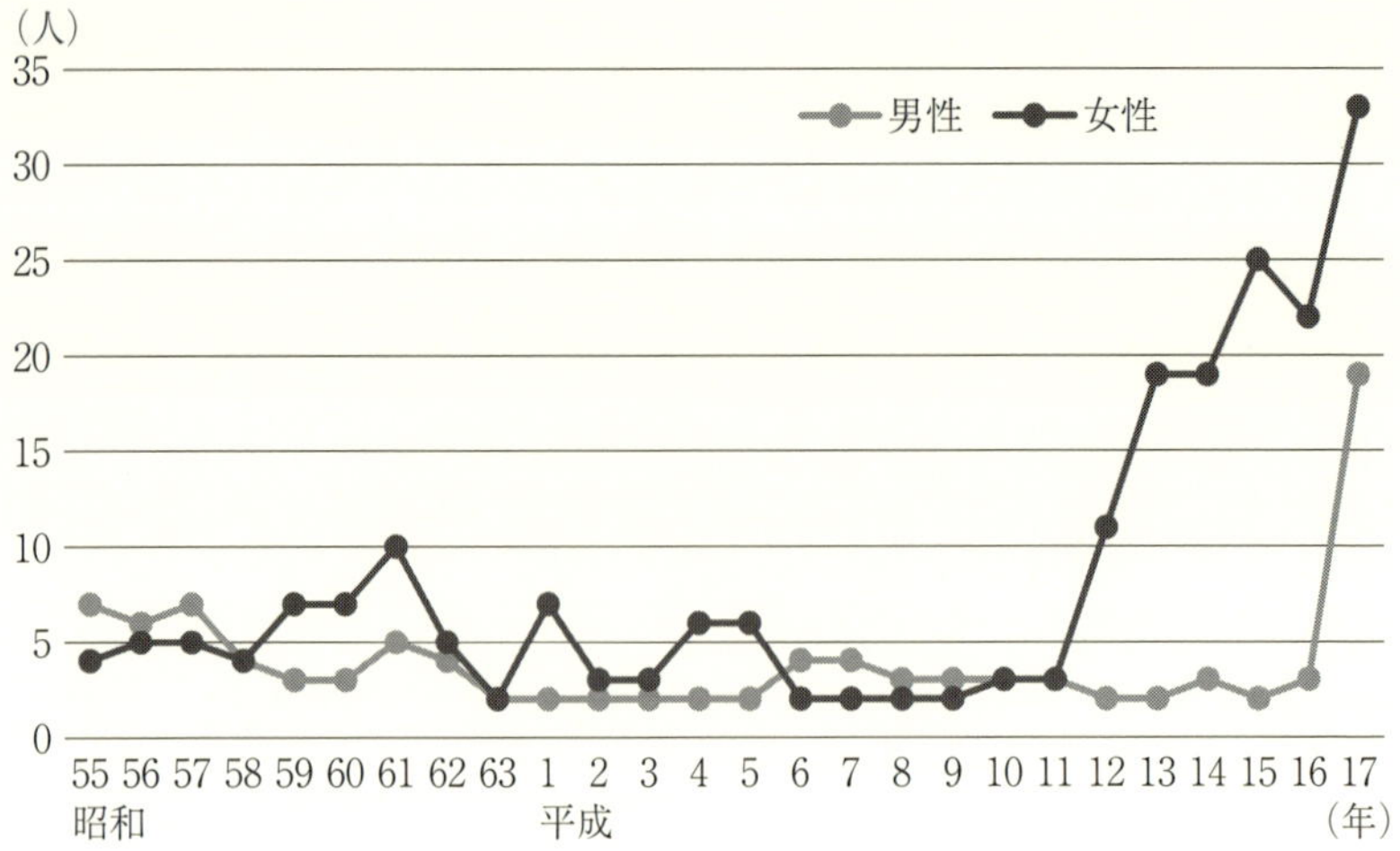

【グラフ4】　旧牡鹿町外国人登録者の推移

るみで実現された。このように、単に配偶者としてではなく、家業や家事の労働力や跡継ぎの出産を期待され嫁ぐことになった外国人女性のことを、「外国人嫁」と表記したい。牡鹿半島の外国人嫁は、基本的に友人経由の見合い話である。[3] 多くは外国人女性と結婚した男性が、妻の友人知人を紹介するというものであり、人と人の個人的なつながりを前提としていることから、双方にとって信頼度の高い縁談といえる。

グラフ4は、旧牡鹿町（現石巻市牡鹿地区）における外国人登録者数の推移である。女性の全てが外国人嫁であるとは限らないが、昭和五〇年代後半に女性のわずかな増加傾向が見られる。これは、聞取り調査による外国人嫁来日の最初の波と合致する。この波では多くの夫婦が離婚に至っており、グラフの外国人女性登録者数減少もそれを裏付けているといえる。平成一二（二〇〇〇）年に再び女性登録者数が一〇人を超え、増加し続けている。その要因には、外国人研修生の受け入れが本格化していることと、そして外国人嫁の定着が挙げられる。牡鹿地区における女性の外国人研修生は中国人が多いが、契約期間が済むと帰国してしまうことが多い。このため、研修生と住民との接触は少なく、研修生が必要以上に日本語や日本文化の習得に取り組むこともなかった。一方で、日本人の嫁と同等の役割を求められる外国人嫁は、自らの言語や文化・信仰と嫁ぎ先の折り合いをつけ、家や家業、集落でのつきあいになじむ必要があった。グラフ4では、平成一二年以降の外国人女性登録者は増加傾向にある。次の項では、この第二波で嫁いできた女性に着目し、その暮らしと集落における人間関係形成、そして外国人嫁が持つつながりについて見てみたい。

なお、本節にかかる調査は平成一九～二五年に実施した。外国人嫁自体が少数であるため、個人の特定に通じる情報(統計情報を含む)を伏せて記述する。

第二項　外国人嫁の集落での暮らしとネットワーク

日本人と外国人の結婚件数は、年間二万一四八八件に上る(平成二五年現在)(4)。そのうち、夫が日本人、妻が外国人、という組み合わせは一万五四四二件、妻が日本人、夫が外国人の組み合わせは六〇四六件で、前者が後者の二・五倍に上る(5)。配偶者の国籍は男女ともにアジア系が多いが、日本人夫と外国人妻の組み合わせでは中国・フィリピン・韓国・北朝鮮・タイが八割を占めており、日本人妻・外国人夫では二割がアメリカ人であるのに比べると、アジアへの偏りが大きい(6)。日本人夫と外国人妻の組み合わせで三番目に多いのがフィリピン人妻で、結婚のきっかけとしては、都市部での出会い、仲介業者による斡旋、知人伝いの見合いがある。牡鹿半島ではフィリピン人嫁が最も多く、先に牡鹿半島に嫁いでいた友人の紹介を受けたという例もある。ここでは、平成一二年に嫁いできたフィリピン人嫁の百合子さんの事例を見てみたい。

百合子という名は、結婚する際に夫から贈られた日本名である。百合子さんが牡鹿半島へ嫁いできたのは、日本人男性と結婚して宮城県で暮らしていた年上の友人からもたらされた見合い話だった。当時、百合子さんは若く、結婚することを考えていなかったが、この友人からの影響で国際結婚に関心を持っていた。ためしに見合い話を受けたところ、相手の男性がフィリピンへやってきた。現れた男性は百合子さんより一回り以上年上だったが、ことばが十分に通じないながらもすぐに親しくなった。男性は牡鹿半島の漁師で、百合子さんが交際を受け入れると、何度もフィリピンを訪れ交際を重ねた。数か月後、男性から結婚の申し込みがあった。結婚すれば日本で男性と彼の母親の三人で暮らすことになる。百合子さんは来日を決意し、申し込みを受け入れた。挙式と披露宴は、フィリピンと日本の両方でおこなった。

来日し、牡鹿半島で新たな生活が始まったものの、百合子さんは日本語が全く分からないままだった。英語は流暢に扱えたので、英語版が用意されている移住手続書類や自動車免許の取得も、難なく済ませることができた。しかし、日本語が話せなければ、家族とも近所の人とも話ができない。ただし、結婚後すぐに子供ができたため、家業や集落行事の手伝いはやらなくてよいといわれ、日本語でのコミュニケーションを急ぐ必要はなくなった。

子供たちには、日本人の名前が付けられた。幼いときには英語や母語で話しかけていたが、夫は日本語で子供と会話する。保育所や小学校に通うようになると、子供たちも日本語しか話さないようになった。しかし、嫁いでから一〇年経っても、百合子さんは日本語が得意ではなかった。文化や信仰の違いで生活に違和感を覚えることもあったが、百合子さんにとって最も大きな問題は、家族や周囲の人と日本語で思うように意思疎通できないことだった。

日本での結婚式のとき、百合子さんは「シンルイとのつきあいは日常でも特別なときでも大切である」、「困ったときには親戚よりまずシンルイに相談するように」といわれた。シンルイとして代々つきあいのある家は近くに住んでおり、百合子さんも結婚して間もない頃は、積極的にコミュニケーションを試みた。しかし、細かいニュアンスや、そもそも自分は何が分かっていないのかを伝えるのが負担となり、徐々に疎遠になってしまった。子育てがあるから、婦人会などの集まりにも参加しなくてよい、といわれたため、集落内に親しい知り合いを作ることもなかった。子供たちがなつく近所のおばあさんが、唯一、集落内で日常的に言葉を交わす相手である。

集落内の人間関係が乏しい百合子さんにとって、牡鹿半島で暮らす他のフィリピン人嫁たちとのつきあいは、重要なつながりである。歩いていける距離に住んでいるフィリピン人嫁はいないが、牡鹿半島の外国人嫁ではフィリピン出身者が最も多く、百合子さんのように友人知人の紹介(7)で縁談を得た人が多い。年齢も近く、皆子供がいるため、家族や学校のことが特に共通になりやすい。些細なことでもすぐに電話をかけあい、情報共有する。こうしたフィリピン人嫁のネットワークは、牡鹿半島だけではなく石巻方面にも及ぶ。

いわゆる「農村花嫁」は、嫁ぎ先の家で母語での会話を禁止され、子供は日本人として育てられることが多い。エスニシティを隠し、日本人の嫁と同じ条件で暮らすことで初めて、嫁ぎ先で嫁としてのアイデンティティを確立することができた〔仲野　二〇〇三〕(8)。牡鹿半島の外国人嫁も、日本名や言語、家事・子育ての様子を見ると、日本あるいは牡鹿半島に順応するよう方向付けられていることが窺える。フィリピン人嫁のネットワークは、情報の共有や息抜きのためだけではなく、彼女たちがフィリピン人としての自分を確認するためにも必要だったといえる。

フィリピン以外からきた外国人嫁たちは、同国人が身近にいないために、ネットワークを築くことができない。言語や料理・信仰・考え方を嫁ぎ先の家や集落に合わせ、嫁として評価されることで居場所を得ようとする。中には順応できずに母国へ帰ってしまう女性もいた。フィリピン人嫁ネットワークは、フィリピン人嫁が抱える葛藤やとまどいの緩衝材の役割を果たしている。一方で、フィリピン人嫁も、いつまでもそのネットワークだけに依存するわけではない。百合子さん自身、居住年数や子供の成長とともにつきあいの幅が拡がり、カキやワカメの加工時期になると手伝いに出かけるようになった。また、義母の最期を看取り、喪主の妻の役目を果たしたことで、集落内のつきあいに自信もついたと語る。

子育てしているうちは集落の集まりに参加しなくてよい、と百合子さんがいわれてきたように、平成の牡鹿半島集落では若い嫁が集落行事に参加することはあまり期待されていない。むしろ、嫁として長く暮らすことが、外来者としての嫁の受容につながっているといえる。

第三節　東日本大震災以降の集落と女性

第一項　牡鹿半島の三・一一

リアス式海岸の延びる岩手県から宮城県北部にかけては、古くから津波常襲地域である。その最南部にある牡鹿半島では、津波や台風による大きな被害を取り上げると、戦後だけでも、チリ地震津波（昭和三五年）、台風二四号（昭和三六年）、宮城県沖地震（昭和五三年）、台風一八号（平成三年）、そして東日本大震災（平成二三年）及び同年の台風一二号などが挙がる。東日本大震災被災者の中には、昭和三陸地震津波（昭和八年）の経験者もいた。また、各集落が山林に囲まれた地形であるため、火災も大きな脅威だった。本章第一節の新山浜婦人防火クラブ結成は、こうした火災への恐れが背景にある。自治体は牡鹿地区全域を網羅する災害対策拠点として、昭和四六（一九七一）年に広域消防牡鹿出張所（鮎川浜）を開設、その三年後に救急車を配備したが、集落間に距離のある牡鹿半島では、被害の拡大を食い止めるために自集落での即時対応が欠かせず、現在でも集落ごとの災害対策が行われている(9)。東日本大震災を経て集落に起きた変化について述べる前に、まず、震災当日から約三週間以内の集落内の様子について整理してみたい。

平成二三（二〇一一）年三月一一日午後二時四六分、牡鹿半島沖を震源とする東北地方太平洋沖地震が起きた。最大震度七、マグニチュード九・〇の海溝型地震であり、牡鹿半島も震度六弱の揺れに見舞われた。更に午後三時二六分、津波の最大波が牡鹿半島に到達し[10]、各集落を襲った。多くの集落が水に浸かり、谷川浜で津波浸水高は二五・八メートルに達した（図6）。

この災害における地区津波被害は図6のとおりである。大原浜・小渕・谷川浜のように平地に集落を形成した地域の被害が大きく、斜面に家々が立ち並ぶ寄磯浜・泊浜・新山浜でも、麓の家々は津波の直撃を受ける形となった（写真13）。津波は住まいと人命だけではなく、漁船や養殖筏、栽培漁業センター（谷川浜）などを奪い、牡鹿半島の人びとは生活の立て直しについて根幹から考え直さなければならない事態となった。

当時の避難行動として、ある一人暮らしの高齢女性（昭和三年生、給分浜）の事例を見てみよう。女性は集会所で地上デジタル放送移行の講習を受けている途中で地震に遭遇した。故障したのか、防災無線からの連絡はなかった[11]。講習に参加していた住民全員ですぐさま庭に避難し、揺れが収まると解散した。女性が急いで家に戻ると、家具が倒れ、家の中はめちゃくちゃになっていた。女性は家具をかき分け貯金通帳を見つけ出し、一旦家の外に出た。最初の揺れから何度か余震があり、女性は「絶対に津波が来る」と確信した。様子を見て再び家の中に入り、今度は持病の薬を持ち出すと、「私は足が悪いから早く逃げなくちゃ」と手押し車を押しながら、坂の上にある自分の畑の方へ逃げ始めた。女性の家がある一帯は海抜が低く、過去にも浸水したことがあったため、地震があったらまず、畑に逃げることにしていた。道路から後ろを振り返ると、自宅が津波に飲み込まれようとしていた。しばらく畑に座り込んで津波の様子を見ていたら、雪が降りだし、冷え込んできた。これからどうしようかと考えあぐねていると、畑の隣に住んでいる人が「おいで、おいで」と手を振っていた。申しわけないとは思ったが、その晩は泊めてもらうことにした。

子供の頃から給分浜で暮らしてきたこの女性は、過去の大型津波も経験しており、津波の恐ろしさを十分に知って

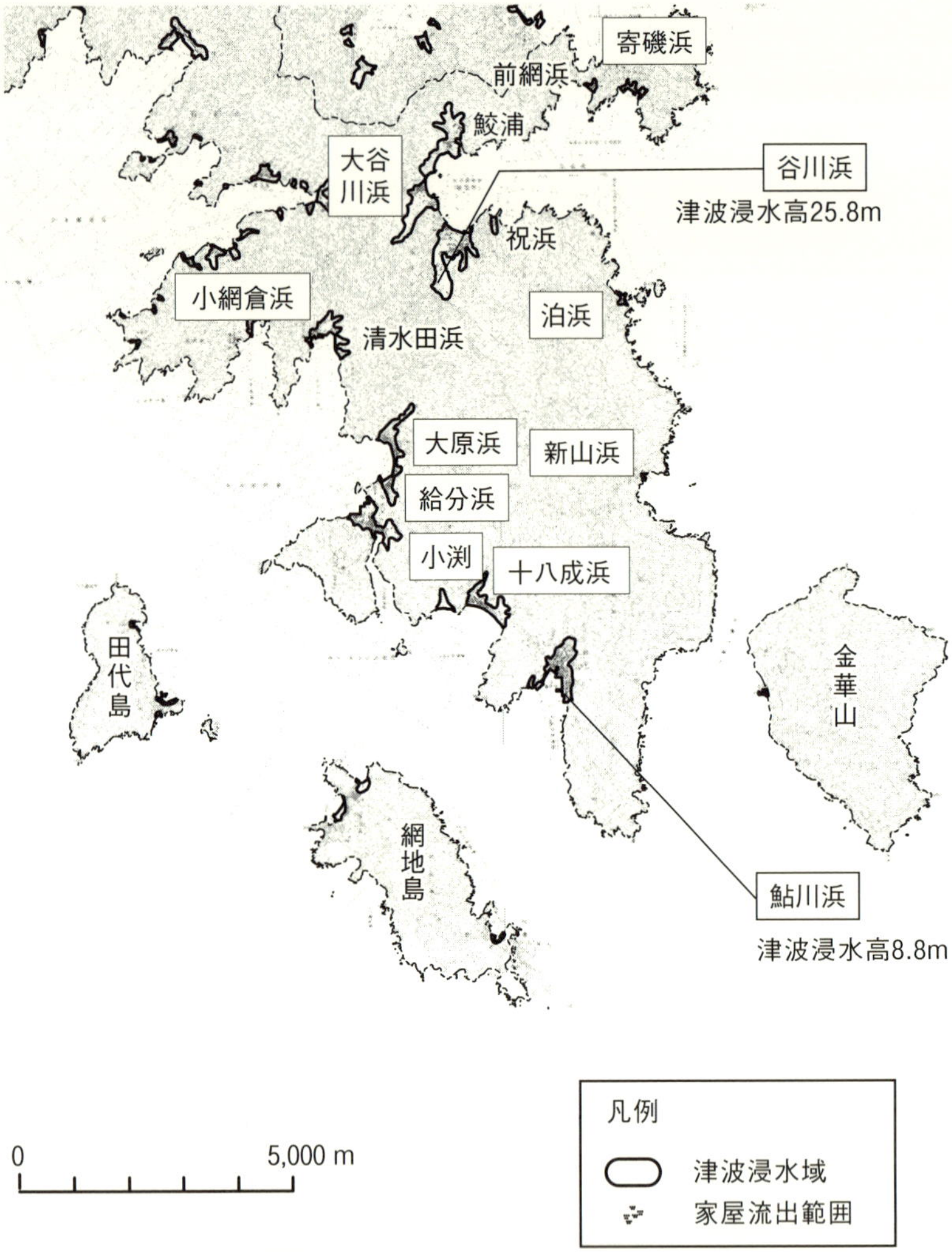

【図６】　牡鹿地区の津波被害

石巻市「東日本大震災災害検証報告書」(平成24年３月）図２-23の一部を基に作成。

津波浸水高は〔三陸河北新報社　2011〕を参考とした。

いた。冷静に必要最低限のものだけを持ち出し、自分の体調を計算に入れ、あらかじめ決めておいた避難場所へ逃げることができた。女性と「畑の隣に住んでいる人」は親戚でもシンルイでもなかったが、集落では公的支援やボランティアの援助が入るまで、休む場所や食料等に関し、助け合いながら共同して生活を送ることになった。

浜に集落が点在する牡鹿半島では、様々な自然災害の中でも、特に津波への注意が払われてきた。表浜に位置する大原浜は、片道一車線の道路を挟んで石巻湾に面しているが、平時でも波が高く風も強ければ、道路を越えて波しぶきが民家まで届くほどだった。このため、大原浜の浜沿いの民家には浜側に窓がなく、家屋は高い塀で囲まれている。大原浜集落だけではなく、津波に対する意識の表れは牡鹿半島全体で見られる。石碑や口承によって過去の津波被害を伝える集落も多く、「揺れを感じたら、とにかく高いところへ」という地震直後の行動様式は子供でも知っている事柄である。行政の側も、堤防に波消ブロック、防災無線の設置などハード面の津波対策のほか、集落ごとの一時避難場所や避難拠点を策定し、住民と定期的に訓練を実施してきた。こうした日頃からの取組みは、実際の災害発生時にはどのように活かされたのだろうか。

牡鹿半島の交通は、現在陸路が主である。しかし、地震により道路が陥没・隆起したほか、崖崩れにより道路自体が削れたり、岩石によって塞がれたりした。石巻中心部の混乱もあって、牡鹿半島の交通はほぼ遮断され、情報や流通が届かず、一週間近くの間、孤立した状態になった。全域が海水に浸かった集落、浜沿いだけが津波被害を受けた集落と被害の程度は様々だったが、隣の集落との行き来も容易でない中、多くのことを集落内で解決しなくてはならなくなった。

集落の多くの家が津波被害を受けた大原浜では、避難拠点に設定されていた生活センターも浸水したため、更に海抜の高い大原小学校を拠点にし、避難生活を送ることになった。大原浜は高齢者が住民の半分以上であり、健康で

震災前の大原浜(平成19年９月13日／大里正樹氏撮影)

震災後の大原浜(平成23年９月11日／筆者撮影)

震災前の小渕（平成19年９月６日／大里正樹氏撮影）

震災後の小渕（平成23年９月11日／筆者撮影）

【写真13】　震災前後の牡鹿地区

あっても、共同生活上配慮しなければならない点は多かった。被害の小さかった家は、寝具や着替え、食料を提供し、住民は協力してそれを配分した。女性は主に食事の担当となった。米を大量に炊き、四〇〇個のおにぎりを作って、集落内だけではなく道行く人にも配ったという。白米を使い果たし玄米だけが残されると、高齢者の食事が懸念される事態になったが、折よく大原浜出身の乗組員を乗せた三重県の漁船が来航し、食料と水を分けてくれたため、避難生活を持ちこたえることができた。食料調達から炊事、食事の提供までの体勢を即時整え対応することができたのは、祭りや緊急時の炊出しによって慣れていたことも大きく関係していたといえる。

裏浜にある新山浜は、斜面に集落が形成されているため、浸水被害は低地にある家と神社にとどまった。[12]しかし、漁船や養殖設備への被害が大きく、また各ライフラインも切断されたため、集落全体で協力し合う態勢をとらなければならなくなった。概ね、男性は被害の調査や協議、女性は炊事に分かれて作業することになった。ガスが使えないが、古い家には釜やクド(竈)があるからと、女性たちで薪を集めてきてご飯を炊いた。水が出ないからと、皆で沢に行き、皿洗いをした。波打ち際に浮いていたガスボンベを集めて持ち帰り、毎日風呂を沸かして近所の人も入浴させたという女性もいた。

このような災害時の助け合いや協力は、国や地方自治体による「公助」に対し、「共助」と呼ばれ、即時的で、地域や状況に即して対応することができる。このため、東日本大震災以降、共助に注目が寄せられている。しかし、集落女性の連携が共助態勢を速やかに整えた一方で、婦人会や婦人部として共助活動を行うことはほとんどなかった。町婦連時代に非常時の講習や訓練を受けており、知識や技術はその後も継承されている。また、行方不明者の捜索など緊急時に、炊出しを行う等の対応もおこなっている。それにもかかわらず、東日本大震災の共助で婦人会等の組織が前面に出ることはなかった。

女性が既存の組織をベースとして動くことが少なかった背景には、家に対する女性の責任と、それを女性同士が互いに共感している事情が窺える。男性は、集落や漁協で報告し合い、今後について協議を進めていった。各自の被害の程度に関係なく、集落の話し合い、寄合に参加することは、集落成員である男性の義務である。一方で、男性不在の間、女性は家の現状を的確に把握し、まず今何をしなくてはならないかを考える。このとき、老人や子供がいれば、彼らを守ることが第一の責務になる。

家族に介護すべき老人や子供がいることは、平常時であっても女性同士のつきあいにおいて配慮される事柄である。お茶飲みに家に上がるのを遠慮したり、育児中のフィリピン人嫁の百合子さんが「婦人会に入らなくてよい」といわれたように、役割や作業を免除されたりする。緊急時においてもそれは同じであり、共助に参加できない、あるいはしづらい事情として配慮される傾向があった。

こうした「やれる人がやる」という考え方に基づく配慮は、家族構成のほか被害の程度なども含めた総合的に判断された。家を優先する行動様式は女性同士にとって暗黙の了解であり、これを大いに侵してまで組織行動を強いれば、つきあいに亀裂を生じる可能性もある。農家女性による地域振興の取組みを分析した靍理恵子は、家に迷惑をかけないことは家における女性の役割構造によるものであり、この役割をあえて変えないことで女性は家から活動への理解・支援を得ると指摘している〔靍　二〇〇七　二〇五〜二〇八〕。この指摘は、家族や地域社会の男性から理解・支援されるための姿勢として述べられているが、それを阻害しないことで、女性同士もまたつながりを維持しているといえる。

女性同士の暗黙の配慮である「やれる人がやる」という考え方は、自分もかつて免除してもらったことへの恩返し、あるいは、いずれ免除してもらうことの想定が前提にある。人生の時間軸上で公平になる、女性ならではの論理といえよう。他方で、自分が「やれる人」であれば、進んでそれを引き受けなければならない。五〇代の良美さんには子供がおらず、夫婦二人家族である。したがって自分がやるのは当然と考え、良美さんは炊事をはじめとして避難生活全般に協力していたが、ストレスや過労から持病が悪化し、しばらくして寝込んでしまった。家業や家事などを担いながら並行して集落の仕事も負う女性にとって、「やれる人がやる」は共助に参加しやすい考え方ではあるが、育児や介護のない人にとってはその負担は小さくない。調理設備や食料が十分でない中、子供や高齢者にも配慮しながら三食用意しなければいけないことも、良美さんにとっては重荷だったという。

行政やボランティアの支援が入り始めると、こうした共同作業は少しずつ負担を減らしていき、避難所の解散とともに、共同生活は終了した。

第二項　講への期待―寄磯浜観音講の復活を通して―

東日本大震災被災地のうち、津波被害が深刻だった地域では、家や船の流出、居住制限、高台移転などの課題が、集落に住み続ける決断を鈍らせてきた。そして、こうした状況下における人間関係の難しさもまた、集落に残ろうとする意志を妨げる要因の一つになりえる。集落で生活を再構築するか、集落を出て就職するかで悩み、人間関係のわずらわしさを理由に転居に気持ちを傾けている人もいた。

こうした実情とは裏腹に、近年、防災や復興と関連して緊密なコミュニティへの志向が高まっている。平成二五年六月に災害対策基本法が改正され、地区居住者や事業者が自発的に防災活動を行う「地区防災計画制度」が創設された。ハード面の防災政策や自助的な備えだけではなく、地域社会内部における人と人の関係を活かした災害対策が進められている。

また、コミュニティの可能性は、これから起こる災害だけではなく、既に起きた災害の被害者感情を受け止める母体としても示されている。自治会が個人に介入したり、被災地ツアーによって身内の災害死を共有したりと、災害前には過剰と思われるほどのコミュニティとの関与が災害を生きる人びとの悲しみの緩衝材となり、不安を取り除く社会文化装置として働くとも指摘されている〔金菱　二〇一四〕。

牡鹿半島の各集落では、居住制限や高台移転の先にそのようなコミュニティを形成していくべきか、議論が続けられてきた。行政や専門家、ボランティアの助言を受けるだけではなく、集落の寄合などで住民が主体的に話し合いを進めている。高台移転をすれば、近所づきあいやお茶飲みの仕方も変わり、人間関係も震災前と同じではなくなる。つきあいの形は戻ってこないからこそ、これから構築する新しい集落社会が破綻することのないよう、議論が尽くされるのである。

新しい集落社会におけるつながり方が検討される一方で、災害を機に、これまでのつながり方を見直す取り組みも行われている。第四章で既述した寄磯浜観音講について、災害復興の観点からもう一度見てみたい。

寄磯浜は、女川町との境に位置する、牡鹿地区最北の集落である。端郷の前網浜を含め、戸数はおよそ一二〇戸で、裏浜特有の急な斜面に集落を形成している。東日本大震災では、浜周辺にあった漁協や神社、一部の民家は津波の被害を受け、犠牲者も出た。そして、寄磯浜は牡鹿地区の他集落から遠い場所に位置するため、救援が入るまで、集落内での共助態勢が不可欠となった。

このとき、女性の間で改めて意識されたのが、同じ集落に住んでいるにもかかわらず、知らない人が多いということだった。特に、比較的若い女性に対しては、嫁に来てから一度挨拶したくらいで、ほとんどかかわりがないことに気付いた。女講中があった頃は、それを通して同じ年頃の嫁と交流したり、先輩から教えを受けたりする機会があった。しかし、女講中が平成一〇年に解散してからは、嫁同士が顔を合わせることはなくなった。講がなくなった寂しさはあっても、仕方がないという思いの方が強く、女性の集まりを作ろうと呼びかける人も長い間現れなかった。

東日本大震災を経て、つきあいの浅さに危機感を覚えたのが、崇徳寺の住職夫人である。崇徳寺は寄磯浜住民の檀那寺であり、地蔵講や観音講・念仏講など女性の講が行われていた場所でもある。住職夫人は、女性同士のつながりを強めるために、講の再開を検討した。かつても、講は講員の主体的な集まりであり、寺が活動内容に口出しすることはなかったが、住職夫人が自らの立場でできることとして、女性の集まりを提案するならば、寺が場を提供できる講がよいと考えたのである。そして更に、地蔵講（女講中）ではなく観音講の開催を呼びかけることにした。子育て世代の女性の講である地蔵講へ急に参加をお願いするのは、難しいように思われたからである。寄磯浜観音講は、元々中年女性の講だったが、任意参加だったので講員が減り、平成二一年の時点では高齢化の進むまま、三人の講員で細々と続けられていた。住職夫人は、多くの人が参加しやすくなるよう、元々は年に九回あった観音講の回数を、新暦一月一七日、五月一七日、九月一七日の三回に減らした。食材の用意については、かつては順番に担当者を受け持っていたが、講費を集めて崇徳寺が用意することにし、米だけ講員全員の持寄りにした。彼女の説得に共感する女性が増え、平成二五年の観音講再開には二〇人を上回る参加者が集まるようになった。

講の日は、一二時までに片付けが終わるため、夕方まで居残ってお茶飲みが行われた昔の観音講と比べると、やや素っ気ないといえる。しかし、参加を呼びかけた住職夫人の目的は布教活動や寺とのかかわりを持ってもらうことではなく、女性同士が顔を合わせる機会を作ることであり、その点では十分に達成されている。忙しさを理由に参加者が減っていったのだから、参加しやすくするには講の時間は短くてよい。そのままお茶飲みをしたい人は居残れる雰囲気も作られている。過去の講の形をそのまま再現しなかったことが、多くの参加者を集める要因となったといえる。

普段あまり顔を合わせない人と調理や食事をともにすることで、他の家の味付けや調理方法を知り、講員たちは新鮮さを覚える。講の回数を重ねていくことで、互いの性格や性質を知り、家の事情を相談し合うようになる。講員たちにとって、家や仕事に差し支えない現在の観音講の在り方は、再び集落内の女性同士が繋がり合うために、適当な場になっているといえる。

寄磯浜の観音講は住職夫人が参加を説いて回ったのがきっかけではあるが、彼女自身はあえて発言を控え、講員が講の方向性を決めるのに任せている。例えば、七五歳で脱退する、という年齢制限は新たに設置された規定である。年配の講員から、体の不調が起きてから脱退を申し出るのはたいへんである、体の元気なうちに区切りをつけたい、という意見が出たことに依るが、崇徳寺では、講に入れば亡くなるまで講員として捉えている。観音講で住職が読経する際、現役の講員だけではなく、高齢により講を抜けた人の名前も読み上げていることからも窺える。しかし、住職夫人が意図したように、観音講が寄磯浜の女性のつながりとなるためには、寺の主導ではなく、講員が自分たちで講の在り方と決めていくことが重要である。被災後、水産業の集落として復興を進めていかなければならない寄磯浜では、女性同士のつながりを強めることが必要とされた。

第三項　男女の社会区分のゆらぎ―大原浜実業団と女性移住者―

地震直後のインフォーマルな女性同士の連繫、復興を目指す女性団体、再び集まり女性たちの要となろうとする観音講など、震災以降の集落では女性同士のつながりを活かそうとする動きが見られた。危機的状況をともに乗り越えていく、集落での暮らしの先々を見据える上で、女性同士のつながりは柔軟性がある。

他方で、震災以前の女性同士のつながりは、集落の年序集団体系が強固なものだった頃に比べると、ずっとゆるやかなものであった。日常的なつきあいはあっても、定期的に集会を開いたり、年齢の異なる者同士が交流したりする機会は少なくなっていた。女性同士のつながりが密になることは、震災以前の集落が、契約講と女講中という性別による社会区分に立ち戻ろうとしているようにも見える。しかし、震災後の牡鹿地区の人口は増えるどころか減少しており、それぞれの集落が抱えていた社会の維持に係る問題は解消されたわけではない。ましてや、漁業を主体に男女の性別役割が厳然としていた集落社会に戻ったわけでもない。女性同士のつながりの強まりは、回帰ではなく、これからも牡鹿半島や集落で生きていくための動きであったといえる。したがって、集落の中には女性同士のつながりを強めるばかりではなく、逆の方向に動いたところもあった。例として、ボランティアの定住による影響を取り上げてみたい。

被災した牡鹿半島の各集落には、早くから様々なボランティアが支援に入った。瓦礫を撤去し、物資を提供し、暖かい食事や医療ケアで多面的に住民を支えた。ボランティアの支援がなければ牡鹿半島の復興は大いに遅れたと思われる。手弁当で長期間に渡り復興を手助けするボランティアと集落住民の間には、強い信頼関係が築かれた。

ただし、両者の関係が常に円満なものであったわけではない。外来者であるボランティアは、牡鹿半島や集落の規範とは異なる論理で行動する。専門的な知識や新規的なアイディアによって、集落にとって当たり前であったことが覆され、集落側はそれを快く受け入れることもあったが、葛藤を生むこともあった。集落とボランティアは復興を目指す仲間であるとともに、両者の落としどころを手探りし最善を見つける冷静な関係でもあったともいえる。

堀越知世さんは、災害発生直後から牡鹿半島に入り、大原浜を中心に復興支援をおこなってきたボランティアの一人である。瓦礫撤去作業に取り組む中、津波に耐えた古民家と土蔵を見て、これを保存して大原浜のコミュニティスペースとして活用できないかと考えた。そのためには、大原浜に常駐する必要がある。堀越さんは通いではなく移住することを決め、翌平成二四年、ボランティア支援ベース絆が一般社団法人オープンジャパンとして発足したのをきっかけに、スタッフとして大原浜に移り住み、住民となった。被災古民家はただ保存するだけではなく、住民が集って飲食できる場所にするため、約五年をかけて改修した。平成二九年三月一一日に食堂いぶきを開店してからは、食堂の営業とオープンジャパンスタッフとしての活動という二足の草鞋を履いている。

大原浜は、震災前から過疎と高齢化が進んでいた集落で、漁業など基幹産業を持たないため、震災後は住民の転出が相次いだ。堀越さんが移住を申し出たとき、大原浜の人びとは「震災後、初の人口増加だ」と喜んだ一方で、大原浜の者と結婚するわけでもない若い女性が単身生活できるのか、今の大原浜で食堂の経営が成り立つのかと、心配を口にした。

大原浜の人びとが堀越さんの移住に懸念を示したのは、堀越さんを案じてのことだけではない。牡鹿半島の集落の多くは移住に慎重であり、集落によっては分家や別家も一代目では契約講や女講中への加入を許さないところもあった。契約講や女講中の講員になることのできる家は集落の正規の成員であった。震災前後の大原浜では、集落運営はすでに行政区の役割となっており、実業団（契約講）の役割は祭りや行事の催行だったが、移住に対する集落の慎重な姿勢は残っていたのである。小渕では契約講の加入を「移住（年数）が足りない」といって見送ることがあったと先に触れたが、前節でも述べた通り、長く住むことが外来者を受容するために必要な信頼の根拠となっていたといえる。

否定的な声も上がる中、堀越さんは移住を実現した。食堂の開店と経営のためだけではなく、大原浜での生活に関心があったと語る。区に加入し、正規の住民として大原浜の共同作業や話し合いに参加し、春祈禱（獅子振り）や御神木祭・夏祭りなどの行事も手伝った。震災の発生した平成二三年度、大原浜は御神木祭も夏祭りも行うことができず、祈禱のみで済ませていたが、住民が瓦礫を叩き、堀越さんに「これが大原の音（祭囃子）だ。覚えてくれな」といった。

【写真14】　実業団員として山車から餅を投げる堀越さん（御神木祭）
（平成25年２月11日／筆者撮影）

堀越さんは移住する前から大原浜の人びとに祭囃子を教わり、移住後は一緒になって祭りの復活に取り組んだ。

更に堀越さんは、実業団への加入も申し入れた。区の行事や復興作業に取り組む中で、「知世ねえも実業団に入れば？」と声をかけられた。実業団員になれば、御神木祭の山車に上がったり（写真14）祭囃子に参加したりすることができるし、何より話し合いの場にも加われる。堀越さんは早速役員を訪ねて「実業団に加えてほしい」とお願いした。契約講として長い歴史のある実業団に、過去に女性が入った前例はない。最初は、「規約に男性とあるから」と断られたが、「その規約、書き直してもらえませんか」と食い下がった。最終的には、堀越さんの大原浜への貢献もあって、大原浜初の女性実業団員が誕生した。

既述のとおり、事業団の元の名前は契約講である。その名のとおり、規約の順守は絶対であり、破れば罰則が待っていた。祭祀集団となった現在の大原浜実業団も、三月の総会と祭り、行事については、契約講の頃から変わらずに実施してきた。夫の代理などではない独身女性の加入は、管見の限り前例がない。

堀越さん自身は、実業団への加入が許されたことについて、大原浜の当時の情況があったと考えている。大原浜の婦人会は、町婦連解散後も集落組織として続いていたが、震災が発生し、当時の主要メンバーの転居が相次いだために、平成二三年に解散した。堀越さんは「もし婦人会が続いていれば、婦人会に入るようにといわれただろう」という。女性の組織がなくなり、男性の組織も人手不足だった。そのような中、祭囃子を学ぶ女性が、実業団への加入を願い出た。三月の総会も、実業団単独で行うのではなく、構成員が重なっていることもあり、区と消防団も一緒に決算報告を行う。区の成員になっているのであれば、実業団への加入を許さなくてもあまり意味はない、というわけである。

震災前と比べても、女性が加入しやすい状況下であったことは間違いない。加えて、堀越さんが単身者であることも受け入れられる要因だったと考えられる。もし堀越さんが大原浜の男性と結婚、あるいは夫婦で移住していれば、堀越さんは「嫁」として見なされる。夫が実業団に入れば、一戸から一名の規則に基づき、堀越さん個人の加入は認められにくかっただろう。また、夫婦であれば子供が生まれる可能性がある。子供が男の子であれば、その子が次世代の実業団員として想定される。家を形成する以上、大原浜の年序集団体系に組み込まれることになる。女性個人の移住だったために、規範に当てはまらないイレギュラーなケースとして、承認される要因になったとも考えられる。

このように、東日本大震災の後には、それ以前までの価値観や判断が転換した例が少なくない。女性の実業団員（契約講員）誕生は、牡鹿半島の年序集団体系にとって大きな変化だった。年齢区分はそのときの集落の情況によって変化してきたが、女講中が衰退した後も、男性と女性の集団はしっかり分けられてきた。大原浜では震災後に婦人会が解散したが、その後も祭りや行事の度に女性たち（集落から転出した人も含む）が自発的に集まり、直会の仕度に取り掛かってきた。依るべき組織がなくても、直会の準備は女性の仕事と見なされているからである。ただし、この直会準備について、震災後にある変化があった。婦人会が解散したことで、食材調達をどうするか、どのような枠組みで人を集めるかなど、実施態勢に困乱が出た。そこで支援に入ったのが、震災ボランティアだった[13]。食材の調達や献立作り、実際の調理に至るまで、地元の女性たちと連携しながら直会をサポートした。そして、実際に調理場に立ったボランティアには、男性の姿もあった。ボランティア側は、性別による役割分担ではなく、個人が持つ技能を活かして活動を行う。集会所の厨房に男性が立って調理する光景は、それまでの大原浜では見られないものだったが[14]、現在ではなくてはならないものになっている。

女性の実業団員、男性の調理など、集落における性別役割の逆転は、震災前には起こりえないものだった。逆転に対する葛藤も抱きながらも、ボランティアという外来者が持つ論理と提案に合理性と妥協点を見出しながら、変化することを受け入れている。

おわりに

女性団体の発足と解散、外国人嫁とそのネットワーク、東日本大震災で見えた女性同士のつながりと曖昧になる性別役割について述べてきた。それぞれ異なる角度の問題として取り上げることもできるが、根底にある、集落内でのつながりに対する考え方を通して、女性同士のつながりが向かう方向について考察したい。女講中が活発に活動していた高度経済成長期には、集落とは当たり前に存在する共同体であり、その年序集団体系の中で自分の位置付けを確認し、つながりを持っていた。女講中をはじめとする女性集団、隣近所、シンルイなど、実家を除けば日常の暮らしで必要なつながりは集落の中に収まるものだった。しかし平成期において、集落は当たり前の存在ではなくなっていった。

まず、各集落の婦人会等組織の低迷があった。町婦連がなくなり、婦人会を続ける意義が弱まる一方で、震災後に鮎川浜・新山浜で漁協女性部を母体としたブランドが立ち上がったように、もはや女性同士のつながりを集落の中だけにとどめておく必要もなくなった。他方で、寄磯浜観音講の復活は、集落内のつながりや年序集団体系への回帰のようにも見える。しかし、こちらも寄磯浜にとって女性同士のつながりはどう在るべきかが問い直された結果、講というつながりを選んだといえよう。

また、外来者の居住年数という指標について指摘したい。外国人嫁や移住女性は、日本人で集落外から嫁いでくる嫁と異なり、集落内での位置がやや曖昧である。大原浜に単身で移住した堀越さんは、自分が地元の人と結婚することを望まれているのが分かる、と語る。堀越さんが大原浜の男性と結婚すれば、既存の集落社会の規範に従い、堀越さんは大原浜の嫁として位置付けられることになる。しかし、堀越さんは「本当の大原住民として受け入れられるには、ここで結婚して子供ができて、さらにその子が結婚して孫ができないとだめ。三世代は暮らさないと、本当の住民としては認められない感じ」とも語る。これは昭和期までの、分家や別家が契約講と女講中に加入を認められる際の条件を想起させる。現在も、牡鹿半島集落では、居住年数が定着度を計る目安となっており、女性にも適用されることが分かった。

ここから見えてくるのは、女性同士のつながりに見える集落という枠組みの問い直しと、今も集落を集落たらしめている規範である。女性たちにとって、もはや集落だけがつながる場所ではない。そして、女講中解散以降も強く残っていた性別役割や年序集団体系も、その境界をゆらがせている。しかし、集落や性別の境界がこのまま曖昧になっていくのかといえば、外来者の定住に係る抵抗など、集落社会を規定する規範はまだ有効性がある。平成が終わろうとする今、これまでの集落の形を問い直しながら、つながりの模索が行われている。

註

（1）平成二一年、ある集落で住民が行方不明になり、実業団（契約講）・消防団による捜索が三日間にわたって行われた。この間、婦人会が集会所に待機し、捜索隊の食事や休憩の用意を担った。他の集落でも、有事の際には婦人会が同様の対応を行うことが多い。

（2）「農村花嫁」を一躍有名にしたのは、山形県内の複数の自治体が昭和六一年より企画・実施した「フィリピン人女性との集団お見合い」である〔桑山　一九九七　二〇一～二〇二〕。嫁不足を外国から補う試みは、カップル誕生という形ですぐに効果を上げたが、結婚という個人的な出来事に対する行政の介入、国の経済力の差やカップルの年齢差などに批判的な意見が相次いだ。しかし、嫁不足に悩む自治体ではこれを事例として、日本各地でアジアの国々に花嫁を求める取組みが行われていった。この過程で、行政主導に代わり仲介業者（ブローカー）を介した見合いが普及した。

（3）少数だが、石巻や仙台の都市部で働く在日外国人女性と恋愛関係になり、結婚に発展するケースもある。この場合、必ずしも「農村花嫁」と同じ背景による結婚とはならないので、本章では対象としない。

（4）厚生労働省「平成二五年　人口動態調査」による。

（5）平成一八年時点における国際結婚の件数は四万四七〇一件で、夫が日本人、妻が外国人の組み合わせは三万五九九三件、妻が日本人、夫が外国人の組み合わせは八七〇八件だった。前者は後者の四倍に上る。国際結婚件数、特に外国人女性との結婚件数は平成一八年より減少傾向にあり、その背景には入国管理法の改正や偽装結婚の取り締まりの影響があるとされている。

（6）農村部で外国人花嫁を求める傾向は、日本だけではなくアジア諸国に拡がっており、夫の国は妻の国より裕福である傾向が幅広く見られる。これについては、「植民地主義の言説においては、権力関係はジェンダーの相のもとに、つまり植民地支配者は男性として、被支配者は女性として表れる」とし、発展途上国の女性が経済的に豊かな国の男性に嫁ぐ「ジェンダー化した国家関係」が見られるとされる〔山下　二〇〇九　六〇〕。

（7）出稼ぎや日本人の嫁になるために来日するフィリピン人の多くは、仲介業者を利用する。仲介業者には多額の仲介料を支払わなくてはならない上、日本に出稼ぎに行くことのリスク（事件に巻き込まれる危険や差別など）から、兄弟姉妹や友人知人の縁を頼るケースが少なくない。このため、深刻な貧困ゆえではなく、軽い気持ちで来日を決めたり、裕福な生活を維持するためのリピーターが増えている。

（8）百合子さんの嫁ぎ先では、百合子さんの信仰（カトリック）を受容し、仏壇にマリア像を置いたり、子供たちを連れて協会に通ったりすることを容認している。百合子さんがフィリピン料理を作るのも自由で、二〜三年は一度フィリピンに帰ることにしている。繁忙期でなければ夫も百合子さんの行動に加わっており、エスニック・アイデンティティの抑圧は家によって異なるといえそうである。

（9）災害への対応は、契約講（実業団）を中心として行われてきた。慶応四（一八七二）年の小網倉浜契約講の規約には、「時化ニ而逢難風候節ハ、当初之船不及申、他所之船成とも、若もの共寄合、其難場ヲ為凌候様手伝可仕事／附リ、万一其節居懸不寄之輩も有之候ハハ、急度吟味之上、向後為懲曲事可申付事」と、「時化」による難破という緊急事態の際には海難救助・船の引き起こしの作業は契約講が行うものとして明記されている〔竹内ほか　一九五九　一〇七（読点は筆者補足）〕。また、大正八（一九一九）年「小網倉浜青年契約団諸事記」を閲覧した竹内利美によれば、同じ小網倉浜契約講の年間活動の中に、火災対策の会議出席や集落内協議、火災警防の協力に関わる項目が複数見られた〔竹内ほか　一九五九　一〇一〜一〇二〕。近代には消防組・警防団を経て、本格的な防災組織体制が整備されていくが、顔ぶれは契約講と重複しており、防災の主体も一五〜四二歳の男性から編成される契約講にあった。契約講と消防団の関係については、給分浜集落について次の報告がある。「消防団としての組織ができたのは、明治末〜大正初期であろう。当初、消防団員は実業団員（契約講員のこと）の中で約二十名位を募って構成した。戦時中、一時警防団となったが、戦後幹部が辞職してしまったため、実業団の中から分断帳に立候補する者がでて、実業団員で消防団をも構成するようになり、こうした状態が昭和二十七、八年頃まで続いたという。（中略）旧十月十日には実業団の総会があり、この日から消防団の夜警が行われたという」〔江守ほか　一九六八　一二九（カッコ内は筆者補足）〕。事実上、防災の一切を契約講（実業団）が担い、特に火災への意識が強かったことが窺える。

(10) 平成二三年三月二九日の気象庁報道発表による。津波観測点は「石巻市鮎川」であり、同地の最大波は七・六メートルと発表されているが、実際にはこれより高かった可能性がある。

(11) 最初の地震から間もない午後二時四六分、石巻市では津波警報が発令された。その後、三時一四分にも津波警報が発令されている。こうした情報は防災無線で各地に届けられるが、給分浜では防災無線自体が不調となり、住民に届けられることはなかった。

(12) 津波被害こそ他の集落に比べ小規模だったが、同年の台風一二号や余震によって、津波被害の出なかった斜面の家々に損害が出た。

(13) オープンジャパンのボランティアによる。食堂いぶきのオーナーも、直会の補助をおこなってきた。

(14) 牡鹿半島では、冠婚葬祭などの宴会料理を作るメンバンの役割も女性が担うことが多く、男性が料理を作る機会は少ない。ただし、谷川浜の契約講では、総会の食事を契約講員で用意しており、男性による調理に対する見方は集落によって異なると考えられる。

終　章　女性同士のつながりのダイナミズム

はじめに

女講中を中心とした女性たちの社会、そして、女講中の周辺に展開するつきあいやネットワークから、牡鹿半島の女性社会について考察してきた。女性同士のつながりが一元的に捉えられるものではなく、柔軟かつ変わり続ける側面が明らかとなっている。それを踏まえ、最後に、民俗学における女性研究を見直し、現在とこれからの多様な女性の実態を捉え対象としていくために、序章で提起した課題に対する検討をしたい。序章第三節で示した、①つきあいを形作る女性の力、②倫理的規範性・人間関係の機微を踏まえたつきあいと結びつき、③多元的なつながりとその要因の複合性という三つの課題を考えるとともに、部分的かつ性別役割的な女性研究を抜け出し、従来の研究と現在の実態が接続する研究視角を見出したい。

第一節　女性が作るつながりの所在

第一項　女講中をめぐる女性同士の関係と社会的位置付け

女性は、家同士の交際や村落社会におけるつきあいにおいて、表だった当事者でなくても、裏側からやりとりを支える過程でつきあいそのものを演出してきた。そうした役割に対する評価、つきあいの生成については、交際の実態を捉える上で欠くことができないとして見直しが行われてきた。若旅淑乃は村落社会における交際の実態、吉田佳世は父系血縁原理社会における系図調整を事例として、それらの実質的担い手である女性を抽出した〔若旅　二〇〇三〕〔吉田　二〇一二〕。若旅は「妻」「母」など家における役割のほか「組の女性」としてのつきあいにも触れているが、村落における様々なつきあいの一つにとどまっており、吉田の指摘は、いずれも家における女性の主婦的立ち位置を前提としたものであり、論文中でそれ自体を問題としていない。女性がかかわる交際については、家の成員という立場から行われるものに研究が偏っているのが現状といえる。主婦や嫁の立場から行う交際、多様化する家の形態に即したつきあいなど、家と女性の観点からも研究の余地はあるが、女性同士のつながりにおいて、家同士の関係からの派生は部分にすぎない。家や家族のためのつきあいから距離を置いた女性主体のつながりを捉える上で、女性の村落組織における活動実態は新たな研究視点として重要といえる。

牡鹿半島の女講中は、カトクの妻であるアネ以外を組織から排除しつつ、長持渡しや婚礼道具を通して全ての嫁とかかわりを持ってきた集団だった。女講中は産育信仰を目的とし、行政区や契約講のように集落全体に関する運営にはかかわらなかったが、各家では夫が契約講、妻は女講中へ加入し、集落によっては行事や儀礼で契約講と女講中の約講と同列の村落組織として見なす場合もあり、女講中の社会的位置を探る上で契約講が一つの基準となることは間違いない。

序章で取り上げたとおり、牡鹿半島では契約講の役割は「公的」な範囲とされ、同族関係やシンルイ、擬制的親子関係などとは異なり、集落成員の条件を満たす特定の年齢層の者が等しく加入する水平な連帯とされている。「私的」なできごととされる冠婚葬祭は同族関係などで行うべきことであり、「公的」な契約講がかかわるべきではないとされている。牡鹿半島における「公的」「私的」な役割区分は、「横の連繫」「縦の結合」ともいいうる集落構造と密接にかかわっていた。女講中もまた、同族関係など家同士のつきあいから離れ、講員は家筋ではなく加入順(年齢順)に編成される、契約講型の水平な編成を基本としていた。ただし女講中は、契約講を「公的」、同族関係を「私的」とする集落の論理には当てはまらない。契約講が避けてきた「私的」な領域である婚礼に、女講中は深くかかわっていたためである。また、一部の女講中では産婆に御祝儀を送り、プライベートなできごとであるお産にも関与していた。牡鹿半島の共通認識である村落組織と同族関係、「公的」と「私的」、「横の連繫」と「縦の結合」の二元的な区分で女講中を捉えることはできないといえる。

それでは、女講中はどのように集落社会の中に位置付けられたか。第四章では、女講中と婦人会を対比して前者を「ブラク」、後者を「ソト」と表現する例を出し、両者の役割分担を説明した。すなわち、女講中は集落内で完結する女性集団であり、婦人会は自治体や町婦連の末端組織であるという分け方である。この区分が示すのは、女講中が「ブラク」のこと全般を担い、婦人会に口出しさせない明確な役割分担意識である。実際のところ、女講中に対し姑層中心となる婦人会は、公的機関が主導する祭り行事や講習会への参加を中心とし、女講中が担う集落内での役割

（年中行事や婚礼への関与）には一切かかわってこなかった。戦後に町村単位で編成された婦人会は、集落の組織としては女講中よりはるかに後発であり、女講中が担ってきた集落女性の中心としての役割を置き換わることができなかったと推測される。「ブラク」と「ソト」は、集落と行政機関という階層も含んであり、その文脈においては「ソト」は「ブラク」の上位に当たる。しかし集落にとって、「ブラク」の組織である女講中の方が「ソト」の婦人会より重要で優先される組織であったのは、女講中の活動内容により明らかである。

契約講と女講中は、それぞれ「公的」「ブラク」という語によって集落社会における位置を規定することが可能である。その際、契約講は同族結合、女講中は婦人会と異なる対象で対比されていることに注意したい。女性にとって家や同族は女講中と役割を分けるものではなく、むしろ活動内容や構成員が異なる婦人会の方が干渉しがたい存在だった。すなわち女講中の社会的位置付けは、契約講と同様に同族結合との対照によって規定されるのではなく、女性同士のつながりの結節点としての意義を集落女性によって他の女性集団と比較され決められるのである。契約講と女講中は講員が夫婦関係で組織として対であっても、対称ではない。年序集団体系として女性を捉える場合には、この点に気をつける必要がある。

それを端的に示しているのが、婚礼とのかかわりである。本書では、長持渡しや婚礼衣装の貸出しを女性同士の結びつきとして捉えた。その結びつきは、女講中に「入れない」「入らない」女性も含めた、全ての女性を仲間とするものである。したがって女講中とは、特定の講員のコミュニティである以上に、集落女性そのものであり象徴だった。例えば女講中の婚礼衣装は、必ずしも経済的な必要性を問わず着用されていたが、それは着物をまとう経験を共有することで集落女性の仲間入りを果たす意味を示している。女講中が活動を終えた後も、その所有物が契約講に移されたり、契約講が処分したりすることもなかった。観音講や婦人会など、女性集団同士の間で所有が移ったことは、本書で述べたとおりである。女講中を中心とした女性集団の連続体は、集落自治の主体である契約講が排除された、集落女性だけの社会秩序といえる。その秩序は、女講中を中心に、婦人会や婦人防火クラブなど組織、漁協婦人部など職業集団、同族やシンルイのつながり、ナカケオヤを通じた姉妹関係、薪拾い仲間、近所づきあいなど、多様な集団や結びつきが重なり合ったものである。また、全ての花嫁が婚礼を通して女講中とかかわりを持ち、非講員であっても女講中を中心とする集落女性のつながりの中に編成される。

牡鹿半島の社会組織に関する先行研究が明らかにしてきたように、女講中には契約講の補助的・従属的な側面も確かにある。しかし、契約講の視点からのみ女講中を理解しようとするのでは、全体における位置付けを見誤り、女性研究の部分化に陥る可能性がある。女講中に着目したことにより女性の多様なつながりや婚礼の実態などが明らかになったように、男女双方の視点を併せる必要がある。

第二項　つながりの形成・維持・縮小に対する判断

女講中が集落の女性たちをつなぐ結節点である一方で、個々人のつきあいが営まれてきた。第五章では、様々な事情を背景として、牡鹿地区の嫁たちが女講中に「入らない」ことを選択し、女講中が衰退する過程を分析した。女講中の代わりに立ち上がってきたのが、婦人会や女性消防団など集落における役割組織と、集落内外を問わない友人とのつきあいなどだった。女性同士のつながりの目的が二分化する過程で、明確にどちらにも組入れられない女講中は、多様なつながりの一つに相対化されていった。

こうしたつながりの選択は、女性特有の出来事ではなく、男性にも当たり前に起こりうるように見える。ただし、男女で選択の仕方が異なる可能性があることにも十分な留意が必要である。牡鹿地区大原浜では、昭和四〇年代前半に実業団(契約講)が活動停止に陥ったことがあった。大きな理由は二つで、一つは人口流出による団員の減少[1]、もう一つは森林組合などのように契約講の役割だった業務が森林組合などに分かれたことが挙げられる。しかし、再結成を望む二〇～三〇代男性が奔走し、昭和四六(一九七一)年に実業団は祭祀団体の役割に集中して復活を果たした。他方で、大原浜の女講中は昭和五〇年代に衰退し、その後活動が再開することはなかった。

世代的に、実業団に夫、女講中に妻が入っていた夫婦も少なくない。二つの集団がここまで明確に明暗が分かれたのは何故だろうか。復活に奔走した実業団員は、子供の時から親しんできた契約講がなくなり、祭りの実施にも支障が出るのは忍びなく思われたという。代々の実業団員(契約講員)にも申し訳ないし、持続可能な余地があれば復活させたかったとも語る。一方で、女講中の側は、わずか六人であれば、固定された縁日に集まってお茶飲みをするより、必要に応じて連絡し集まった方が都合がよいと思った。この違いの一つは、大原浜で生まれ育った男性と外部から嫁いできた女性の間にある思い入れの差であろう。そしてもう一つは、女性同士がつながるのに、女講中という形式はもはや必要ではなくなったということである。実業団は、祭りを行うために契約講という形式を復活させて、その中で団員をまとめようとした。対して、女性のつながりには目的はなく、つながっていることが先決なのであればむしろ女講中がない方がよい、と判断されたのである。

女性が有するつながりについては、昭和六〇年代に上野千鶴子により「女縁」という分類が為されている〔上野二〇〇八〕[2]。女縁とは、地縁や血縁・社縁とは異なり、自ら選び取るつながり「選択縁」のうち、女性なりの発想や知見を基に活動するネットワークを指している。上野が女縁を意識したのは、サラリーマンと専業主婦の世帯が多勢である都市社会において、男性中心の社縁の世界に対し、家庭と地縁・血縁しか持ちえないはずの専業主婦により展開される様々な活動や人間関係の気づきだった。上野は女縁がダイナミズムの原動力となって社会に影響を与える可能性を指摘している。

牡鹿半島の女性たちが女講中の衰退を選び、集落社会における活動の実践や個別の人間関係の充実を重要とするのも女縁だろうか。女縁は都市生活者の検証から抽出された概念であり、地方の第一次産業従事者などを想定していない。そのため選択縁ではない集落の講集団や地元女性同士のつきあいは、女性の発想や知見が反映されていても正確には女縁ではないということになる。しかし、靍理恵子が示した農家女性の「エンパワーメント」のように、女縁に通じる女性の共同性は地縁にも拡がるものである。寄磯浜の観音講や鮎川浜・新谷浜のマーマメイドなど、東日本大震災以降に活発化した地縁に根差した女性同士の結びつきもまた、女性がいきいきと暮らしていくために模索された新しいつながりの形である。

女縁の初出から三〇年以上が経過した現在、都市と地方村落、地縁・血縁と選択縁の分類は、分析視角としてその役割を概ね終えているといえる。女性同士をつながらせているのは、地縁・血縁を捨象した選択縁や、つきあわなければならない、つきあいたい、という気持ちの在り方だけではなく、自分の暮らしと結びついた充実したつきあいによる。

第三項　友人とつきあいの戦略性

女講中の衰退後、女性同士のつながりは弱くなっただろうか。そういう側面もそうではない側面もあることは、これまで見てきたとおりである。〝女性〟は「感覚が鋭敏な上に温かい同情を持ちうる」性質があると柳田國男が指摘したように、女性は男性に比べコミュニケーション能力が高いと見なされ、学術的な方法論にも反映されてきた。本書は、女性同士の間に形成される結びつきを、生得的な能力とは異なる視座から明らかにしたいと考えてきた。そのために、民俗学におけるつきあい研究と友人研究を踏まえ、第三部では、女講中に「入らない」選択や、外国人嫁ネットワーク、災害前後のつながりの変化を通して、女講中に依らない女性同士の結びつきの創出・維持・縮小を、動態的に捉えてきた。そして、それらの人間関係は、嫁とひとくくりにするには多様で複雑だった。

福田アジオは、任意の方法で伝達される情報を「非制度的情報」とし、回覧板や半鐘などを使用する「制度的情報」と区別した〔福田　一九九〇〕。制度的情報は情報の発信者と受信者が明確であり、やり取りされる情報も信頼度の高い「公的な情報」である。一方の非制度的情報は、立ち話や井戸端会議など、伝達方法が制度化されていない「非公式の情報」である。世間話や噂話など面白く人を引き付ける内容が伝えられることもあるが、「人の噂に戸は立てられぬ」「悪事千里を走る」と言うように、管理できない非制度的情報は扱いが難しくもある。しかも内容はしばしば変化するため厄介である。このため情報としての信頼度は制度的情報に比べ大きく劣るにもかかわらず「多くの人はしばしば公的な、制度化された情報よりも信用」し、「その情報内容によって自分の判断とか行動を決める」ために非制度的情報を求めるのである〔福田　一九九〇　一六六〕。

女性がその発信者・受信者として情報をやりとりしてきたことは、研究者の調査経験としても報告されている(3)。女性が非制度的情報を交わす場としては、共同作業や茶飲みなどが挙げられる。牡鹿半島の場合、女講中がそうした場であったのはもちろんのこと、「入れる」「入れない」嫁たちが一緒におこなっていた枯れ枝拾い、時間を短縮して行われている現在の観音講、そしてフィリピン人嫁のネットワークなどが、情報をやりとりするために欠かせないつながりとなっていた。

世間話を好んで出歩く女性を「茶飲みかかあ」と呼んだり、女性だけの宴会を「チャノミ」と呼んだりするように、お茶飲みは女性のつきあいに欠かせない場だった。こうした場で交わされる話は、互いの子どもを介した友人関係であるママ友同士ならば子育て、子育てや介護が一段落していれば趣味の話題など、ライフステージに即した話題が中心になりやすいが、それだけではなく、互いの近況報告から根拠があやしい噂話まで、広範囲の話題が交わされる。これらの何気ない話は、日常生活の慰みや楽しみとなり、時には興奮を招く。これを情報として見ると、精神的な充足のほか、経験談を交換・共有することで、自身が抱える問題の解決や質的向上、合理化・最適化につながることもある。また、話題の本質ではない付属的な情報にも、ある意味では入手が難しい情報が含まれている場合がある。

ここに挙げただけでも茶飲みには、会話することの癒しや楽しさ、知識や技術の交換・共有、入手しづらい情報が得られる可能性などの意義があることが窺える。村落社会学の柏尾たまきは、女性が茶飲み話で得てくる情報には、次のような特徴があるとしている。それは「周辺部分のどうでもよい情報も混在させた世間話のやり取り」に基づくものであるということ、そもそも「当人に情報収集が意識されていない場合すらある」ほど日常的で素朴ということである〔柏尾　二〇一四　三〇三～三〇五〕。こうした日々のやりとりによる情報が「女性ならでは」として活用されたのが、新山浜の婦人防火クラブだった。この「女性ならでは」とは、単に家事や育児・介護の知識や技術を指すのではなく、「どうでもよい情報」を必要な情報として管理し、活用することを含んでいたといえる。

インフォーマルなつきあいの場では、言葉だけではなくふるまいも大きな意味を持つという。茶飲みに手土産を持参して訪ねる場合、目的は話をすることだけではなく、親愛や感謝・謝罪などの意思を示すことができる。手土産も、つきあいを円滑にするための技術といえよう。また、次のような例がある。道端にフキが生えているのを見つけたとき、わざわざ「このフキを摘んでもよいかしら」と一緒に居合わせた女性たちにひと声かけ、承認を得る。土地の所有者に許可を求めるのではなく、フキを摘むことについて宣言するわけである。柏尾はこうした行為を、「自分が排除されない」で「互いに平等と承認のルールにもとづく信頼関係」を形成・維持するための配慮であり、女性たちが互いに快い関係を形成するための工夫と分析している。（柏尾　二〇一四　三〇〇〜三〇一）。「道端にフキを見つけたら、断ってから摘まねばならない」という規則があるわけでも罰則があるわけではなく、柏尾のいう「信頼関係」は快適なつきあいのために互いに配慮し合う関係である。

明文化されていない暗黙のルールという点では、和歌森太郎が示した「倫理的規範性」も同じである。ただし「倫理的規範性」が「伝承的なしきたり」であるのに対し、柏尾の「信頼関係」は個人同士の関係として生じるものである。ただし、個人の価値基準には「倫理的規範性」も含められるため、無関係ではない。また、フキの事例による「信頼関係」は即時的なものだが、つきあいの相手・場・人数によって配慮すべき事柄も変わってくる。配慮すべき事柄、その場の機微を読みながら、つきあいを円滑に運ぶには、高いコミュニケーション能力が必要である。したがって、「温かい同情」「親密性」という評価は、女性同士が結びつく動機や関係を継続させているそのものではない。情報の共有や社会的立ち位置の確保といった戦略がインフォーマルなコミュニケーションによって為されていることこそ、女性同士の結び付きについて欠くことのできない要素といえる。

第二節　民俗学における女性研究の可能性

第一項　主婦論・ライフコースの多様性の先

女性同士の結びつきの課題は、ライフコースの多様化と価値観の相違である。民俗学における女性研究の礎を築いた柳田國男は、家を守ること（主婦）が女性の役割と考えていた。その直接の弟子である瀬川清子は、海女や販女などの研究を進め、多元的な女性の在り方を示した。そして倉石あつ子は、固定的な対象化された〝女性〟を選んで部分を切り取るのではなく、様々な女性を対象として全体を捉えるべきとした。職業や生き方の多様性について、民俗学は段階的に女性研究として扱う範囲を拡げてきたといえる。他方で、議論の中心には固定化された〝女性〟が鎮座し、研究の検討と研究の実践が十分に進められたとはいえない。「もはや「女性」という一枚岩的なカテゴリーは無意味」〔安井　二〇〇二　九三〕とまで批判された民俗学による女性研究が、研究蓄積を生かし、問いを拡げていくために、まず倉石が提唱した全体像を捉えることから始めなくてはならない。そしてそのためには、現代や未来の女性たちと既存の〝女性〟の接続を見つけ、明らかにすることが不可欠である。女講中のような準拠集団と、個が持つつながりとそのネットワークの双方を相対的に捉えることが、これからの女性研究の視座といえる。

結婚し、子供を産み育てることは、女性の標準的な在り方、社会規範だった。価値観を共有できれば、つながりあうことは難しくない。しかし、在るべき〝女性〟像から逸脱するならばマイノリティとならざるをえず、ときには差別の対象になった。自身を正当化する上で、他者の生き方を認めることは困難である。マイノリティだった生き方が選択可能なライフコースとして社会的地位を得るようになると、主婦論争のように、女性同士の対立は顕在化した。表だった争いに至らなくても、女性同士の隔たりは嫁姑間の葛藤や階層意識などの場面で表れてきた。

ただし、実生活では常に争っていられるわけではない。インフォーマルなつきあいでは当事者同士の気持ちが結び付きの重要な要素となるが、それだけで決められるわけでもない。近所づきあい、仕事仲間、同窓生などそれぞれの場面におけるつきあいは、親密性と義務感のスペクトラムの中でつきあい方を決めていくからである。隔たりや葛藤も、結びつきの形を決める要素である。そして、それらの結びつきやネットワークは、生きていくために必要な資本として運用されていく。

女性特有のつながりとして、家の嫁としてのつきあい、子供を通した関係や夫を通した関係を論じ続けることには閉塞感がある。家事や育児は既婚女性だけの領域ではなくなりつつあるし、既婚女性同士の結びつきも、嫁や妻、母としてだけではなくなっているからである。性別役割として固定された〝女性〟の研究ではなく、〝女性〟たらしめているものは何であるかを考えるとき、女性の主体的なつながりはその一面を示すものとなる。

第二項　女性を考える視角

この一〇年間だけでも、女性を取り巻く環境は目まぐるしく変化している。かつて議論されたような性別役割の中には、現在はほとんど解消され、議論の俎上から姿を消している者もある。妊娠出産のような身体的な事柄は今後も民俗学的に研究が進められていくと思われるが、それすら当たり前のこととしてライフコースに位置付けられていた先行研究とは一線を画していくことになるだろう。こうした中で、民俗学が女性を研究することの意義はどこにあるのだろうか。

第六章で、東日本大震災後に実業団（契約講）入りした移住女性と、御神木祭の直会準備をする男性ボランティアの例を挙げた。集落で維持されてきた性別役割が、震災以降、外来者によって攪乱される一つの場面である。この攪乱に住民は戸惑いを覚えつつ、受け入れている。小さな変化ではあるが、凝集性の高い社会で長年続いてきた価値観や区分がゆらぎを見せていることは、それを前提とした研究視角、更にいえば方法論を検討し直すことが必要ということである。

攪乱しているのは性別役割であり、男性・女性の文脈が希薄になっているわけではない。事例でも、実業団員となった女性が当初加入を敬遠された理由の一つに、もし彼女が集落の男性と結婚して子供ができれば状況が変わる、というものがあった。現状では女性である彼女が実業団に入っても差し支えない、という判断が為されたのであって、実業団が性別を問わなくなったわけではない。異なる性別といかに向き合うのか、再編される性別役割を継続して分析することが必要である。

男性から女性を切り離した研究、あるいはその逆は、部分的にしか対象を捉えることができない。女性を考える上で求められるのは、対象化することではなく、女性を切り口として分析、考察をする研究である。民俗学は主婦研究の蓄積を生かしつつ、それに収束する女性研究から抜け出すことで、多様で複雑な現在的課題に取組んでいくことができる。

註

（1）大原浜には役場や郵便局・学校など公的機関が設置されたため、網元や船主の家ではカトクに家業を継がせず、仙台や東京で修学させたのち、集落内の公的機関に勤務させるようになった。地元を離れて子供を学校に行かせる風潮は、経済的に上位層の家だけではなく一般家庭にも広まり、契約講の加入年齢である一五歳及び一八歳の男性が集落から減少した。小渕や泊浜など、漁業が盛んでカトクが家業を継ぐことが多い集落では、子供が一時的に離れても、若いうちに帰郷することが一般的だったため、大原浜のような男性減少には陥らなかった。なお、全国的には高度経済成長期の「金の卵」上京による人口流出が地方村落の問題として知られているが、次男以下の分家を積極的におこなってこなかった牡鹿半島では、こうした社会背景も相まって、カトク以外の若者を集落に留め置けなかったものと思われる。

（2）上野千鶴子の造語「女縁」の初出は、昭和六二年二月一八日～四月二八日の『産経新聞』大阪版夕刊に五三回にわたって連載された「女縁を歩く」である。その後、アトリエFとの共同研究により、昭和六三年に『「女縁」が世の中を変える』（日本経済新聞社）、平成二〇（二〇〇八）年に増補版として『「女縁」を生きた女たち』（岩波書店）が刊行された。

（3）宮本常一「村の寄りあい」では、〝女だけの寄りあい〟で交わされる雑談はほとんどが笑い話であるにもかかわらず、ここで出てくる情報によってそれぞれが〝家の性格〟を窺い知ることを示唆している〔宮本　一九八四　四九～五〇〕。また、『須恵村の女たち』では女性たちの宴会や茶飲みの場面がしばしば登場し、噂話や猥談を楽しむ様子が描かれている。著者のエラ・エンブリー自身も世間話に参加しており、それによる情報が本書の基礎的なデータとなっているため、生々しい女性たちの暮らしぶりが伝わる〔スミスほか　一九八七〕。

参考文献

〈論文・単著〉

浅野　弘光　一九九三『嫁さ考―主婦になわばりがあった―』教育出版文化協会
麻野　雅子　二〇〇四「アイデンティティの社会的承認という問題―現代日本女性のアイデンティティをめぐる言説を材料に―」『三重大学法経論叢』二二(一)　三重大学
阿部　謹也　一九九五『「世間」とは何か』講談社
網野善彦・宮田登　一九九八『歴史の中で語られてこなかったこと―おんな・子供・老人からの「日本史」―』洋泉社
有賀喜左衛門　一九六八「日本婚姻史論」『有賀喜左衛門著作集(六)　婚姻・労働・若者』未来社
礒野さとみ　二〇一〇『近代文化研究叢書(六)　理想と現実の間に―生活改善同盟会の活動―』昭和女子大学近代文化研究所
今村　仁司　一九九四『貨幣とは何だろうか』筑摩書房
今村　仁司　一九九八「貨幣とは何か?―経済以前の貨幣―」国立歴史民俗博物館『歴博フォーラム　お金の不思議』山川出版社
岩井　宏實　一九八七『地域社会の民俗学的構造』法政大学出版局
上野千鶴子　一九八二「解説　主婦論争を解読する」上野千鶴子(編)『主婦論争を読む(二)　全記録』勁草書房
上野千鶴子　二〇〇八『「女縁」を生きた女たち』岩波書店
上野千鶴子　二〇一一『女ぎらい―ニッポンのミソジニー―』紀伊國屋書店
宇田　哲雄　一九九七「村落政治の民俗」赤田光男・福田アジオほか(編)『講座日本の民俗学(三)　社会の民俗』雄山閣出版

江馬三枝子　一九四二『飛騨の女たち』三国書房
江馬三枝子　一九四三『白川村の大家族』三国書房
江守　五夫　一九五四「年齢階梯制ならびに自由恋愛に関するH・シュルツの学説について」『社会科学研究』(四)　東京大学社会科学研究所
江守五夫・平山和彦・明大法社会学演習学生　一九六八「牡鹿半島の一村落における慣習規範と社会構造―宮城県牡鹿郡牡鹿町給分浜の調査研究―」『法学会誌』(一九)　明治大学法学会
江守　五夫　一九七六『日本村落社会の構造』弘文堂
大間知篤三　一九六七『婚姻の民俗学』岩崎美術社
大間知篤三　一九七五『大間知篤三著作集(二)　婚姻の民俗』未来社
岡田　照子　一九六九「江ノ島の講組織」和歌森太郎(編)『陸前北部の民俗』吉川弘文館
落合恵美子　二〇〇四『二一世紀家族へ―戦後家族体制の見かた・越えかた―(第三版)』有斐閣
尾曲　香織　二〇一五「資料一覧―大原浜・給分浜・泊浜における資料調査より―」『牡鹿半島の民俗と地域社会―これまでの記憶とこれからの可能性について―』筑波大学民俗学研究室
恩田　守雄　二〇〇六『互助社会論―ユイ、モヤイ、テツダイの民俗社会学―』世界思想社
加賀谷真梨　二〇一〇「民俗学におけるジェンダー研究の現状と今後の展望―女性化したジェンダー概念からの脱却に向けて―」『日本民俗学』(二六二)　日本民俗学会
柏尾　珠紀　二〇一四「地域における女性の力」徳野貞雄・柏尾珠紀(編)『T型集落点検とライフヒストリーでみえる家族・集落・女性の底力』農文協
柏木　亨介　二〇〇五「ムラ生活の心得―ムラハチブ裁判の分析を通して―」『長野県民俗の会会報』(二八)　長野県民俗の会

柏木　亨介　二〇〇八「寄合における総意形成の仕組み―個人的思考から社会集団的発想への展開―」『日本民俗学』（二五四）日本民俗学会
鎌田　久子　一九七一「利根川下流域の産神信仰」九学会連合『利根川―自然・文化・社会―』弘文堂
上久保都生子　二〇〇九「漁村における信仰と女性の役割」『フィールドへようこそ！　二〇〇七　牡鹿半島表浜の民俗』筑波大学民俗学研究室
蒲生正男・坪井洋文・村武精一　一九六三「青ヶ島の社会と民俗」岡正雄教授還暦記念論文集編集委員会（編）『民族学ノート　岡正雄教授還暦記念論文集』平凡社
川島　秀一　二〇〇一「エビスバアサマのお振る舞い―三陸漁村の女たちの役割―」『別冊東北学』（二）東北芸術工科大学東北文化研究センター
川橋　範子　二〇〇三「「他者」としての「日本女性」―欧米の「水子供養言説」批判―」『民俗学研究』六八（三）日本文化人類学会
神田　道子　一九八二「主婦論争」上野千鶴子（編）『主婦論争を読む二　全記録』勁草書房
神田より子　二〇〇八「民俗学から見た日本の女性研究のあゆみ」『敬和学園大学研究紀要』（一七）敬和学園大学
菅野　仁　二〇〇三『ジンメル・つながりの哲学』日本放送出版協会
金菱　清　二〇一四「彷徨える魂の行方―災害死の定位置と〝過剰な〟コミュニティ―」荻野昌弘・蘭信三（編）『三・一一以前の社会学―阪神・淡路大震災から東日本大震災へ―』生活書院
菊池　健策　一九八〇「利根川流域の犬供養」『日本仏教』（五〇・五一）日本仏教研究会
倉石あつ子　一九九五『柳田國男と女性観』三一書房
倉石あつ子　二〇〇九『女性民俗誌論』岩田書院

桑山　敬己　二〇〇〇「柳田國男の『世界民俗学』再考―文化人類学者の目で―」『日本民俗学』(二二二)　日本民俗学会
桑山　紀彦　一九九七「一〇年目の節目を迎えたアジアからの農村花嫁たち」『ジェンダーと多文化―マイノリティを生きるものたち―』明石書店
国立歴史民俗博物館(編)　二〇一〇『高度経済成長と生活革命』吉川弘文館
小谷　竜介　二〇一二「契約講と春祈禱―震災前の暮らしと後―」『記憶をつなぐ　津波災害と文化遺産』千里文化財団
小林めぐみ　二〇〇五「花嫁装身具一式」『婚礼―ニッポンブライダル考―』福島県立博物館
小松　和彦　一九八五『異人論―民俗社会の心性―』青土社
近藤　元　二〇〇四『奥様はフィリピーナ』彩図社
近藤　雅樹　二〇〇二「心象世界と民具」香月洋一郎・野本寛一ほか(編)『講座日本の民俗学(九)　民具と民俗』雄山閣出版
齋藤(戸邉)優美　二〇〇九「大原浜の女性と結婚―地蔵講の働きを中心として―」『フィールドへようこそ!　二〇〇七　牡鹿半島表浜の民俗』筑波大学民俗学研究室
齋藤(戸邉)優美　二〇一〇「牡鹿半島における嫁集団の社会的・経済的機能―女講中の「長持渡し」について―」『東北民俗』(四四)　東北民俗の会
櫻井徳太郎　一九六九『講集団成立過程の研究』吉川弘文館
佐々木美智子・加納尚美・島田智織・小松美穂子　二〇〇四「女人講における「聖」と「俗」―茨城県南地域の事例から―」『茨城県立医療大学紀要』(九)　茨城県立医療大学紀要
佐藤　信夫　二〇〇七『戦争の時代の村おこし―昭和初期農村更生運動の実像―』南北社
佐藤　康行　二〇〇二『毒消し売りの社会史―女性・家・村―』日本経済評論社
佐野　賢治　二〇一一「大宮講から若妻学級へ―高度経済成長期における農村女性の覚醒―」田中宣一(編)『暮らしの革命―

島村　恭則　二〇一〇『〈生きる方法〉の民俗誌─朝鮮系住民集住地域の民俗学的研究─』関西学院大学出版会
下村　希　二〇〇九「女講中と婦人会の変遷─戦後の都市化と高齢化による村落への影響─」『フィールドへようこそ！戦後農村の生活改善事業と新生活運動─』農文協
守随　一　一九三七「村の交際と義理」柳田國男（編）『山村生活の研究』民間伝承の会
神　かほり　一九九五「ムラのツキアイ─「椀倉」と「講中」東京都八王子の事例─」『民具マンスリー』二八（九）神奈川大学日本常民文化研究所
神　かほり　二〇〇一「共有膳椀の「成立」をめぐって」『民具研究』（一二三）日本民具学会
末成　道男　一九八一「対馬西浜の盆踊りと年齢階梯制（二）」『聖心女子大学論叢』（五八）聖心女子大学
末成　道男　一九八五「年齢層序制」『人類科学』（三七）九学会連合
杉本　仁　二〇〇〇「寄合民主主義に疑義あり─宮本常一「対馬にて」をめぐって─」柳田国男研究会（編）『柳田国男研究年報（三）柳田国男・民俗の記述』岩田書院
鈴木　棠三　一九八〇「入村者と定住の手続」『山村生活の研究』国書刊行会
ロバート・J・スミス、エラ・ルーリィ・ウィスウェル　一九八七『須恵村の女たち─暮しの民俗誌─』河村望・斎藤尚文（訳）お茶の水書房
瀬川　清子　一九四二『海女記』三国書房
瀬川　清子　一九七〇『海女』未来社
瀬川　清子　一九七二a『若者と娘をめぐる民俗』未来社
瀬川　清子　一九七二b「女性の分野」臼井吉見（編）『柳田國男回想』筑摩書房

関　敬吾　一九五八「年齢集団」『日本民俗学体系(三)　社会と民俗(一)』平凡社

関沢まゆみ　一九九六「村落における年齢の二つの意味—「家」と「個人」の視点から—」『帝京史学』(一一)　帝京大学文学部史学科

関沢まゆみ　二〇〇八『現代「女の一生」—人生儀礼から読み解く—』日本放送出版協会

イヴ・K・セジヴィック　二〇〇一『男同士の絆—イギリス文学とホモソーシャルな欲望—』上原早苗・亀澤美由紀(訳)　名古屋大学出版会

高取　正男　一九七二『民俗のこころ』朝日新聞社

滝澤　克彦　二〇一四「祭礼を無理に復活させないという選択—岩沼市寺島地区の事例から—」高倉浩樹・滝澤克彦(編)『無形民俗文化財が被災するということ—東日本大震災と宮城県沿岸部地域社会の民俗誌—』新泉社

竹内利美・江馬成也・藤木三千人　一九五九「東北村落と年序組織」『東北大学教育学部研究年報』(七)　東北大学教育学部

竹内　利美　一九七四『日本の民俗　宮城』第一法規出版

竹内　利美　一九九一『竹内利美著作集(三)　ムラと年齢集団』名著出版

竹田　旦　一九六九「シンルイとその特性」和歌森太郎(編)『陸前北部の民俗』吉川弘文館

竹田　旦　一九八九『兄弟分の民俗』人文書院

武田　尚子　二〇一〇「宮本常一の西日本社会論—「合理性」への関心と村落社会構造の把握—」『ソシオロジスト』(一二)　武蔵大学社会学部

立柳　聡　一九九八「契約と同族」『性と年齢の人類学』岩田書院

田中　重好　二〇〇七『共同性の地域社会学—祭り・雪処理・交通・災害—』ハーベスト社

田中　宣一　二〇一一「塩尻市旧洗馬村での生活改善への取組み」『暮らしの革命—戦後農村の生活改善事業と新生活運動—』

農文協
谷口 陽子 二〇〇七「現代日本社会の「親族」の認識と役割期待およびその変貌」『比較家族史研究』(二一) 比較家族史学会
谷口 陽子 二〇〇八「女性の奉公経験と家族および地域共同体における評価—山口県豊北地方の漁業集落矢玉を事例として—」『日本民俗学』(二五三) 日本民俗学会
デボラ・チェンバース 二〇一五『友情化する社会—断片化の中の新たな〈つながり〉—』辻大介・久保田裕之・東園子・藤田智博(訳) 岩波書店
坪井 洋文 一九八五「生活文化と女性—炉の主婦座と女性—」坪井洋文(代表)『日本民俗文化大系(一〇) 家と女性—暮しの文化史—』小学館
靏 理恵子 二〇〇七『農家女性の社会学—農の元気は女から—』コモンズ
戸邉 優美 二〇一三「女性の結びつきとコミュニケーションツールとしてのドウケ—球磨地方における地蔵担ぎ伝播・受容を事例として—」『史境』(六五) 歴史人類学会
戸邉 優美 二〇一四「男性による芸の〈フォーマル化〉—球磨地方における地蔵担ぎを事例として—」『女性と経験』(三九) 女性民俗学研究会
戸邉 優美 二〇一五「女性集団の公的側面—女講中の婚礼関与を中心として—」『日本民俗学』(二八四) 日本民俗学会
富田祥之亮 二〇一一「農山漁村における「生活改善」とは何だったのか—戦後初期に開始された農林省生活改善運動—」田中宣一(編)『戦後農村の生活改善事業と新生活運動』農文協
中込 睦子 一九八三「交際の構造分析のための試論—「主」「客」あるいは「等質」「異質」をめぐって—」『社会伝承研究』(七) 社会伝承研究会
中込 睦子 二〇〇六『草創期民俗学における女性民俗研究者の研究史的位置づけ』科学研究費補助金研究成果報告書

中谷　文美　二〇〇三「人類学のジェンダー研究とフェミニズム」『民族学研究』六八（三）　日本民族学会
中野　紀和　二〇〇七『小倉祗《マ》園《マ》太鼓の都市人類学―記憶・場所・身体―』古今書院
仲野　誠　二〇〇三「「外国人妻」と地域社会―山形県における「ムラの国際結婚」を事例として―」『移民研究年報』（九）
中野　泰　二〇〇五『近代日本の青年宿―年齢と競争原理の民俗―』吉川弘文館
永野由紀子　二〇〇八「姉家督と「家」―庶民の相続慣行についての一考察―」『ヘスティアとクリオ』（七）　コミュニティ・自治・歴史研究会
中村ひろ子・倉石あつ子・浅野久枝・蓼沼康子・古家晴美　一九九九『女の眼でみる民俗学』高文研
西海　賢二　一七七九「近世後期の人口動態と女人講―常陽地方を中心にして」『常民文化研究』（三）　常民文化研究会
西海　賢二　一九九二「江戸後期の女人講―常総地域の人口対策と子安講をめぐって―」戸川安章（編）『仏教民俗大系（七）寺と地域社会』名著出版
西海　賢二　二〇一二『江戸の女人講と福祉活動』臨川選書
能田多代子　一九四三『村の女性』三國書房
服部　誠　一九九三『名古屋民俗叢書（二）　婚礼披露における女客の優位』名古屋民俗研究会
平原　園子　二〇一四「互助とつきあい」民俗学辞典編集委員会（編）『民俗学辞典』丸善出版
平山　和彦　一九六九「牡鹿半島一帯における年齢集団の諸相」和歌森太郎（編）『陸前北部の民俗』吉川弘文館
平山　和彦　一九八八『合本　青年集団史研究序説』新泉社
平山　和彦　一九九二『伝統と慣習の論理』吉川弘文館
福田アジオ　一九六九「契約講」和歌森太郎（編）『陸前北部の民俗』吉川弘文館
福田アジオ　一九七六「互助と交際」『日本民俗学講座（二）　社会伝承』朝倉書店

福田アジオ　一九八二『日本村落の民俗学的構造』弘文堂
福田アジオ　一九八九「柳田国男における歴史と女性」『国立歴史民俗博物館研究報告』（二一）　国立歴史民俗博物館
福田アジオ　一九九〇『可能性としてのムラ社会―労働と情報の民俗学―』青弓社
福田アジオ　二〇〇四「娘組と娘仲間」『環境・地域・心性―民俗学の可能性―』岩田書院
福武　直　一九七六『福武直著作集』（四）　東京大学出版会
藤井　和佐　二〇一二「地域の意思決定の場への参画―長野県における女性農業委員の活動から―」『年報村落社会研究（四八）　農村社会を組みかえる女性たち―ジェンダー関係の変革に向けて―』農山漁村文化協会
藤野　豊　二〇〇一「国民精神総動員運動と結婚改善運動―ファシズム期富山の社会史(三)―」『人文社会学部紀要』(一)　富山国際大学
古家　信平　一九九四『火と水の民俗文化誌』吉川弘文館
前川　直哉　二〇一一『男の絆―明治の学生からボーイズ・ラブまで―』筑摩書房
前田安紀子　一九七三「配偶者の選択」青木道夫(編)『講座家族(四)　婚姻の成立』弘文堂
政岡　伸洋　二〇一四「震災後における民俗の活用と被災地の現在―南三陸町戸倉波伝谷地区の場合―」『無形民俗文化財が被災するということ―東日本大震災と宮城県沿岸部地域社会の民俗誌―』新泉社
松岡　利夫　一九六九「婚姻と出産の儀礼と習俗」和歌森太郎(編)『陸前北部の民俗』吉川弘文館
松岡　利夫　一九七三「婚姻成立の儀礼」『講座家族(三)　婚姻の成立』弘文堂
丸谷　仁美　一九九六「利根川下流域の女人講―観音巡行・巡拝習俗を中心に―」『日本民俗学』(二〇六)　日本民俗学会
丸谷　仁美　一九九七「女人講の組織とその変遷―千葉県香取郡大栄町一坪田の事例を中心に―」『常民文化』（二〇）　成城大学常民文化研究会

三崎一夫・小野寺正人　一九九六「宮城県の水祝儀」『民俗資料選集（二四）　南奥羽の水祝儀』国土地理協会
宮田　登　二〇〇〇『ヒメの民俗学』筑摩書房
宮田　登　二〇〇六『宮田登日本を語る（一一）　女の民俗学』吉川弘文館
宮本　常一　一九八四『忘れられた日本人』岩波文庫
妙木　忍　二〇〇九『女性同士の争いはなぜ起こるのか―主婦論争の誕生と終焉―』青土社
村尾　美江　二〇一六「新生活運動と民俗変化―三豊市豊中町の公民館結婚の事例から―」『香川の民俗』香川民俗学会
村武精一・郷田洋文・山口昌男・常見純一・武村卓二　一九五九「伊豆新島若郷の社会組織―世代階層制村落の研究―」『民族学研究』（二二）　日本民族学会
八木　透　一九九九「結婚と相手」岩本通弥（編）『民俗学の冒険（四）　覚悟と生き方』ちくま新書
八木　透　二〇〇一『婚姻と家族の民俗的構造』吉川弘文館
八木　透　二〇〇八ａ「男と女の諸相」『日本の民俗（七）　男と女の民俗誌』吉川弘文館
八木　透　二〇〇八ｂ「男の民俗誌」『日本の民俗（七）　男と女の民俗誌』吉川弘文館
安井眞奈美　一九九六「民俗学における「村入り」研究のその後」『加能民俗研究』（二七）　加能民俗の会
安井眞奈美　一九九九「現代女性とライフスタイルの選択―主婦とワーキングウーマン―」岩本通弥（編）『民俗学の冒険（四）　覚悟と生き方』筑摩書房
安井眞奈美　二〇〇〇「村入り」『日本民俗大辞典』（下）　吉川弘文館
安井眞奈美　二〇〇二「女性」小松和彦・関一敏編『新しい民俗学へ―野の学問のためのレッスン二六―』せりか書房
谷田部眞理子　一九八三「赤子養育仕法について」渡辺信夫（編）『宮城の研究（四）　近世篇』清文堂出版
柳田國男・橋浦泰雄・最上孝敬・鈴木棠三・野口孝徳・瀬川清子・大間知篤三・関敬吾・杉浦健一・牧田茂・山口貞夫・守随

一・白井永二　一九三九「交際に関する座談会」『民間伝承』（三―七）　民間伝承の会
柳田　國男　一九六二『定本柳田國男集』（八）　筑摩書房
柳田　國男　一九六三『定本柳田國男集』（四）　筑摩書房
柳田　國男　一九六三ａ『定本柳田國男集』（一五）　筑摩書房
柳田　國男　一九六三ｂ『定本柳田國男集』（二四）　筑摩書房
柳田　國男　一九六四ａ『定本柳田國男集』（二五）　筑摩書房
柳田　國男　一九六四ｂ『定本柳田國男集』（別巻三）　筑摩書房
山口　昌男　一九八二『文化人類学への招待』岩波書店
山崎　裕子　二〇〇八「女の民俗誌」『日本の民俗（七）　男と女の民俗誌』吉川弘文館
山下　晋司　二〇〇九『観光人類学の挑戦―「新しい地球」の生き方―』講談社
柳　蓮淑　二〇〇五「外国人妻の世帯内ジェンダー関係の再編と交渉―農村部在住韓国人妻の事例を中心に―」『人間文化論叢』（八）　お茶の水女子大学大学院人間文化研究科
横田　祥子　二〇〇八「グローバル・ハイパガミー？―台湾に嫁いだベトナム人女性の事例から―」『異文化コミュニケーション研究』（二〇）　お茶の水女子大学大学院人間文化研究科
吉田　佳世　二〇一一「門中制度における嫁の力―沖縄本島北部Ｙ区のシジタダシとその担い手に注目して―」『社会人類学年報』（三七）　東京都立大学社会人類学会
アドリエンヌ・リッチ　一九八九『アドリエンヌ・リッチ女性論　血、パン、詩。』大島かおり（訳）　晶文社
若旅　淑乃　二〇〇三「つきあい再考―群馬県吾妻郡東村を事例として―」『日本民俗学』（二三三）　日本民俗学会
和歌森太郎　一九六四『日本の民俗（六）　女の一生』河出書房

和歌森太郎　一九八一『和歌森太郎著作集（一〇）　歴史学と民俗学』弘文堂
和歌森太郎　一九八二『和歌森太郎著作集（一二）　日本の民俗と社会』弘文堂
和田　健　二〇〇一「ムラヅキアイに見られる現在的枠組みの再編成」『史境』（四二）　歴史人類学会
和田　健　二〇〇八「村の変容と存続」『日本の民俗（六）　村の暮らし』吉川弘文館
和田　健　二〇一二『協業と社会の民俗学―共同労働慣行の現代民俗誌的研究―』学術出版会
和田　健　二〇一四「生活改善規約を持った更生指定村―より強化された生活習俗の系統化―」『人文研究』（四三）　千葉大学
渡辺みゆき　二〇〇一「小牛田神社の成立と展開をめぐって」西海賢二（編）『神と仏の相剋』批評社

〈自治体誌・報告書等〉
石巻市史編さん委員会　一九九八『石巻の歴史（二）　通史編』（下の二）　石巻市
石巻市史編さん委員会　一九八九『石巻の歴史（四）　教育・文化編』石巻市
牡鹿町誌編纂委員会　一九八八『牡鹿町誌』（上）　牡鹿町
牡鹿町誌編纂委員会　二〇〇五『牡鹿町誌』（中）　牡鹿町
牡鹿町誌編さん委員会　二〇〇二『牡鹿町誌』（下）　牡鹿町
牡鹿町総務課　二〇〇四『牡鹿町町制施行五〇周年記念誌　牡鹿宝唄』牡鹿町
三陸河北新報社　二〇一一『大津波襲来・東日本大震災　ふるさと石巻の記憶　空撮三・一一　その前・その後』三陸河北新報社
週刊朝日編集部　一九九五『戦後値段史年表』朝日新聞社

生活改善同盟会　一九三一『生活改善の栞』生活改善同盟会
東北学院大学政岡ゼミナール・東北歴史博物館（編）　二〇〇八『波伝谷の民俗』東北歴史博物館
文化庁（編）　一九七二『日本民俗文化地図（三）　信仰・社会生活』文化庁
南関東の共有膳椀編集委員会（編）　一九九九『南関東の共有膳椀―ハレの食器をどうしていたか―』関東民具研究会
宮城県新生活建設協議会　一九六一『新生活運動指導者のために―昭和三五年度新生活運動委託事業実績報告書―』宮城県新生活建設協議会
宮城県水産試験場　一九五八『沿岸漁業集約経営調査報告書』（第一年度）宮城県新生活建設協議会
宮城県水産試験場　一九五九『沿岸漁業集約経営調査報告書』（第二年度）宮城県新生活建設協議会

あとがき

本書は、平成二八(二〇一六)年一二月に筑波大学へ提出した博士論文「女性同士のつながりに関する民俗学的研究—牡鹿地区の女講中を中心として—」を基にしている。博士論文は、女講中そのものを論じた第一部と、女講中の外側に展開する関係あるいは女講中以降の集落内における人間関係を論じた第二部による全六章で構成した。出版に当たり、女講中を中心に構成を変更し、加筆修正した。本書の第六章は、博士論文にはない書下ろしである。本研究は、平成二三年度冠婚葬祭互助協会研究助成、平成二五~二六年度日本学術振興会研究奨励費による。また、平成二六~二七年度筑波大学社会貢献プロジェクトによる牡鹿半島緊急調査(代表・古家信平先生)も、本研究にとって大いに参考となった。本書の出版に当たっては、平成三〇年度 科学研究費補助金(研究成果公開促進費)の交付を受けた。記して謝辞を表するものである。

女講中との出会いは、平成一九年一〇月に行われた筑波大学民俗学研究室実習調査である。私は当時修士一年の院生で、大学生を指導する立場で参加したが、その年は指導院生が多く、幸運にも調査する時間や報告書を執筆する余裕を持つことができた。調査に入った大原浜では、既に女講中は行われていなかったが、女講中が使っていた御膳や会計簿が残っていた。このときは、何となく会計簿の写真を撮って実習を終えたが、よくよく読んでみると、女人講にしては経済力があり、信仰以外にも様々な活動をしていたことが分かってきた。しかし、牡鹿半島の年齢集団については、契約講以外ほとんど先行研究が行われていない。竹田旦の兄弟分研究の影響を受け、同性のつながりを民俗学的に研究したいと考えていた私は、実習後から本格的に女講中の研究に取組むことにした。

実習の翌年に就職したが、博士論文執筆のため調査地を増やしたいと考え、平成二三年三月に前職を辞めた。退職に向け勤務先で仕事を片付けていたとき、東北地方太平洋沖地震が発生し、大津波が牡鹿半島を襲った。

その年は、これまでお世話になっていた方々を訪ねて歩きながら、先送りにしようとしていた調査に急ぎ取掛かることにした。数少ない女講中の形跡はもちろん、地形や土地利用が変化し、そこで暮らす人が減少し、津波そのものやその後の復旧作業で資料が失われ、一刻も早く記録することが必要と思われたからである。

被災された方々が暮らしの再建に向け取組んでおられるときに、その横で調査を行うのは時に恐縮する思いであった。大勢の研究者が文化財レスキューやボランティアをおこなっている現場では、地元の方の衝突も皆無ではなかったと耳にしていたし、私の調査に対し愉快ではない思いを抱かれた方もいらっしゃったかもしれない。それでも、完全に手遅れになる前に、牡鹿半島の女講中についてまとめておきたい、そうしなければならないと思った。長らく看過されてきたこの女性講集団の存在が、女性研究や講研究に一石を投じるものであると確信していたからである。

娘組や女人講など、民俗学が取り上げてきた女性集団は、男性集団と対称に位置付けられたり、信仰や娯楽などの一面的な取り上げ方にとどまったりと、女性の生き方が多様化する現代社会ではむしろ対象としにくい存在になっている。しかし、地域社会の中の女性同士のつながりを見ようとするとき、こうした集団を無視することはできない。そして、集団がつながりの全てでもない。集団やつながりの維持が厄介であると感じると、女性は男性に比べ割とあっさり解散する傾向がある。他方で、興味のあることや社会貢献したい気持ちには柔軟で、団結するのを厭わない。嫁女講中は近世から続いてきた講集団だが、集落の運営や催事を取り仕切る契約講に比べると、とても自由である。嫁や主婦といった家の肩書から離れ、女性同士でやりとりし活動していた女講中は、歴史や社会の研究のみならず、これからの牡鹿半島や女性の在り方を実践的に考えていく上で多くの示唆を与えるものであると思う。本書は課題や反省すべき点も少なからずあるが、そういうことに役立てられれば幸いである。

博士論文の執筆及び本書の出版に当たっては、多くの方々にお世話になった。博士論文主査の古家新平先生、副査の徳丸亜木先生、根本誠二先生、関沢まゆみ先生には改めて感謝を申し上げたい。特に、大学生の頃から一〇年以上にわたって御指導いただいた古家先生には、日頃より多くの御教示と御高配を賜った。また、筑波大学では中込睦子先生、中野泰先生、武井基昭先生、講研究会では長谷部八朗先生からも御助言をいただいた。ここにお礼申し上げたい。

岩田書院の岩田博氏には、出版に当たり多大な御尽力をいただいた。厚くお礼を申し上げる。陰日向に研究を支援してくれた夫、母、亡き父にも感謝を伝えたい。

最後に改めて、長年にわたり研究に御協力いただいた牡鹿半島の皆様に感謝申し上げる。新たな道を歩く牡鹿半島の御多幸と御発展を祈念します。

平成三一年二月

戸邉　優美

著者紹介

戸邉 優美（とべ ゆみ）

1984年、宮城県生まれ。

2016年度、筑波大学大学院人文社会科学研究科歴史・人類学専攻修了。博士(文学)。

現在、埼玉県立歴史と民俗の博物館学芸員。

主要論文
「婚礼衣装の共用—牡鹿地区における花嫁と集落女性の媒介形式として—」

（古家信平(編)『現代民俗学のフィールド』、2018、吉川弘文館）、

「女性集団の講的側面—女講中の婚礼関与を中心として—」

（『日本民俗学』284号、2015、日本民俗学会、第36回日本民俗学会研究奨励賞）

女講中《じょこうちゅう》の民俗誌《みんぞくし》 —牡鹿《おしか》半島における女性同士のつながり—

2019年(平成31年) 2月28日　第1刷　350部発行　　定価[本体7400円＋税]
著　者　戸邉 優美

発行所　有限会社岩田書院　代表：岩田　博　　http://www.iwata-shoin.co.jp
〒157-0062 東京都世田谷区南烏山4-25-6-103　電話03-3326-3757 FAX03-3326-6788
組版・印刷・製本：亜細亜印刷

ISBN978-4-86602-067-9 C3039 ¥7400E

コピーOK

岩田書院 刊行案内（民俗学関係11）

	著者	書名	本体価	刊行月年
948	菅原　壽清	シャーマニズムとはなにか	11800	2016.02
951	佐々木美智子	「産む性」と現代社会	9500	2016.02
959	福原・西岡他	一式造り物の民俗行事	6000	2016.04
967	佐藤　久光	四国遍路の社会学	6800	2016.06
968	浜口　尚	先住民生存捕鯨の文化人類学的研究	3000	2016.07
969	裏　直記	農山漁村の生業環境と祭祀習俗・他界観	12800	2016.07
971	橋本　章	戦国武将英雄譚の誕生	2800	2016.07
975	福原・植木	山・鉾・屋台行事	3000	2016.09
976	小田　悦代	呪縛・護法・阿尾奢法＜宗教民俗９＞	6000	2016.10
977	清水　邦彦	中世曹洞宗における地蔵信仰の受容	7400	2016.10
981	松崎　憲三	民俗信仰の位相	6200	2016.11
982	久下　正史	寺社縁起の形成と展開＜御影民俗22＞	8000	2016.12
988	高久　舞	芸能伝承論	8000	2017.02
993	西海　賢二	旅する民間宗教者	2600	2017.04
999	植木・樋口	民俗文化の伝播と変容	14800	2017.06
002	野本　寛一	民俗誌・海山の間＜著作集５＞	19800	2017.07
003	植松　明石	沖縄新城島民俗誌	6900	2017.07
004	田中　宣一	柳田国男・伝承の「発見」	2600	2017.09
008	関口　健	法印様の民俗誌	8900	2017.10
016	岸川　雅範	江戸天下祭の研究	8900	2017.11
017	福江　充	立山信仰と三禅定	8800	2017.11
018	鳥越　皓之	自然の神と環境民俗学	2200	2017.11
028	松崎・山田	霊山信仰の地域的展開	7000	2018.02
030	秋野　淳一	神田祭の都市祝祭論	13800	2018.02
179	福原　敏男	江戸山王祭礼絵巻	9000	2018.03
034	馬場　憲一	武州御嶽山の史的研究	5400	2018.03
038	由谷　裕哉	近世修験の宗教民俗学的研究	7000	2018.04
039	佐藤　久光	四国猿と蟹蜘蛛の明治大正四国霊場巡拝記	5400	2018.04
045	佐々木美智子	「俗信」と生活の知恵	9200	2018.06
047	福江　充	立山曼荼羅の成立と縁起・登山案内図	8600	2018.07
048	神田より子	鳥海山修験	7200	2018.07
053	藤原　洋	仮親子関係の民俗学的研究	9900	2018.09
056	倉石　忠彦	都市化のなかの民俗学	11000	2018.09
059	鈴木　明子	おんなの身体論	4800	2018.10
060	水谷・渡部	オビシャ文書の世界	3800	2018.10
061	北川　央	近世金毘羅信仰の展開	2800	2018.10
064	金田　久璋	ニソの杜と若狭の民俗世界	9200	2018.11
066	保阪・福原・石垣	来訪神 仮面・仮装の神々	3600	2018.11